John E. Morby

Das Handbuch der Dynastien

John E. Morby

Das Handbuch der Dynastien

Albatros

Aus dem Englischen übertragen von Patrick Hersperger

Titel der Originalausgabe: *Dynasties of the World,*
Oxford University Press

Titel der deutschen Ausgabe: *Die Dynastien der Welt,*
Ein chronologisches und genealogisches Handbuch

Die Deutsche Bibliothek – CIP-Einheitsaufnahme
Ein Titeldatensatz für diese Publikation ist bei
Der Deutschen Bibliothek erhältlich.

ISBN 3-491-96051-7

Stell dir vor, in dieser sturmumpeitschten Karawanserei,
deren Tore abwechselnd Nacht und Tag bedeuten,
wie ein Sultan nach dem andern mit seinem Gepränge
auf seine vom Schicksal bestimmte Stunde wartete
und seiner Wege zog.

Ruba'jat von Omar Chajjām (1048–1131)

Lá sont les devanciers joints à leurs descendents;
Tous les règnes y sont, on y voit tous les temps . . .

Pierre Le Moyne (1602–1672)

Time expounded, not by generations or centuries, but by the
vast periods of conquests and dynasties; by cycles of
Pharaohs and Ptolemies, Antiochi and Arsacides!

Thomas de Quincey

Für meine Familie, Freunde und Lehrer

Inhaltsverzeichnis

Vorbemerkungen ... 13
Dankesworte ... 15

I. Der Alte Nahe Osten

Das Alte Ägypten ... 19
Das Alte Mesopotamien ... 30
Assyrien ... 33
Babylonien ... 37
Das Königreich der Hethiter ... 42
Die hebräischen Königreiche ... 44
Das Königreich Lydien ... 46
Das Perserreich der Achämeniden ... 47

II. Die hellenistische Welt

Das Königreich Makedonien ... 51
Das Königreich Syrakus ... 53
Das Königreich der Ptolemäer (Ägypten) ... 55
Das seleukidische Königreich ... 57
Bithynien und Pontos ... 59
Die Attaliden von Pergamon ... 60
Das Partherreich ... 61
Das hasmonäische Königreich (Makkabäer) ... 63

III. Rom und Byzanz

Das Römische Reich ... 67
Das Königreich Numidien ... 72
Die herodeischen Königreiche ... 73
Persien: Die Sassaniden ... 74
Das oströmische Reich – Byzanz ... 76
Das Königreich Armenien ... 80
Das Reich von Thessalonike ... 81
Das Kaiserreich Trapezunt ... 82

IV. Der barbarische Westen

Das Königreich der Visigoten 85
Das Königreich der Burgunder 86
Das Königreich der Vandalen 87
Das Königreich der Franken 88
Das ostgotische Königreich 90
Das langobardische Königreich 91
Die angelsächsischen Königreiche 92

V. Europa

1. Die Britischen Inseln 99

Das Königreich England 99
Das Königreich Schottland 103
Das Fürstentum Wales 106
Das Hochkönigtum Irland 108

2. Frankreich 111

Das Königreich Frankreich 111
Grafschaft und Herzogtum Anjou 115
Das Herzogtum Aquitanien 117
Das Herzogtum Bourbonnais 118
Das Herzogtum Bretagne 119
Die Grafschaft Champagne (Troyes) 121
Das Herzogtum Normandie 122
Die Grafschaft Provence 123
Die Grafschaft Toulouse 124
Das Fürstentum Monaco 125

3. Burgund und die Niederlande 126

Das Herzogtum Burgund 126
Die Grafschaft Flandern 128
Die Grafschaft Holland 130
Grafschaft und Herzogtum Luxemburg 131
Das Herzogtum Niederlothringen 132
Die Grafschaft Hennegau 133
Das Herzogtum Brabant 134

Die Grafschaft Artois ... 135
Die heutigen Niederlande ... 136
Das Königreich Belgien ... 137
Das Großherzogtum Luxemburg ... 137

4. Italien ... 138

Das mittelalterliche Königreich Italien ... 138
Venedig: Die Dogen ... 139
Das Königreich von Neapel und Sizilien ... 143
Die Este in Ferrara und Modena ... 146
Die Montefeltro und Della Rovere in Urbino ... 148
Die Visconti und Sforza in Mailand ... 149
Die Gonzaga in Mantua ... 150
Die Medici und ihre Nachfolger in Florenz ... 151
Die Farnese und Bourbon in Parma ... 153
Das Haus Savoyen ... 154

5. Die Iberische Halbinsel ... 156

Die Königreiche von León und Kastilien ... 156
Das Königreich Navarra (Pamplona) ... 159
Die Grafschaft von Barcelona ... 161
Die Grafschaft Kastilien ... 161
Das Königreich Sobrarbe ... 162
Das Königreich Aragón ... 163
Das Königreich Galicien ... 164
Das Königreich Mallorca ... 164
Das Königreich Spanien ... 165
Das Königreich Portugal ... 167

6. Die deutschsprachigen Gebiete ... 169

Das Heilige Römische Reich Deutscher Nation ... 169
Das Kaiserreich Österreich ... 173
Das Königreich Hochburgund ... 173
Das Herzogtum Bayern ... 174
Das Herzogtum Lothringen ... 176
Mark und Herzogtum Österreich ... 178
Das Haus von Braunschweig-Lüneburg ... 180
Das Haus Hessen ... 184
Die Hohenzollern ... 186

Die Wettiner ... 188
Die Wittelsbacher in Bayern ... 190
Die Wittelsbacher in der Pfalz ... 193
Das Haus Württemberg ... 195
Die Zähringer in Baden ... 197
Das Haus von Liechtenstein ... 199
Das Königreich Westphalen ... 200
Das Großherzogtum Frankfurt ... 200

7. Skandinavien ... 201

Das Königreich Norwegen ... 201
Das Königreich Dänemark ... 204
Das Königreich Schweden ... 207

8. Osteuropa ... 210

Das mittelalterliche Bulgarien ... 210
Das Königreich Böhmen ... 213
Das Königreich Polen ... 216
Das Königreich Ungarn ... 219
Das mittelalterliche Serbien ... 222
Das Großherzogtum Litauen ... 223
Das Königreich Montenegro ... 224
Das moderne Serbien und Jugoslawien ... 225
Das moderne Griechenland ... 226
Das Königreich Rumänien ... 227
Das moderne Bulgarien ... 227
Das Königreich Albanien ... 228

9. Rußland ... 229

Das Fürstentum Kiew ... 229
Das Großfürstentum Vladimir ... 230
Das russische Zarentum ... 231

10. Die Kreuzfahrerstaaten ... 234

Die Grafschaft Edessa ... 234
Das Fürstentum Antiochia ... 235
Das Königreich Jerusalem ... 236
Die Grafschaft Tripolis ... 237

Das Königreich Zypern ... 238
Das lateinische Kaiserreich Konstantinopel ... 239

VI. Islamische Dynastien (ohne Indien)

Das Kalifat ... 243
Das Kalifat von Córdoba ... 246
Das Königreich Granada ... 248
Das aghlabidische Königreich ... 249
Das Reich der Almoraviden ... 250
Das Reich der Almohaden ... 251
Das Konigreich der Marīniden ... 252
Die Dynastie der ʿAlawiden ... 253
Das ḥafṣidische Königreich ... 255
Der Beylik Tunesien ... 257
Das Königreich Libyen ... 258
Das islamische Ägypten ... 259
Das Osmanische Reich ... 263
Die Dynastie der Haschemiten (Hāšimiten) ... 265
Das Königreich Jemen ... 266
Die Dynastie der Saudi (Saʿūdī) ... 268
Das Emirat Kuwait ... 269
Das sāmānidische Königreich ... 270
Das Reich der Ghaznaviden ... 271
Die Seldschuken (Selǧuken) ... 272
Das Reich der Ghūriden ... 273
Das Reich von Choresm (Ḫwārazm) ... 274
Die Ilchane Persiens ... 275
Die Goldene Horde ... 276
Das Reich der Timuriden ... 277
Das moderne Persien (Iran) ... 278
Das Königreich Afghanistan ... 280

VII. Indien

Das Maurja-Reich ... 283
Das Gupta-Reich ... 284
Das Tschola-Reich ... 285
Das Sultanat von Delhi ... 286
Das Königreich der Bahmanis auf dem Dekkhan ... 288

Das Vijayanagar-Reich ... 289
Das Mogulreich ... 291
Das Königreich Nepal ... 292

VIII. Der Ferne Osten

China ... 295
Japan ... 305
Das Königreich Korea ... 312
Das Königreich Burma ... 313
Das Königreich Thailand ... 314
Das Königreich Laos ... 315
Das Khmer-Reich ... 316
Das moderne Kambodscha ... 317
Das moderne Vietnam ... 318

IX. Afrika

Das Äthiopische Kaiserreich ... 321
Das Königreich Madagaskar ... 323
Das Königreich der Zulu ... 324
Das Königreich Swasiland ... 324
Das Königreich Lesotho ... 325
Das Zentralafrikanische Kaiserreich ... 325

X. Die Neue Welt

Das Reich der Inka ... 329
Das Reich der Azteken ... 330
Haiti ... 331
Mexiko und Brasilien ... 332
Das Königreich Hawaii ... 333
Das Königreich Tonga ... 333

XI. Register ... 335

Vorbemerkungen

Das vorliegende Werk bietet klar aufgebaute chronologische Tabellen, welche Herrschaftsdauer, familiäre Verwandtschaftsverhältnisse und weitere Informationen zu den bedeutendsten Dynastien der Welt enthalten. Der gewählte Aufbau sollte es dem Leser nicht nur ermöglichen, jede einzelne Regentschaft nachzuschauen, sondern auch das Muster der Thronfolge und die Herrschaftsdauer jeder königlichen Familie sogleich zu erfassen. Obwohl das Buch Dynastien der ganzen Welt behandelt, war es nicht möglich, alle Staaten, die von Interesse gewesen wären, miteinzubeziehen; zugegebenermaßen liegt das Schwergewicht auf Europa und seinen Wurzeln in der Alten Welt. Dynastien ohne entsprechende Dokumentation wurden weggelassen; darunter fallen das Königreich der Meder, die Seldschuken von Ikonion und die meisten Hindu-Königshäuser Indiens. Die in diesem Buch enthaltenen Angaben erheben Anspruch auf höchste Genauigkeit und beruhen auf einer gründlichen Prüfung der Quellen.

Die Länder sind in territorialen Gruppen angeordnet und werden durch den höchsten Titel ihrer Herrscher bezeichnet; Polen wird Königreich genannt, obwohl seine ersten Herrscher Fürsten waren. Eine Familie wie etwa die bayerischen Wittelsbacher, die eine Reihe von Staaten regierten, kann einer Tabelle ihren Namen geben. Europäische und von Europa beeinflußte dynastische Gruppen werden als Häuser bezeichnet, die sich in Linien verzweigen können (wobei diese parallelen Äste in den deutschen Staaten über unterteilte Territorien herrschten). Außereuropäische Herrscherfamilien werden als Dynastien bezeichnet. Die britischen «Häuser» Lancaster und York und die französischen «Häuser» Valois und Bourbon müßten eigentlich als «Linien» bezeichnet werden; hier folgte ich aber dem traditionellen Sprachgebrauch.

Die *Daten* sind bis zum späteren sechzehnten Jahrhundert, als der gregorianische Kalender eingeführt wurde, julianisch. Alle späteren Jahreszahlen sind gregorianisch, auch dort, wo der frühere Kalender weiterhin benutzt wurde. Deshalb stirbt Maria II. von England 1695 und nicht 1694; Elisabeth von Rußland stirbt 1762 und nicht im vorangehenden Jahr. Um die Tabellen daher nicht mit «circas», Fragezeichen und Schrägstrichen zu belasten, sind Angaben bezüglich angenäherter Daten und Fehlerbandbreite in den Anmerkungen zu finden. Wo Monate und Tage bekannt sind, werden nicht-westliche Daten präzise nach westlicher Art wiedergegeben; islamische, japanische und ähnliche Jahre werden nicht auf ihre nächsten christlichen Entsprechungen gerundet.

Die *Namen* werden entweder in möglichst originalgetreuen Versionen wiedergegeben oder in den im Deutschen gebräuchlichen Entsprechungen. Vollständige Einheitlichkeit ist jedoch kaum möglich und würde nicht der herrschenden Praxis entsprechen. So wird sich der Leser Philipp von Spanien, aber

Lorenzo von Florenz, Franz von Frankreich, aber Francesco von Mailand gegenübersehen. Arabische Namen sind so aufgeführt, wie sie geschrieben und nicht wie sie ausgesprochen werden (al-Nāṣir, nicht an-Nāṣir); osmanische Namen sind in türkischen, nicht in arabischen Versionen zu finden. Bei den chinesischen Namen wird ausdrücklich die Wade-Giles- und nicht die Pinyin-Transkription angewandt. Mesopotamische und ägyptische Namen sind in den im deutschen Sprachraum gebräuchlichen (teilweise hellenisierten) Versionen wiedergegeben; bei griechischen Namen werden die allenfalls vorhandenen deutschen Entsprechungen benutzt (Konstantin, nicht Konstantinos).

Abstammung wird, wenn nichts Anderes vermerkt ist, über die männliche Linie angezeigt; daher meint «Enkel» den Sohn des Sohnes, «Neffe» den Sohn des Bruders; der «zehnte in direkter Linie» bedeutet Zehnter in der männlichen Linie; «Schwager» meint spezifisch den Bruder der Frau und «Schwägerin» die Schwester der Frau. Seitliche Verwandte werden vom nächsten regierenden Mitglied einer Dynastie hergeleitet. Außereheliche Geburt wird nur dann angegeben, wenn sie ein Faktor in der Nachfolgefrage gewesen ist. Für detailliertere europäische Stammtafeln vgl. Europäische Stammtafeln, hg. Schwennicke, D., bisher 12 Bde. in 15 Teilen, Marburg 1978–1990, oder, für die moderne Zeit, Burke's Royal Families of the World, Bd. I: Europe and Latin America, London 1977.

Wenn nichts Anderes vermerkt ist, haben *Titulaturen*, die sich auf ein Mitglied einer Dynastie beziehen, auch für die nachfolgenden Mitglieder Gültigkeit. Wenn ein Fürst gleichzeitig über zwei oder mehr Staaten geherrscht hat, wird darauf verwiesen. In der europäischen Geschichte bedeutet der Begriff «Kaiser» ohne Zusatzangabe «Heiliger Römischer Kaiser»; «Kalif» für sich alleine bezeichnet die ursprüngliche direkte Linie von 632 bis 1258.

Bei- oder Spitznamen, die in der westlichen Welt in bunter Vielfalt und äußerst zahlreich anzutreffen sind, folgen den Namen der Herrscher nach. Wie W. Kienast (Historische Zeitschrift, 205, 1967, 1–14) festgestellt hat, könnte der vom lateinischen «magnus» abstammende Beiname «der Große» auch «der Ältere» heissen. Zu mittelalterlichen Übernamen vgl. auch meinen eigenen Artikel in Canadian Journal of History 13, 1978, 1–16. Der üblichen Praxis folgend, ließ ich viele Bei- oder Spitznamen unübersetzt.

Mitregentschaften werden entweder ausdrücklich erwähnt oder durch sich überschneidende Jahreszahlen angezeigt; Regentschaften werden normalerweise nur dort aufgeführt, wo der Regent auch den höchsten Titel innehatte. *Abdankungen* und *Absetzungen* werden zusammen mit dem *Todesjahr* (falls bekannt) der ehemaligen Monarchen angegeben; gefangengenommene Herrscher werden als abgesetzt bezeichnet. Interregna von länger als einem Jahr sind ebenso verzeichnet wie *Selig-* und *Heiligsprechungen* in den Hauptkirchen. Dynastische Neuausrichtungen, wie dies etwa während der Zeit Napoleons in Europa geschah, werden angezeigt; ebenso Mandate und Protektorate, Entwicklungen von Autonomie zu Unabhängigkeit, dynastische Vereinigungen und schließlich auch das durch Eroberung oder Umsturz herbeigeführte Ende einer Monarchie.

Der *Anmerkungsapparat* enthält zusätzliche Angaben zu chronologischen Problemen und Unklarheiten, Kalendern und Datierungssystemen sowie zu Namen und zur königliche Titulatur. Er wird dort am ausführlichsten sein, wo die meisten Fragen auftreten, sowie bei denjenigen Staaten, die von der westlichen Welt zeitlich und räumlich am weitesten entfernt sind.

In den *Literaturangaben* werden entweder Bücher und Artikel aufgelistet, die dem Leser bei der Beschaffung von zusätzlichen Informationen am ehesten weiterhelfen können, oder solche, die sich detailliert mit Chronologie und Abstammung befassen. Die Angaben enthalten nicht alle vom Autor konsultierten Bücher; ebensowenig finden sich darunter Materialien wie Zeitungen und Münzen.

Das *Register* enthält Einträge zu den Haupt- und Unterabschnitten des Werks und zu jeder namentlich erwähnten Dynastie oder Familie (mit Angabe des von ihr beherrschten Territoriums), um über das ganze Buch zerstreute Einträge miteinander zu verbinden. Zur Erleichterung des Zugriffs wurde das Register eigens für diese deutsche Ausgabe um die Namen der europäischen Herrscher seit der Antike ergänzt. Bei Mehrfachnennungen wurden das Haus sowie das Herrschaftsgebiet hinzugefügt.

Diese deutsche Ausgabe wurde durch zehn neue Tabellen erweitert (Königreich der Burgunder, ʿAbbāsiden von Kairo, Kuwait, Goldene Horde, Reich von Vijayanagar, Tschola-Reich, Khmer-Reich, Nepal, Zentralafrikanisches Kaiserreich und Haiti). Ferner wurden im Text einige kleinere Korrekturen vorgenommen sowie die Literaturangaben auf den neuesten Stand gebracht und verbessert.

Dankesworte

Während der Zusammenstellung dieses Buches habe ich überaus großzügige Unterstützung von Wissenschaftern verschiedener Fachbereiche bekommen. Einige haben mir den Zugang zu wertvollem unveröffentlichtem Material ermöglicht, andere haben Anfragen beantwortet, die so zahlreich waren, daß der Rahmen akademischer Höflichkeit strapaziert wurde; wieder andere haben Quellen, die in wenig bekannten Sprachen abgefaßt sind, durchgesehen, um mir die Informationen zu senden, die ich brauchte. Ich wünschte, es gäbe Platz genug, um jeden Beitrag einzeln aufzuführen; meine Dankbarkeit übersteigt den Rahmen dieser kurzen

Danksagung bei weitem. Was Unterstützung bei Datierungen, Verwandtschaftsverhältnissen und Titeln anbelangt, so bin ich den folgenden Personen zu tiefem Dank verpflichtet: Ludwig W. Adamec, Thanom Anarmwat, Robert L. Backus, Klaus Baer, Peter Hunter Blair, C. E. Bosworth, John A. Brinkman, A. A. M. Bryer, David P. Chandler, John P. Chiapuris, Roger Collins, George T. Dennis, Martin Dimnik, Audrey Droop, Björn Englund, J. L. I. Fennell, John V. A. Fine, Richard N. Frye, Hans Gillingstam, Vasil Giuzelev, N.G.L. Khin Sok, Paul W. Knoll, Dimitür Kosev, Luc Kwanten, P.-B. Lafont, Pierre L. Lamant, Erle Leichty, Eric Macro, Robert D. McChesney, John R. Martindale, W. F. Mkhonza, William J. Murnane, Prinzessin Nhu May von Annam, John R. Perry, J.-P. Poly, Michael C. Rogers, Wilfrid J. Rollman, Hamad al-Salloom, Robert W. Stookey, Kevin L. Sykes, Marc Szeftel, Hugh Toye, Denis Twitchett, Roderic Vassie, Wilhelm Volkert, F. W. Walbank, W. L. Warren, Edward F. Wente, David Williamson, John E. Woods, Dietrich Wörn, David K. Wyatt, Malcolm E. Yapp, und Norman Yoffee.

Für die Übersetzung von Material, das in Sprachen abgefaßt ist, die ich nicht verstehe, fühle ich mich glücklich, Meyer Galler, meinem verstorbenem Vater Edwin S. Morby, Eugenia V. Nomikos, Richard C. Raack und Helen Schulak für ihre Hilfe zu danken.

Stephen Album, John F. Benton, Frank D. Gilliard, Rudi P. Lindner und Peter Topping bin ich dafür, daß sie meine Aufmerksamkeit auf wertvolle Bücher und Artikel lenkten, sowie für weitere Hinweise äußerst dankbar.

Aufrichtigster Dank gebührt auch dem von Ruth Jaeger und Barbara Kwan geführten Personal der Fernleihe an der California State University, Hayward, welches sich unermüdlich dafür einsetzte, die Aberhunderte von mir benötigten Artikel zu bekommen; der Stiftung CSUH für einen kleinen Geldbetrag, der die Photokopierkosten trug; und schließlich meinen verschiedenen Verlegern und Lektoren von der Oxford University Press sowie Thomas Meier vom Artemis Verlag für seine umfassende Betreuung der deutschen Ausgabe meines Werks.

J.E.M.
Dutch Flat und Hayward, California
Juni 1991

I

Der Alte Nahe Osten

Das Alte Ägypten

Die frühe Dynastenzeit

Erste Dynastie (Thiniten): ca. 3100–2905 v. Chr.

ca. 34	Horus Aha	Meni (Menes)
ca. 46	Horus Djer	Iti
ca.7	Horus Wadji	Iterti
ca. 14	Horus Dewen	Chasti
ca. 52	Horus Anedjib	Merpibia
ca. 8	Horus Semerchet	Irynetjer
ca. 30	Horus Qaa	Qaa
ca. 2?	Horus Seneferka	

Zweite Dynastie (Thiniten): ca. 2905–2755 v. Chr.

ca. 41	[Horus Hetep-sechemwy	Hotep
	Horus Nebre]	
ca. 37	Horus Nynetjer	Nynetjer
ca. 6		Weneg
ca. 20		[Sened
		Nubnefer]
ca. 8	Seth Peribsen	
ca. 11		Sechemib-perenmaat
ca. 27	Horus (Seth) Chasechemwy	Hetep-netjerwiimef

Altes Reich

Dritte Dynastie (Memphiten): ca. 2755–2680 v. Chr.

ca. 18	Horus Sanacht Nebka I.	
ca. 20	Horus Netjerychet	Djoser
ca. 7	Horus Sechemchet	Djoser-Teti
ca. 6	Horus Qahedjet	
ca. 24	Horus Chaba	Hu(ni)

Vierte Dynastie (Memphiten): ca. 2680–2544 v. Chr.

ca.40	Snofru	
ca. 2	Nebka II. (?)	

ca. 25 Chufwy (Cheops)
ca. 10 Djedefre
ca. 25 Chafre (Chephren)
ca. 25 Menkaure (Mykerinos)
ca. 2 Wehemka
ca. 7 Schepseskaf

Fünfte Dynastie (Memphiten):
ca. 2544–2407 v. Chr.

ca. 12 Userkaf
16 Sahure
ca. 10 Neferirkare Kakai
ca. 15 Schepsikare Isi
[Neferefre
ca. 10 [Nyuserre Ini
9 Menkauhor Akauhor
44 Djedkare Isesi
21 Unas

Sechste Dynastie (Memphiten):
ca. 2407–2255 v. Chr.

ca. 12 Teti
ca. 35 Meryre Pepi I. (Sohn)
ca. 10 Merenre Nemtyemsaf I. (Sohn)
ca. 90 Neferkare Pepi II. (Bruder)
ca. 5? Merenre Nemtyemsaf II. (Sohn)

Erste Zwischenzeit

Siebte und achte Dynastie (Memphiten):
ca. 2255–2235 v. Chr.
Sechzehn Könige, sechs bis neun bekannt aus zeitgenössischen Quellen:
Neferkare
Horus Cha[bau]
Qakare Ibi
Neferkauhor Kapuibi
Horus Demedjibtawy (?)

Reihenfolge unsicher:

Sechemkare

Wadjkare
Iti (?)
Imhotep (?)

Neunte und zehnte Dynastie (Herakleopoliten): ca. 2235–2035 v. Chr.
Achtzehn Könige, acht bekannt aus zeitgenössischen Quellen:

	Meryibre Achtoi
	Neferkare
ca. 2075	Nebkaure Achtoi
	Merykare (Sohn?)

Reihenfolge unsicher:
Chui
Iytjenu
Wahkare Achtoi
Mery[..]re Achtoi

Mittleres Reich

Elfte Dynastie (Thebaner): ca. 2134–1991 v. Chr.

2134–2118	Tepya Mentuhotep I. Sehertawy Anjotef (Inyotef) I. (Sohn)
2118–2069	Wahanch Anjotef II. (Bruder)
2069–2061	Nachtnebtepnefer Anjotef III. (Sohn)
2061–2010	Nebhepetre Mentuhotep II. (Sohn)
2010–1998	Sanchkare Mentuhotep III. (Sohn)
1998–1991	Qakare Anjotef IV.(?) Nebtawyre Mentuhotep IV.

Zwölfte Dynastie (Thebaner): ca. 1991–1786 v. Chr.

1991–1962	Sehetepibre Amenemhet I.
1971–1926	Cheperkare Senwosret (Sesostris) I. (Sohn)
1929–1895	Nubkaure Amenemhet II. (Sohn)
1897–1878	Chacheperre Senwosret II. (Sohn)
1878–1842	Chakaure Senwosret III. (Sohn)
1842–1797	Nymare Amenemhet III. (Sohn)
1798–1789	Macherure Amenemhet IV. (Sohn)
1789–1786	Sebekkare Sobeknofru (Schwester)

Zweite Zwischenzeit

Dreizehnte Dynastie (Thebaner):
ca. 1786–1668 v. Chr.
Mindestens 65 Könige, rund 40 bekannt aus zeitgenössischen Quellen:

1786–1784	Chutawyre Wegaf
1784–?	Sechemkare Amenemhatsonbef
?–1774	Sechemre-chutawy Pentjini (?)
1774–1772	Sechemkare Amenemhet V.
1772–1771	Sehetepibre [...]
1771–?	Sanchibre Amenemhet VI.
	Hetepibre Hornedjheryotef
	[...] Ameni-Qemau
	[...] Chuyoqer
	Chaanchre Sebekhotep I.
	Awibre Hor
	Sedjefakare Amenemhet VII.
	Sechemre-chutawy Sebekhotep II.
	Userkare Chendjer
	Semenchkare Mermesha
?–1754	Nerkare [...]
1754–1751	Sechemre-sewadjtawy Sebekhotep III.
1751–1740	Chasechemre Neferhotep I.
1740	Menwadjre Sihathor (Bruder)
1740–1730	Chaneferre Sebekhotep IV. (Bruder)
1730–1725	Chahetepre Sebekhotep V. (Sohn?)
1725–1714	Wahibre Ibya
1714–1700	Merneferre Ay
1700–1698	Merhetepre Sebekhotep VI.
1698–?	Mersechemre Neferhotep II.
	Sewadjkare Hori
?–1693	Merkaure Sebekhotep VII.

Reihenfolge unsicher, ca. 1693–1668 v. Chr.:

Seneferibre Senwosret IV.
Meranchre Mentuhotep V.
Djedanchre Mentuemsaf
Djedhetepre Dedumose I.
Djedneferre Dedumose II.

Sewahenre Senebmiu
Sechemre-sanchtawy Neferhotep III.
Sechemre-seusertawy Sebekhotep VIII.
Mershepsesre Ini
Mentuwoser
Menchaure Senaaib
Sechemre-neferchau Wepwawetemsaf

Vierzehnte Dynastie (Xois): ca. 1720–1665 v. Chr.
Vermutlich etwa 76 Könige, einer bekannt aus einer zeitgenössischen Quelle:

ca. 1720	Nehasi

Fünfzehnte Dynastie (Hyksos):
ca. 1668–1560 v. Chr.

1668–1652	Sechaenre (?) Schalik
1652–1638	Maibre Scheschi
1638–1630	Meruserre Jaqob-her
1630–1610	Seuserenre Chayan
1610–1569	Auserre Apopi (Apophis)
1569–1560	Asehre (?) Chamudi

Sechzehnte Dynastie (Hyksos):
ca. 1665–1565 v. Chr.
Rund siebzehn Könige bekannt aus zeitgenössischen Quellen, einschließlich:

Nubuserre
Jakboam
Wadjed
Yakbaal
Nubanchre
Anath-her
Chauserre

Siebzehnte Dynastie (Thebaner):
ca. 1668–1570 v. Chr.

1668–1663	Nubcheperre Anjotef V.
1663–1660	Sechemre-wahchau Rahotep (Sohn)
1660–1644	Sechemre-wadjchau Sebekemsaf I.
1644–1643	Sechemre-sementawy Djehuti

1643–1642	Sanchenre Mentuhotep VI.
1642–1623	Sewadjenre Nebiryerau I.
1623	Neferkare Nebiryerau II.
1623–1622	Semenenre
1622–1610	Seuserenre Senwosret (Sesostris) V.(?)
1610–1601	Sechemre-shedtawy Sebekemsaf II.
1601–1596	Sechemre-wepmaat Anjotef VI. (Sohn?)
1596	Sechemre-herhermaat Anjotef VII. (Bruder)
1596–1591	Senachtenre Tao I.
1591–1576	Seqenenre Tao II. (Sohn)
1576–1570	Wadjcheperre Kamose (Sohn oder Bruder)

Neues Reich

Achtzehnte Dynastie (Thebaner):
ca. 1570–1293 v. Chr.

1570–1546	Nebpehtyre Ahmose (Amosis) I. (Sohn oder Bruder)
1551–1524	Djeserkare Amenophis (Amenhotep) I. (Sohn)
1524–1518	Acheperkare Thutmosis (Thutmose) I.
1518–1504	Acheperenre Thutmosis II. (Sohn)
1503–1483	Makare Hatschepsut (Schwester)
1504–1450	Mencheperre Thutmosis III. (Sohn von Thutmosis II.)
1453–1419	Acheprure Amenophis II. (Sohn)
1419–1386	Mencheprure Thutmosis IV. (Sohn)
1386–1349	Nebmare Amenophis III. (Sohn)
1350–1334	Nefercheprure Amenophis IV. (Echnaton) (Sohn)
1336–1334	Anchcheprure Semenchkare (Sohn)
1334–1325	Nebcheprure Tutanchamun (Bruder)
1325–1321	Chepercheprure Ay
1321–1293	Djesercheprure Haremhab

Neunzehnte Dynastie (Thebaner):
ca. 1293–1185 v. Chr.

1293–1291	Menpehtyre Ramses (Ramesses) I.
1291–1279	Menmare Sethos (Seti) I. (Sohn)
1279–1212	Usermare Ramses II. (Sohn)
1212–1202	Baenre Merenptah (Sohn)
1202–1199	Menmire Amenmesses) (Bruder?)
1199–1193	Usercheprure Sethos II. (Sohn von Merenptah)
1193–1187	Achenre Merenptah-Siptah (Sohn?)
1193–1185	Sitre-meryetamun Tawosret (Witwe von Seti II.)

Zwanzigste Dynastie (Thebaner):

	ca. 1185–1070 v. Chr.
1185–1182	Userchaure Setnacht
1182–1151	Usermare Ramses III. (Sohn)
1151–1145	Heqamare Ramses IV. (Sohn)
1145–1141	Usermare Ramses V. (Sohn)
1141–1133	Nebmare Ramses VI. (Sohn von Ramses III.)
1133–1127	Usermare-meryamun Ramses VII.
1127–1126	Usermare-achenamun Ramses VIII.
1126–1108	Neferkare Ramses IX.
1108–1098	Chepermare Ramses X.
1098–1070	Menmare Ramses XI.

Dritte Zwischenzeit

Einundzwanzigste Dynastie (Taniten):

	ca. 1070–946 v. Chr.
	In Tanis:
1070–1044	Hedjcheperre Nesbanebded
1044–1040	Neferkare Amenemnisu
1040–992	Acheperre Psibchenne I.
994–985	Usermare Amenemope
985–979	Acheperre Osochor
979–960	Nutecheperre Siamun
960–946	Tjetcheprure Psibchenne II.
	Hohepriester von Amun in Theben:
1070–1055	Pinudjem I.
1055–1047	Masahart (Sohn)
1047–1046	Djedchonsefanch (Bruder)
1046–993	Mencheperre (Bruder)
993–991	Nesbanebded (Sohn)
991–970	Pinudjem II. (Bruder)
970–946	Psibchenne (Sohn)

Zweiundzwanzigste Dynastie (Bubastiten):

	ca. 946–712 v. Chr.
946–913	Hedjcheperre Schoschenq I.
916–904	Sechemcheperre Osorkon I. (Sohn)
?–904	Heqacheperre Schoschenq II. (Sohn)
904–890	Usermare (?) Takelot I. (Bruder)

890–860	Usermare Osorkon II. (Sohn)
860–835	Hedjcheperre Takelot II. (Sohn)
835–783	Usermare Schoschenq III.
783–773	Usermare Pami
773–735	Acheperre Schoschenq V. (Sohn)
735–712	Acheperre Osorkon IV. (Sohn?)

Dreiundzwanzigste Dynastie (Taniten):
ca. 828–720 v. Chr.

In Theben:

828–803	Usermare Pedubast
803–797	Usermare Schoschenq IV.
797–769	Usermare Osorkon III.
774–767	Usermare Takelot III. (Sohn)
767–765	Usermare Amenrud (Bruder)

In Leontopolis:

814–790	Iupet I.
	... (verschiedene Könige?)
745–720	Usermare Iupet II.

Vierundzwanzigste Dynastie (Saïten):
ca. 740–712 v. Chr.

740–718	Schepsesre Tefnacht
718–712	Wahkare Bakenranef

Fünfundzwanzigste Dynastie (Nubier):
ca. 767–656 v. Chr.

767–753	Nymare Kaschta
753–713	Seneferre Pije (Sohn)
713–698	Neferkare Schabako (Bruder)
701–690	Djedkaure Schebitku (Sohn von Pije)
690–664	Chunefertemre Taharqa (Bruder)
664–656	Bakare Tanwetamani (Sohn von Schebitku)

Periode von Saïs

Sechsundzwanzigste Dynastie (Saïten):
664–525 v. Chr.

664–610	Wahibre Psamtik (Psametich) I.
610–595	Wehemibre Neko (Sohn)

595–589	Neferibre Psamtik II. (Sohn)
589–570	Haibre Wahibre (Apries) (Sohn)
570–526	Chnemibre Ahmose (Amosis) II.
526–525	Anchkaenre Psamtik III. (Sohn)

Spätere Dynastenzeit

Siebenundzwanzigste Dynastie (Persische Könige): 525–405 v. Chr.
Vgl. Persien, Achämeniden.

Achtundzwanzigste Dynastie (Saïten):
405–399 v. Chr.

405–399	Amenardais

Neunundzwanzigste Dynastie (Mendesier):
399–380 v. Chr.

399–393	Baenre Nefaurud (Nepherites) I.
393	Userre Psherenmut (Psamuthis)
393–380	Chnemmare Hagor
380	Nefaurud II. (Sohn)

Dreißigste Dynastie (Sebennyten):
380–343 v. Chr.

380–362	Cheperkare Nechtnebef
365–360	Irmaenre Djedhor (Sohn)
360–343	Senedjemibre Nechtharheb (Nektanebo) (Neffe)

Einunddreißigste Dynastie (Persische Könige): 343–332 v. Chr.
Vgl Achämeniden, Persien, S. 47.

(Makedonische Eroberung 332 v. Chr.)

Anmerkungen:
Chronologie: Für eine Diskussion der Quellen und Probleme, siehe Cambridge Ancient History, Bd. I/1, 173–193. Mit der C-14-Methode untersuchtes Material legt für Horus Aha (Hassan) das Datum 3100 v.Chr. ± 120 Jahre nahe; die Regentschaft von Pepi II. kann möglicherweise aufgrund von zeitgenössischem Beweismaterial (Baer, Tentative Chronology) auf 2350–2260 ± 25 Jahre festgesetzt werden. Die Daten des Mittleren Reiches beruhen auf der Beobachtung des

Sothis (Sirius) im siebten Jahr von Senwosret III. (Parker, 180). Zum Beginn des Neuen Reiches, siehe Wente und Van Siclen; Monddaten weisen auf ein Thronbesteigungsjahr von 1504 oder 1479 für Thutmosis III. und von 1290 oder 1279 für Ramses II. (Ders.). Schoschenq I. wurde um 946 König; ab 690 sind die Jahreszahlen aufs Jahr genau.

Jahreszahlen, Abfolge der Könige und Herrschaftsdauer für die 1. bis 20. Dynastie folgen Baer; die Angaben für die 12. Dynastie wurden gemäß Murnane angepaßt, für die Zweite Zwischenzeit gemäß Beckerath, Untersuchungen, und für das Neue Reich gemäß Wente und Van Siclen. Die Angaben zur 21. bis 26. Dynastie folgen Baer, Egyptian Chronology, vgl. aber Kitchen. Zur 30. Dynastie siehe Johnson. Zu Verwandtschaftsverhältnissen während des Neuen Reiches siehe Harris, J. E. / Wente, E. F., An X-Ray Atlas of the Royal Mummies, Chicago 1980, Kap. 4.

Kalender und Datierung: Das ägyptische bürgerliche Jahr war ein Wandeljahr von 365 Tagen; dabei stimmte der durch den aufgehenden Stern Sothis (Sirius) gekennzeichnete Anfang des Sonnenjahrs nur zu Beginn eines «Sothischen Zyklus» von 1460 (4 mal 365) Jahren mit dem Neujahrstag des bürgerlichen Jahres überein. Zur Umsetzung von datierten sothischen Beobachtungen in den julianischen Kalender, siehe Parker.

Im Alten Reich wurden Herrscherjahre aufgrund der zweijährigen Viehzählungen berechnet; die vierte Zählung unter einer Regentschaft bedeutete demnach das achte Herrschaftsjahr. In der 6. Dynastie wurden die Zählungen häufiger abgehalten, so daß für Pepi II. eine 71. Zählung belegt ist (Baer, Tentative Chronology). Zur Datierung nach Regierungsjahren im Mittleren Reich und danach siehe Gardiner, A. H., Egypt of the Pharaohs, Oxford 1961, 69–71.

Namen und Titel: Die frühesten Könige hatten zwei Namen, wobei der erste sie mit dem Himmelsgott Horus identifizierte; für einige Könige ist nur ein Name bekannt, während für andere die richtige Kombination unsicher ist. Im Alten Reich trat ein neuer Königsname auf, der mit demjenigen des Sonnengottes Re verbunden wurde. Spätestens zur Zeit der 12. Dynastie setzte sich der Name aus fünf Grundelementen zusammen, deren letzte zwei – der Thronname oder Praenomen und der persönliche Name oder Nomen – heute allgemein benutzt werden: Ersterem gingen Hieroglyphen voraus, die «König des Oberen und des Unteren Ägyptens» bedeuteten, vor letzterem stand der Beiname «Sohn des Re». Siehe Gardiner, A. H., Egyptian Grammar, London 1957[3], 71–76.

Literatur:

Baer, K., Egyptian Chronology, unveröff. Manus 1976.

Ders., Tentative Chronology of the Old Kingdom based on Contemporary Sources, unveröff. Manus 1979.

Beckerath, J. von, Untersuchungen zur politischen Geschichte der zweiten Zwischenzeit in Ägypten, Glückstadt 1964.

Ders., Handbuch der ägyptischen Königsnamen, München 1984.
Cambridge Ancient History, hg. Edwards, I. E. S., 2 Bde. in 4 Teilen, Cambridge 1970–1975[3].
Hassan, F. A., Radiocarbon Chronology of Archaic Egypt, Journal of Near Eastern Studies 39, 1980, 203–207.
Johnson, J. H., The Demotic Chronicle as an Historical Source, Enchoria 4, 1974, 1–17.
Kitchen, K. A., On the Princedoms of Late-Libyan Egypt, Chronique d'Égypte 52, 1977, 40–48.
Murnane, W. J., Ancient Egyptian Coregencies, Chicago 1977.
Parker, R. A., The Sothic Dating of the Twelfth and Eighteenth Dynasties, Studies in Honor of George R. Hughes, Chicago 1976, 177–189.
Traunecker, C., Essai sur l'histoire de la XXIXe Dynastie, Bulletin de l'institut français d'archéologie orientale 79, 1979, 395–436.
Wente, E. F. / Van Siclen III, C. C., A Chronology of the New Kingdom, Studies in Honor of George R. Hughes, Chicago 1976, 217–261 (Rezension von K. A. Kitchen, Serapis 4, 1977/1978, 65–80).

Das Alte Mesopotamien

Erste Dynastie von Ur: ca. 2563–2387 v. Chr.

2563–2524	Mesanepada
2523–2484	A'anepada (Sohn)
2483–2448	Meskiagnuna (Sohn)
2447–2423	Elulu
2422–2387	Balulu

Dynastie von Lagaš: ca. 2494–2342 v. Chr.

2494–2465	Ur-Nanše
2464–2455	Akurgal (Sohn)
2454–2425	Eannatum (Sohn)
2424–2405	Enannatum I. (Bruder)
2404–2375	Entemena (Sohn)
2374–2365	Enannatum II. (Sohn)
2364–2359	Enentarzi
2358–2352	Lugal-anda
2351–2342	Uru-inim-gina

Dynastie von Uruk: ca. 2340–2316 v. Chr.

2340–2316	Lugal-zaggesi

Dynastie von Akkad: ca. 2334–2154 v. Chr.

2334–2279 (56)	Sargon
2278–2270 (9)	Rimuš (Sohn)
2269–2255 (15)	Maništušu (Bruder)
2254–2218 (37)	Naram-Sin (Suen) (Sohn)
2217–2193 (25)	Šar-kali-šarri (Sohn)
2192–2190 (3)	(anarchische Periode)
2189–2169 (21)	Dudu
2168–2154 (15)	Šu-Turul

Dritte Dynastie von Ur: ca. 2112–2004 v. Chr.

2112–2095 (18)	Ur-Nammu
2094–2047 (48)	Šulgi (Sohn)
2046–2038 (9)	Amar-Suena (Sohn)
2037–2029 (9)	Šu-Sin (Suen) (Bruder)
2028–2004 (25)	Ibbi-Sin (Suen) (Sohn oder Bruder)

Dynastie von Isin: ca. 2017–1794 v. Chr.

2017–1985 (33)	Išbi-Erra
1984–1975 (10)	Šu-ilišu (Sohn)
1974–1954 (21)	Iddin-Dagan (Sohn)
1953–1935 (19)	Išme-Dagan (Sohn)
1934–1924 (11)	Lipit-Ištar (Sohn)
1923–1896 (28)	Ur-Ninurta
1895–1875 (21)	Bur-Sin (Sohn)
1874–1870 (5)	Lipit-Enlil (Sohn)
1869–1863 (7)	Erra-imitti
1862–1839 (24)	Enlil-bani
1838–1836 (3)	Zambiya
1835–1832 (4)	Iter-piša
1831–1828 (4)	Ur-dukuga
1827–1817 (11)	Sin-magir
1816–1794 (23)	Damiq-ilišu (Sohn)

(Eroberung durch Larsa ca. 1794 v. Chr.)

Dynastie von Larsa: ca. 2026–1763 v. Chr.

2026–2006 (21)	Naplanum
2005–1978 (28)	Emisum
1977–1943 (35)	Samium
1942–1934 (9)	Zabaya (Sohn)
1933–1907 (27)	Gungunum (Bruder)
1906–1896 (11)	Abi-sare
1895–1867 (29)	Sumu-el
1866–1851 (16)	Nur-Adad
1850–1844 (7)	Sin-iddinam (Sohn)
1843–1842 (2)	Sin-eribam
1841–1837 (5)	Sin-iqišam (Sohn)
1836 (1)	Silli-Adad
1835–1823 (13)	Warad-Sin
1822–1763 (60)	Rim-Sin (Bruder)

(Babylonische Eroberung ca. 1763 v. Chr.)

Anmerkungen:
Chronologie und Datierung: Im allgemeinen vgl. Cambridge Ancient History, Bd. I/1, 193–239. Die relative Chronologie ist einerseits von erhaltenen Jahresnamenslisten abhängig, wobei jedes Jahr nach einem herausragenden Ereignis innerhalb jeder Regentschaft benannt ist, andererseits von den zahlreichen, die

Herrschaftsjahre wiedergebenden Abschriften der sumerischen Königsliste. Die Dynastie von Isin begann etwa in der Mitte der letzten Regentschaft der dritten Dynastie von Ur; die absolute Chronologie für Isin und Larsa basiert auf Synchronismen mit der Ersten Dynastie von Babylon.

Alle Jahreszahlen sind angenähert. Betreffend die erste Dynastie von Ur und jene von Lagaš sind sie Sollberger / Kupper entnommen; diejenigen der übrigen Dynastien folgen Brinkman, wobei sie für Isin und Larsa gemäß Stol, Kap. 1, angepaßt sind. Regentschaften werden, auf der Basis des Systems des Thronfolgejahres (siehe unter Babylonien), in ganzen Kalenderjahren wiedergegeben. Für einen kürzeren Abstand zwischen den Dynastien von Akkad und der dritten von Ur siehe Reallexikon der Assyriologie, III., 713–714.

Namen und Titel: Die sumerischen Regenten von Stadtstaaten vor der Dynastie von Akkad wurden Stadtgouverneur oder König genannt. Die Bezeichnung «König der vier Weltgegenden» wurde zum ersten Mal von Naram-Sin (Suen) von Akkad angenommen; die Titel «König von Ur» und «König von Sumer und Akkad» wurden zuerst von den Monarchen der dritten Dynastie von Ur benutzt, vgl. Seux, M.-J., Epithètes royales akkadiennes et sumériennes, Paris 1967.

Literatur:

Brinkman, J. A., Mesopotamian Chronology of the Historical Period, A. L. Oppenheim, Ancient Mesopotamia, rev. Ausgabe, Chicago 1977, 335–348.

Cambridge Ancient History, hg. Edwards, I. E. S., 2 Bde. in 4 Teilen, Cambridge 1970–1975[3].

Reallexikon der Assyriologie und vorderasiatischen Archäologie, hg. Ebeling, E., u. a., bisher 6 Bde., Berlin 1928–1983.

Sollberger, E. / Kupper, J.-R., Inscriptions royales sumériennes et akkadiennes, Paris 1971.

Stol, M., Studies in Old Babylonian History, Leiden 1976 (Publications de l'institut historique et archéologique néerlandais de Stamboul 40).

Assyrien

	Sulili
	Kikkiya
	Akiya
	Puzur-Aššur I.
	Šalim-ahum (Sohn)
	Ilu-šuma (Sohn)
1939–1900 v. Chr.	Erišum I. (Sohn)
	Ikunum (Sohn)
	Sargon I. (Sohn)
	Puzur-Aššur II. (Sohn)
	Naram-Sin
	Erišum II. (Sohn)
1813–1781 (33)	Šamši-Adad I.
1780–1741 (40)	Išme-Dagan I. (Sohn)
	Mut-Aškur (Sohn)
	Rimuš
	Asinum
(6)	Aššur-dugul
	Aššur-apla-idi
	Nasir-Sin
	Sin-namir
	Ipqi-Ištar
	Adad-salulu
	Adasi
1698–1689 (10)	Belu-bani (Sohn)
1688–1672 (17)	Libaya (Sohn)
1671–1660 (12)	Šarma-Adad I. (Sohn)
1659–1648 (12)	Iptar-Sin (Sohn)
1647–1620 (28)	Bazaya (Sohn von Belu-bani)
1619–1614 (6)	Lullaya
1613–1600 (14)	Šu-Ninua (Sohn von Bazaya)
1599–1597 (3)	Šarma-Adad II. (Sohn)
1566–1584 (13)	Erišum III. (Bruder)
1583–1578 (6)	Šamši-Adad II. (Sohn)
1577–1562 (16)	Išme-Dagan II. (Sohn)
1561–1546 (16)	Šamši-Adad III. (Enkel von Šu-Ninua)
1545–1520 (26)	Aššur-nirari I. (Sohn von Išme-Dagan II.)
1519–1496 (24)	Puzur-Aššur III. (Sohn)
1495–1483 (13)	Enlil-nasir I. (Sohn)

1482–1471 (12)	Nur-ili (Sohn)
1471 (1 M.)	Aššur-šaduni (Sohn)
1470–1451	Aššur-rabi I. (Sohn von Enlil-nasir I.)
1450–1431	Aššur-nadin-ahhe I. (Sohn)
1430–1425 (6)	Enlil-nasir II. (Bruder)
1424–1418 (7)	Aššur-nirari II. (Bruder)
1417–1409 (9)	Aššur-bel-nišešu (Sohn)
1408–1401 (8)	Aššur-ra'im-nišešu (Bruder)
1400–1391 (10)	Aššur-nadin-ahhe II. (Sohn)
1390–1364 (27)	Eriba-Adad I. (Sohn von Aššur-bel-nišešu)
1363–1328 (36)	Aššur-Uballit I. (Sohn)
1327–1318 (10)	Enlil-nirari (Sohn)
1317–1306 (12)	Arik-den-ili (Sohn)
1305–1274 (32)	Adad-nirari I. (Sohn)
1273–1244 (30)	Šalmanassar I. (Sohn)
1243–1207 (37)	Tukulti-Ninurta I. (Sohn)
1206–1203 (4)	Aššur-nadin-apli (Sohn)
1202–1197 (6)	Aššur-nirari III. (Neffe)
1196–1192 (5)	Enlil-kudurri-usur (Sohn von Tukulti-Ninurta I.)
1196–1179 (13)	Ninurta-apil-Ekur (Abkömmling von Eriba-Adad I.)
1178–1133 (46)	Aššur-dan I. (Sohn)
	Ninurta-tukulti-Aššur (Sohn)
	Mutakkil-Nusku (Bruder)
1132–1115 (18)	Aššur-reš-iši I. (Sohn)
1114–1076 (39)	Tiglath-Pileser I. (Sohn)
1075–1074 (2)	Ašared-apil-Ekur (Sohn)
1073–1056 (18)	Aššur-bel-kala (Bruder)
1055–1054 (2)	Eriba-Adad II. (Sohn)
1053–1050 (4)	Šamši-Adad IV (Sohn von Tiglath-Pileser I.)
1049–1031 (19)	Aššurnasirpal I. (Sohn)
1030–1019 (12)	Šalmanassar II. (Sohn)
1018–1013 (6)	Aššur-nirari IV. (Sohn)
1012–972 (41)	Aššur-rabi II. (Sohn von Aššurnasirpal I.)
971–967 (5)	Aššur-reš-iši II. (Sohn)
966–935 (32)	Tiglath-Pileser II. (Sohn)
934–912 (23)	Aššur-dan II. (Sohn)
911–891 (21)	Adad-nirari II. (Sohn)
890–884 (7)	Tukulti-Ninurta II. (Sohn)
883–859 (25)	Aššurnasirpal II. (Sohn)
858–824 (35)	Šalmanassar III. (Sohn)
823–811 (13)	Šamši-Adad V. (Sohn)
810–783 (28)	Adad-nirari III. (Sohn)

782–773 (10)	Šalmanassar IV. (Sohn)
772–755 (18)	Aššur-dan III. (Bruder)
754–745 (10)	Aššur-nirari V. (Bruder)
744–727 (18)	Tiglath-Pileser III.
726–722 (5)	Šalmanassar V. (Sohn)
721–705 (17)	Sargon II.
704–681 (24)	Sennacherib (Sohn)
680–669 (12)	Esarḫaddon (Sohn)
668–627 (42)	Aššurbanipal (Sohn)
626–?	Aššur-etil-ilani (Sohn)
	Sin-šumu-lišir
?–612	Sin-šar-iškun (Sohn von Aššurbanipal)
611–609 (3)	Aššur-Uballit II.

(Eroberung durch Meder und Babylonier 609 v. Chr.)

Anmerkungen:
Chronologie: Die assyrische Chronologie ist die am besten bekannte von allen des antiken Nahen Ostens; siehe Cambridge Ancient History, Bd. I/1, 193–239; Bd. I/2, 740–752. Sie basiert auf Listen von Eponymen, die ein Jahr lang dienten, und auf einer Königsliste, die in drei Hauptabschriften überliefert ist; eine Sonnenfinsternis im Jahre 763 v. Chr. schafft einen Fixpunkt. Die Königsliste ist etwa von 1700 v.Chr. an weitgehend unversehrt; für vier Könige fehlen jedoch die Regierungsjahre und für sechs andere erzielen sie keine Übereinstimmung (Brinkman, Comments, 311).

Die Jahreszahlen folgen der Cambridge Ancient History und Brinkman, Mesopotamian Chronology; zu Erišum I. und Šamši-Adad I. vgl. Oates, Kap. 2. Die Regentschaften von zwei Königen des zwölften Jahrhunderts, Ninurta-tukulti-Aššur und Mutakkil-Nusku, waren wahrscheinlich kürzer als ein Jahr. Zum späteren siebten Jahrhundert vgl. Reade; zu unterschiedlichen Verwandtschaftsverhältnissen vgl. Brinkman, Comments, 312–313.
Namen und Titel: Die frühesten assyrischen Herrscher wurden als Statthalter oder Verwalter (des Gottes Aššur) bezeichnet; den Königstitel trifft man zum ersten Mal unter Aschurubalit I. Die Beinamen «König der vier Weltgegenden», «König der Könige» und «Großkönig» kamen wenig später in Gebrauch. Vgl. dazu Brinkman, J. A., Notes on Mesopotamian History in the Thirteenth Century BC, Bibliotheca Orientalis 27, 1970, 301–314.

Literatur:
Brinkman, J. A., Comments on the Nassouhi Kinglist and the Assyrian Kinglist Tradition, Orientalia N.S. 42, 1973, 306–319.

Ders., Mesopotamian Chronology of the Historical Period, A. L. Oppenheim, Ancient Mesopotamia, rev. Ausgabe, Chicago 1977, 335–348.

Cambridge Ancient History, hg. Edwards, I. E. S., 2 Bde. in 4 Teilen, Cambridge1970–1975[3].
Oates, D., Studies in the Ancient History of Northern Iraq, London 1968.
Reade, J., The Accession of Sinsharishkun, Journal of Cuneiform Studies 23, 1970, 1–9.

Babylonien

Erste Dynastie von Babylon (Amoriter): ca.1894–1595 v. Chr.

1894–1881 (14)	Sumu-abum
1880–1845 (36)	Sumulael
1844–1831 (14)	Sabium (Sohn)
1830–1813 (18)	Apil-Sin (Sohn)
1812–1793 (20)	Sin-muballit (Sohn)
1792–1750 (43)	Hammurapi (Sohn)
1749–1712 (38)	Samsu-iluna (Sohn)
1711–1684 (28)	Abi-ešuh (Sohn)
1683–1647 (37)	Ammi-ditana (Sohn)
1646–1626 (21)	Ammi-saduqa (Sohn)
1625–1595 (31)	Samsu-ditana (Sohn)

Dynastie der Kassiten: ca.1729–1155 v. Chr.

1729–1704 (26)	Gandaš
1703–1682 (22)	Agum I. (Sohn)
1681–1660 (22)	Kaštiliašu I. (Sohn?)
	(2 Könige: Namen unsicher)
	Urzigurumaš
	Ḫarba-[x]
	(2 Könige: Namen unsicher)
	Burna-Buriaš I.
	(4 Könige: Namen unsicher)
	Kara-indaš
	Kadašman-Ḫarbe I.
	Kurigalzu I. (Sohn)
1374–1360 (15)	Kadašman-Enlil I.
1359–1333 (27)	Burna-Buriaš II. (Sohn)
1333	Kara-chardaš
1333	Nazi-Bugaš
1332–1308 (25)	Kurigalzu II. (Sohn von Burna-Buriaš II.)
1307–1282 (26)	Nazi-Maruttaš (Sohn)
1281–1264 (18)	Kadašman-Turgu (Sohn)
1263–1255 (9)	Kadašman-Enlil II. (Sohn)
1254–1246 (9)	Kudur-Enlil (Sohn?)
1245–1233 (13)	Šagarakti-Šuriaš (Sohn)
1232–1225 (8)	Kaštiliašu IV. (Sohn)
1225	Tukulti-Ninurta I. von Assyrien

1224 (1) Enlil-nadin-šumi
1223 (1) Kadašman-Ḫarbe II.
1222–1217 (6) Adad-šuma-iddina
1216–1187 (30) Adad-šuma-usur (Sohn von Kaštiliašu IV.)
1186–1172 (15) Meli-Šipak (Sohn)
1171–1159 (13) Merodach-Baladan I. (Sohn)
1158 (1) Zababa-šuma-iddina
1157–1155 (3) Enlil-nadin-achi (Enlil-schuma-usur)

Dynastie von Isin: ca. 1157–1026 v. Chr.
1157–1140 (18) Marduk-kabit-aḫḫeschu
1139–1132 (8) Itti-Marduk-balatu (Sohn)
1131–1126 (6) Ninurta-nadin-šumi
1125–1104 (22) Nebukadnezar I. (Sohn)
1103–1100 (4) Enlil-nadin-apli (Sohn)
1099–1082 18) Marduk-nadin-aḫḫe (Sohn von Ninurta-nadin-šumi)
1081–1069 (13) Marduk-špik-zeri (Sohn)
1068–1047 (22) Adad-apla-iddina
1046 (1) Marduk-aḫḫe-eriba
1045–1034 (12) Marduk-zer?-[x]
1033–1026 (8) Nabu-šumu-libur

Zweite Dynastie der Seelande:
ca. 1025–1005 v. Chr.
1025–1008 (18) Simbar-Šipak
1008(5 M.) Ea-mukin-zeri
1007–1005 (3) Kaššu-nadin-aḫḫe

Dynastie von Bazi: ca. 1004–985 v. Chr.
1004–988 (17) Eulmaš-šakin-šumi
987–985 (3) Ninurta-kudurri-usur I.
985(3 M.) Širikti-Šuqamuna (Bruder?)

Dynastie von Elam: ca. 984–979 v. Chr.
984–979 (6) Mar-biti-apla-usur

Unbestimmte oder vermischte Dynastien:
ca. 978–732 v. Chr.
978–943 (36) Nabu-mukin-apli
943(8 M.) Ninurta-kudurri-usur II. (Sohn)
942–? Mar-biti-aḫḫe-iddina (Bruder)
Šamaš-mudammiq

		Nabu-šuma-ukin I.
	(33+)	Nabu-apla-iddina (Sohn)
	(27+)	Marduk-zakir-šumi I. (Sohn)
?–813		Marduk-balassu-iqbi (Sohn)
812–?		Baba-aḫa-iddina

(Interregnum)

		Ninurta-apl?-[x]
		Marduk-bel-zeri
		Marduk-apla-usur
	(9+)	Eriba-Marduk
?–748	(13+)	Nabu-šuma-iškun
747–734	(14)	Nabonassar
733–732	(2)	Nabu-nadin-zeri (Sohn)
732	(1 M.)	Nabu-šuma-ukin II.

'Neunte Dynastie von Babylon': 731–626 v. Chr.

731–729	(3)	Nabu-mukin-zeri
728–727	(2)	Tiglath-Pileser III. von Assyrien (Pulu)
726–722	(5)	Šalmanassar V. von Assyrien (Ululayu)
721–710	(12)	Merodach-Baladan II.
709–705	(5)	Sargon II. von Assyrien
704–703	(2)	Sennaḫerib von Assyrien
703	(1 M.)	Marduk-zakir-šumi II.
703	(9 M.)	Merodach-Baladan II. (erneut)
702–700	(3)	Bel-ibni
699–694	(6)	Aššur-nadin-šumi (Sohn von Sennaḫerib)
693	(1)	Nergal-ušezib
692–689	(4)	Mušezib-Marduk
688–681	(8)	Sennaḫerib von Assyrien (erneut)
680–669	(12)	Esarḫaddon von Assyrien
668	(1)	Ašurbanipal von Assyrien
667–648	(20)	Šamaš-šuma-ukin (Sohn von Esarḫaddon)
647–627	(21)	Kandalanu
626	(1)	(Interregnum)

Neo-Babylonische Dynastie: 625–539 v. Chr.

625–605	(21)	Nabopolassar
604–562	(43)	Nebukadnezar II. (Sohn)
561–560	(2)	Amel-Marduk (Sohn)

559–556	(4)	Neriglissar
556	(3 M.)	Labaši-Marduk (Sohn)
555–539	(17)	[Nabonidus Belsazar (Sohn; Regent)

(Persische Eroberung 539 v. Chr.)

Anmerkungen:
Chronologie: Für eine Diskussion der Quellen und Probleme, siehe Cambridge Ancient History, Bd. I/1, 193–239. Astronomisches Beweismaterial legt für das Ende der 1. Dynastie die Jahreszahlen 1651 oder 1595 v. Chr. nahe (Weir, Kap. 1); von ca. 1332 an sind die Daten von Synchronismen mit Assyrien abhängig (Brinkman, Materials, 30–33; Political History, 75–76).
Das obige Schema ist jenes von Brinkman, Mesopotamian Chronology; Daten sind von Nabonassar an aufs Jahr genau. Zur hier weggelassenen 1. Seeland-Dynastie, siehe Ders., 346–347. Sich überschneidende Jahreszahlen weisen auf Ansprüche von Rivalen hin.
Kalender und Datierung: Die Babylonier benutzten einen sehr genauen lunisolaren Kalender, wobei das bürgerliche Jahr im Frühling begann (1. Nisan[n]u). Dieser Kalender ersetzte in Assyrien, Israel und Persien gebräuchliche Systeme und blieb unter den Seleukiden und den Parthern in Gebrauch (siehe unten). Siehe E. J. Bickerman, Chronology of the Ancient World, Ithaca 1980[2], 22–26.

Gemäss dem Thronbesteigungsjahr- oder Nachdatierungsystem, wie es in Babylonien gebraucht wurde, begann das erste gezählte Jahr eines Königs am Neujahrstag (1. Nisan[n]u) nach seiner Thronbesteigung; die Herrschaftsdauer wurde in ganzen Kalenderjahren ausgedrückt (Brinkman, Political History, 63–67). Gemäss dem Nicht-Thronbesteigungsjahr- oder Vordatierungsystem, wie es in Ägypten und zu gewissen Zeiten in Israel benutzt wurde, befand sich der König bei der Thronbesteigung in seinem ersten Herrschaftsjahr, während sein zweites am folgenden Neujahrstag begann.
Namen und Titel: Als Erben ihrer sumerischen und akkadischen Vorgänger wurden die babylonischen Monarchen als «König von Ur», «König von Sumer und Akkad» und «König der vier Weltgegenden» bezeichnet; die Titel «König von Babylonien» und «König von Karduniaš» (der kassitische Name für Babylonien) waren ebenfalls gebräuchlich, vgl. Brinkman, Political History, 123–124.

Literatur:
Brinkman, J. A., A Political History of Post-Kassite Babylonia, 1158–722 BC, Rom 1968 (Analecta Orientalia 43).
Ders., Materials and Studies for Kassite History, Bd. 1, Chicago 1976

Ders., Mesopotamian Chronology of the Historical Period, A. L. Oppenheim, Ancient Mesopotamia, rev. Ausgabe, Chicago 1977, 335–348.

Cambridge Ancient History, hg. Edwards, I. E. S., 2 Bde. in 4 Teilen, Cambridge 1970–1975[3].

Weir, J. D., The Venus Tablets of Ammizaduga, Istanbul 1972 (Publications de l'institut historique et archéologique néerlandais de Stamboul 29).

Das Königreich der Hethiter

Altes Königreich

1650 v. Chr.–?	Labarna
	Hattušiili I. (Schwestersohn)
?–1590	Muršiili I. (Enkel)
1590–?	Hantili I. (Schwestermann)
	Zidanta I. (Schwiegersohn)
	Ammuna (Sohn)
	Huzziya I. (Sohn?)
	Telipinu (Schwestermann?)
?–1525	Alluwamna (Schwiegersohn?)
	Hantili II. (?)
	Zidanta II. (?)
	Huzziya II. (?)

Neues Königreich

1430–1406	Tudhaliya I.
1410–1386	Arnuwanda I. (Sohn)
1385–1381	Tudhaliya II. (Sohn)
1380–1358	Hattušili II. (Bruder)
1357–1323	Šuppiluliulma I. (Sohn)
1322	Arnuwanda II. (Sohn)
1321–1297	Muršiili II. (Bruder)
1296–1271	Muwatalli (Sohn)
1270–1264	Muršili III.(Sohn)
1263–1245	Hattušili III. (Sohn von Muršili II.)
1244–1220	Tudhaliya III. (Sohn)
1219–1218	Arnuwanda III. (Sohn)
1217–1200	Šuppiluliulma II. (Bruder)

(Zerstörung des hethitischen Königreichs um 1200 v. Chr.)

Anmerkungen:

Chronologie: Alle Jahreszahlen sind angenähert. Wegen des Fehlens von Königslisten oder von nach Regentschaftsjahren datierten Dokumenten ist die Chronologie der Hethiter fast gänzlich von Synchronismen mit Nachbarstaaten abhängig; die Daten für Muršili II. können aber unter Umständen durch astronomisches Beweismaterial bestätigt werden (Sykes, 93–95). Die Jahreszahlen des Alten Reiches sind diejenigen von Kammenhuber; die Daten des Neuen Reiches folgen Sykes, Teil 3. Die Reihenfolge der ersten neun Herrscher ist, ebenso wie die Nachfolge der Könige ab Šuppiluliulma I., wissenschaftlich erwiesen. Verwandtschaftsverhältnisse während des frühen Neuen Königreiches sind umstritten; dem oben angeführten Schema von Güterbock folgen Gurney und Sykes.

Literatur:

Gurney, O. R., The Hittite Line of Kings and Chronology, Anatolian Studies presented to Hans Gustav Güterbock, hg. Bittel, K., Istanbul 1974, 105–111.

Güterbock, H. G., Ḫattušili II Once More, Journal of Cuneiform Studies 25, 1973, 100–104.

Kammenhuber, A., Die Vorgänger Šuppiluliumas I., Orientalia n.s. 39, 1970, 278–301.

Sykes, K. L., Assyro-Hittite Foreign Relations, 1450–1200 BC (unvollendete Ph.D. Diss., University of Chicago), Kap. 2.

Die hebräischen Königreiche

Vereinigte Monarchie Israels

1020–1010 v. Chr.	Saul
1010–970	David
970–931	Salomo (Sohn)

Königreich Juda

930–914	Rehoboam (Sohn)
913–911	Abija (Sohn)
911–871	Asa (Sohn oder Bruder)
871–847	Jehosaphat (Sohn)
847–841	Jehoram (Sohn; Mitregent 853)
841	Ahasia (Sohn)
841–836	Athalia (Mutter)
835–796	Jehoas (Sohn von Ahasiah)
795–767	Amasia (Sohn; Mitregent 798)
766–740	Ussia (Asariah) (Sohn; Mitregent 791)
739–732	Jotham (Sohn; Mitregent 750)
730–715	Ahas (Sohn; Mitregent 734)
714–686	Hesekia (Sohn; Mitregent 729)
685–641	Manasse (Sohn; Mitregent 695)
640–639	Amon (Sohn)
639–609	Josia (Sohn)
609	Jehoahas (Schallum) (Sohn; abgesetzt)
608–598	Jehoiakim (Eliakim) (Bruder)
598–597	Jehoiachin (Sohn; abgesetzt)
596–586	Zedekia (Mattania) (Sohn von Josiah; abgesetzt)

(Babylonische Eroberung 586 v. Chr.)

Königreich Israel

931–910	Jerobeam I.
910–909	Nadab (Sohn)
909–886	Baasa
886–885	Ela (Sohn)
885	Zimri
885–881	Tibni
885–874	Omri (Gegenkönig)
874–853	Ahab (Sohn)
853–852	Ahasia (Sohn; Mitregent 855)

852–841	Jehoram (Bruder)
841–814	Jehu
813–797	Jehoahas (Sohn)
796–781	Jehoas (Sohn; Mitregent 799)
781–754	Jerobeam II. (Sohn; Mitregent 794)
754–753	Zacharia (Sohn)
753	Schallum
753–742	Menahem
742–741	Pekahia (Sohn)
740–731	Pekah
731–723	Hosea (abgesetzt)

(Assyrische Eroberung 722 v. Chr.)

Anmerkungen:
Chronologie, Kalender und Datierung: Bezüglich der chronologischen Probleme siehe Gray, 55–75, und Malamat, Kap. 3. Moderne Interpretationen biblischer Daten setzen an verschiedenen Punkten in der Geschichte der Geteilten Monarchie den Wechsel von Vordatierung und Nachdatierung voraus (dazu bei Babylonien); was den Anfang des Kalenders und des Herrscherjahres (ob Frühling oder Winter) betrifft, stimmen die Interpretationen nicht überein. «Interregna» in den obigen Tabellen bezeichnen Thronbesteigungsjahre. Regentschaftsdaten, welche bis 609 v. Chr. angenähert sind, sind diejenigen von Gray. Zur assyrischen Eroberung von Israel spät im Jahre 722 siehe Hayes / Miller, 433. Die erste babylonische Eroberung Jerusalems fand im März 597 statt (Malamat, 210); der endgültige Fall der Stadt ereignete sich im Juli 587 (Andersen) oder 586 (Malamat). Für weitere bibliographische Angaben über die Geteilte Monarchie siehe Hayes und Miller, 678–679.
Namen und Titel: Ussiah, Jehoahas (in Judäa), Jehoiakim, und Zedekia sind Thronnamen, und dasselbe gilt vielleicht für David (anstelle von Elhanan) und Salomon (anstelle von Jedidiah); Honeyman, A. H., The Evidence for Regnal Names among the Hebrews, Journal of Biblical Literature 67, 1948, 13–25.

Literatur:

Andersen, K. T., Die Chronologie der Könige von Israel und Juda, Studia Theologica 33, 1969, 69–114.

Gray, J., I and II Kings: a Commentary, Philadelphia 1970[2].

Hayes, J. H. / Miller, J. M., Israelite and Judaean History, Philadelphia 1977.

Malamat, A. (Hg.), The Age of the Monarchies, 2 Bde., Jerusalem 1979 (World History of the Jewish People, first series 4/1–2).

Das Königreich Lydien

Die Mermnaden

680–645	Gyges (Sohn von Daskylos; traditioneller Gründer einer neuen königlichen Dynastie um 680 v. Chr.)
645–624	Ardys (Sohn)
624–610	Sadyattes (Sohn)
610–560	Alyattes (Sohn)
560–547	Krösus (Sohn)

(Eroberung Lydiens durch Kyros den Großen von Persien um 547 v. Chr.)

Anmerkungen:
Chronologie: Jahreszahlen sind angenähert. Das traditionelle Todesjahr von Gyges, 652, kann aufgrund von assyrischem Beweismaterial herabgesetzt werden. Zum Datum der persischen Eroberung siehe J. Cargill, American Journal of Ancient History 2, 1977, 97–116.

Literatur:

Pedley, J. G., Sardis in the Age of Croesus, Norman, Oklahoma, 1968.
Spalinger, A. J., The Date of the Death of Gyges and its Historical Implications, Journal of the American Oriental Society 98, 1978, 400–409.

Das Perserreich der Achämeniden

Die Achämeniden

559–530	Kyros (Cyrus) II., der Große (Vierter in Abstammung von Achae(i)menes; König von Anshan um 559 v. Chr.; eroberte Medien 550)
529–522	Kambyses (Sohn)
522	Smerdis (Bardiya) (Bruder)
521–486	Dareios (Darius) I. der Große (Fünfter in Abstammung von Achaemenes)
485–465	Xerxes I. (Sohn)
464–424	Artaxerxes I., Langhand (Sohn)
424	Xerxes II. (Sohn)
424	Sogdianus (Bruder)
423–405	Dareios II., der Bastard (Bruder)
404–359	Artaxerxes II., der Gedenkende (Sohn)
358–338	Artaxerxes III. (Ochus) (Sohn)
337–336	Arses (Sohn)
335–330	Dareios III. (Codomannus) (Urenkel von Dareios II.)

(Makedonische Eroberung des Perserreichs 330)

Anmerkungen:
Chronologie: Von Kambyses an werden Regentschaften in ganzen Kalenderjahren angegeben, und zwar gemäß dem Nachdatierungssystem, welches die Perser von Babylonien übernahmen. Die traditionelle Genealogie von Kyros und Dareios I. ist problematisch, vgl. Cook, 8–10.
Namen und Titel: Der standardisierte achämenidische Titel in Inschriften war «König der Länder» (Reallexikon der Assyriologie, Bd. 4, 356); die assyrischen Titel «Großkönig» und «König der Könige» waren ebenfalls in Gebrauch. Zu Thronnamen vgl. Cook, 133.

Literatur:
Cambridge History of Iran, Bd. 2, hg. Gershevitch, I., Cambridge 1985.
Cook, J. M., The Persian Empire, London 1983.
Lexikon der Alten Welt, 3 Bde., Zürich 1990[2].

II

Die hellenistische Welt

Das Königreich Makedonien

Die Argeaden (Temeniden)

um 650–?	Perdikkas I. (Abkömmling von Temenos; traditioneller Gründer des makedonischen Königshauses um 650 v. Chr.)
	Argaios I. (Sohn)
	Philipp I. (Sohn)
	Aëropos I. (Sohn)
	Alketas (Sohn)
?–495	Amyntas I. (Sohn)
495–452	Alexander I. (Sohn)
452–413	Perdikkas II. (Sohn)
413–399	Archelaos (Sohn)
399–397	Orestes (Sohn)
397–394	Aëropos II. (Sohn von Perdikkas II.)
394–393	Amyntas II. (Enkel Alexanders I.)
394–393	Pausanias (Sohn von Aëropos II.; Gegenkönig)
393–385	Amyntas III. (Urenkel Alexanders I.; abgesetzt)
385–383	Argaios II. (Sohn von Archelaos; abgesetzt)
383–370	Amyntas III. (wieder eingesetzt)
370–368	Alexander II. (Sohn)
368–365	Ptolemaios von Aloros (Sohn von Amyntas II.; Regent)
365–359	Perdikkas III. (Sohn von Amyntas III.)
359–336	Philipp II. (Bruder)
336–323	Alexander III., der Große (Sohn; eroberte Ägypten 332; Babylonien 331; Persien 330)
323–317	Philipp III. (Arrhidaios) (Bruder)
317–309	Alexander IV. (Sohn von Alexander III.)

(Interregnum 309–306)

Die Antigoniden

306–301	Antigonos I., der Einäugige (Strategos von Asia 321; erhob Anspruch auf das Reich Alexanders des Großen)

Die Dynastie von Kassander

305–297	Kassander (Sohn Antipaters, des Strategos von Europa; erhob Anspruch auf Makedonien)
297	Philipp IV. (Sohn)
297–294	Alexander V. (Bruder)
297–294	Antipater I. (Bruder; abgesetzt, gestorben 287)

Die Antigoniden

294–287	Demetrios I., der Städtebelagerer (Sohn von Antigonos I.; Mitregent 306; abgesetzt, gestorben 283)
287–285	Pyrrhos von Epiros (abgesetzt)
285–281.	Lysimachos (Satrap von Thrakien 323; König 305)
281–279	Ptolemaios Keraunos (Sohn von Ptolemaios I. von Ägypten)
279	Meleager (Bruder; abgesetzt)
279	Antipater II., Etesias (Neffe von Kassander; abgesetzt)
279–277	Sosthenes (nur Strategos)
277–239	Antigonos II., Gonatas (Sohn von Demetrios I.; abgesetzt durch Pyrrhos von Epiros 274–272)
239–229	Demetrios II. (Sohn)
227–221	Antigonos III., Doson (Enkel von Demetrios I.; Regent 229–227)
221–179	Philipp V. (Sohn von Demetrios II.)
179–168	Perseus (Sohn; abgesetzt, gestorben 162)

(Römische Eroberung Makedoniens)

Anmerkungen:
Chronologie: Die Jahreszahlen und Verwandtschaftsverhältnisse bis zu Philipp II., von denen viele unsicher sind, folgen Hammond, Bd. 2; zu Argaios II. siehe jedoch Ellis, J. R., Makedonika 9, 1969, 1–8. Einige Jahreszahlen des 3. Jahrhunderts können um ein Jahr variieren. Zu Demetrios I., vgl. Shear, 98–100, und Habicht, 60. Ab Kassander beziehen sich die wiedergegebenen Jahreszahlen auf die De-facto-Herrschaft in Makedonien.
Namen und Titel: Vor Kassander, der den königlichen Titel eines Basileus im Jahre 305/304 annahm, war der Monarch unter seinem persönlichen Namen bekannt, vgl. Hammond, Bd. 2, 387–388, mit Verweisen.

Literatur:

Errington, R. M., A History of Macedonia, Berkeley 1990.

Habicht, C., Untersuchungen zur politischen Geschichte Athens im 3. Jahrhundert v. Chr., München 1979.

Hammond, N. G. L. u. a., A History of Macedonia, 3 Bde., Oxford 1972–1988.

Lexikon der Alten Welt, 3 Bde., Zürich 1990².

Shear, T. L., Jr., Kallias of Sphettos and the Revolt of Athens in 286 BC, Princeton 1978 (Hesperia, Suppl. 17).

Das Königreich Syrakus

Die Tyrannen von Gela

505–498	Kleander (Sohn von Pantares; Tyrann von Gela nach dem Fall der Oligarchie 505 v. Chr.)
498–491	Hippokrates (Bruder)

Die Tyrannen von Syrakus

491–478	Gelon I. (Sohn von Deinomenes; Tyrann von Gela 491, eroberte Syrakus 485)
478–466	Hieron I. (Bruder; Gela 485)
466–465	Thrasybulos (Bruder; abgesetzt)

(Demokratische Herrschaft 465–405)

405–367	Dionysios I.
367–357	Dionysios II. (Sohn; abgesetzt)
357–354	Dion (Schwiegersohn von Dionysios I.)
354–353	Kallippos (abgesetzt, gestorben 351)
353–351	Hipparinos (Sohn von Dionysios I.)
351–347	Nysaios (Bruder; abgesetzt)
347–344	Dionysios II. (wieder eingesetzt; abgesetzt)
344–337	Timoleon (dankte ab)

(Demokratische Herrschaft 337–317)

Die Könige von Syrakus

317–289	Agathokles (nahm 304 den Königstitel an)

(Demokratische Herrschaft 289–270)

270–215	Hieron II.
?–216	Gelon II. (Sohn; Mitregent)
215–214	Hieronymos (Sohn)

(Römische Belagerung und Einnahme von Syrakus 213–212)

Anmerkungen:
Chronologie: Die Jahreszahlen der frühen Tyrannen folgen Miller, 59–64; zu Dionysios I. und seinen Nachfolgern, siehe Beloch, Bd. 3/2, Kap. 35; zu Hieron

II. Walbank, Bd. 1, 54–55. Olympiadenjahre wurden auf die nächsten julianischen Entsprechungen gerundet.
Namen und Titel: Das Wort «tyrannos» meinte einfach einen verfassungswidrigen Herrscher und war keine offizielle Bezeichnung; Dionysios I. und seine Nachfolger führten den Titel «strategos autocrator», d. h. General mit höchster Macht.

Literatur:

Beloch K. J., Griechische Geschichte, 4 Bde. in 8 Teilen, Straßburg/Berlin 1912–1927².
Lexikon der Alten Welt, 3 Bde., Zürich 1990².
Miller, M., The Sicilian Colony Dates, Albany 1970 (Studies in Chronography 1).
Walbank, F. W., A Historical Commentary on Polybius, 3 Bde., Oxford 1957–1979.

Das ptolemäische Königreich (Ägypten)

Die Dynastie der Ptolemäer

323–282	Ptolemaios I., Soter (Sohn von Lagos; Satrap von Ägypten 323 v. Chr.; nahm 305 den Königstitel an)
282–246	Ptolemaios II., Philadelphos (Sohn; Mitregent 284)
246–222	Ptolemaios III., Euergetes (Sohn)
222–2o4	Ptolemaios IV., Philopator (Sohn)
204–180	Ptolemaios V., Epiphanes (Sohn; Mitregent 210)
180–145	Ptolemaios VI., Philometor (Sohn; abgesetzt 164–163)
145	Ptolemaios VII., Neos Philopator (Sohn; Mitregent 145)
145–116	Ptolemaios VIII., Euergetes (Physcon) (Sohn von Ptolemaios V.; Mitregent 170–164; alleiniger König 164–163)
116–107	Ptolemaios IX., Soter (Lathyros) (Sohn; abgesetzt)
107–88	Ptolemaios X., Alexander (Bruder)
88–80	Ptolemaios IX., Soter (wieder eingesetzt)
80	Ptolemaios XI., Alexander (Sohn von Ptolemaios X.)
80–51	Ptolemaios XII., Neos Dionysos (Auletes) (Sohn von Ptolemaios IX.; 58–55 im Exil)
51–47	Ptolemaios XIII., Philopator (Sohn)
51–30	Kleopatra Philopator (Schwester)
47–44	Ptolemaios XIV., Philopator (Bruder)
36–30	Ptolemaios XV. Caesar, Philopator Philometor (Kaisarion) (Sohn von Kleopatra und Julius Caesar)

(Römische Herrschaft 30 v. Chr.)

Anmerkungen:
Chronologie und Datierung: Jahreszahlen folgen Samuel, Ptolemaic Chronology. Was die mögliche Verheimlichung von Philopators Tod und die verzögerte Thronbesteigung des Epiphanes betrifft, siehe Ders., 108–114; Walbank, Bd. 2, 435–437. Die Jahreszahlen Kaisarions folgen Samuel, Joint Regency; vgl. Pestman, 82. Für zusätzliche Werke über ptolemäische Chronologie siehe Heinen, H., Bibliotheca Orientalis 27, 1970, 209–210. Nach makedonischer Sitte begann das Herrscherjahr mit dem Tag der eigentlichen Thronbesteigung; griechische Schreiber datierten die Herrschaft des Soter vom Tod Alexanders des Grossen an. Ägyptische Schreiber setzten das Herrscherjahr mit dem Kalenderjahr gleich; wie im pharaonischen Ägypten befand sich der König bei der Thronbesteigung in seinem ersten gezählten Herrschaftsjahr. Siehe Samuel, Ptolemaic Chronology, Kap. 1.

Namen und Titel: Dem Titel eines Basileus folgten der Name und ein (oder mehr als ein) ehrenvoller Beiname nach; zu letzterem siehe Nock, A.D., Notes on Ruler-Cult, I–IV, Journal of Hellenic Studies 48, 1928, 21–43.

Literatur:

Lexikon der Alten Welt, 3 Bde., Zürich 1990^2.

Pestman, P. W., Chronologie égyptienne d'après les textes démotiques (332 av. J.-C.–453 ap. J.-C.), Leiden 1967.

Samuel, A. E., Ptolemaic Chronology, München 1962 (Münchener Beiträge zur Papyrusforschung und antiken Rechtsgeschichte 43).

Ders., The Joint Regency of Cleopatra and Caesarion, Études de papyrologie 9, 1971, 73–79.

Walbank, F. W., A Historical Commentary on Polybius, 3 Bde., Oxford 1957–1979.

Das seleukidische Königreich

Die Dynastie der Seleukiden

312–281	Seleukos I., Nikator (Satrap von Babylonien 321 v. Chr.; seine Regierung wird ab 312 datiert; nahm 305 den Königstitel an)
281–261	Antiochos I., Soter (Sohn; Mitregent 292)
280–267	Seleukos (Sohn; Mitregent)
261–246	Antiochos II., Theos (Bruder; Mitregent 266)
246–226	Seleukos II., Kallinikos (Sohn)
226–223	Seleukos III., Soter (Keraunos) (Sohn)
223–187	Antiochos III., der Große (Bruder)
210–193	Antiochos (Sohn; Mitregent)
187–175	Seleukos IV, Philopator (Bruder; Mitregent 189)
175–170	Antiochos (Sohn; Mitregent)
175–164	Antiochos IV, Epiphanes (Sohn von Antiochos III.)
164–162	Antiochos V., Eupator (Sohn; Mitregent 165)
162–150	Demetrios I., Soter (Sohn von Seleukos IV)
150–145	Alexander I., Theopator Euergetes (Balas) (angeblicher Sohn von Antiochos IV.)
145–142	Antiochos VI., Epiphanes Dionysos (Sohn)
145–139	Demetrius II., Nicator (Sohn von Demetrios I.; abgesetzt)
142–138	Tryphon (Diodotos) (Usurpator)
139–129	Antiochos VII., Euergetes (Sidetes) (Sohn von Demetrios I.)
129–125	Demetrios II. (wiedereingesetzt)
128–122	Alexander II. (Zabinas) (angeblicher Sohn von Alexander I.)
125–120	Kleopatra Thea (Tochter von Ptolemaios VI. von Ägypten)
125	Seleukos V. (Sohn von Kleopatra und Demetrios II.)
125–96	Antiochos VIII., Philometor (Grypos) (Bruder)
113–95	Antiochos IX., Philopator (Kyzikenos) (Sohn von Kleopatra und Antiochos VII.)
96–95	Seleukos VI., Epiphanes Nikator (Sohn von Antiochos VIII.)
95–88	Demetrios III., Philopator Soter (Eukairos) (Bruder; abgesetzt)
95–83	Antiochos X., Eusebes Philopator (Sohn von Antiochos IX.; abgesetzt)
95	Antiochos XI., Epiphanes Philadelphos (Sohn von Antiochos VIII.)
95–83	Philipp I., Epiphanes Philadelphos (Bruder)
87–84	Antiochos XII., Dionysos (Bruder)
83–69	Tigranes der Große (König von Armenien 95–55; abgesetzt)
69–64	Philipp II. (Sohn von Philipp I.; abgesetzt)

69–64 Antiochos XIII., Philadelphos (Asiatikos) (Sohn von Antiochos X.; abgesetzt)

(Römische Herrschaft über Syrien 64 v. Chr.)

Anmerkungen:
Chronologie, Kalender und Datierung: Zu den Grundlagen der seleukidischen Chronologie siehe Schürer, Bd. 1, 126–136; zum keilschriftlichen Beweismaterial, welches bis Antiochos IV. besonders wichtig ist, siehe Parker und Dubberstein. Vieles der späteren Geschichte der Dynastie liegt im dunkeln; zu den letzten beiden Königen siehe Vérilhac / Dagron, 241–242. Wo nur das seleukidische Jahr bekannt ist, wurde es auf das nächste entsprechende julianische Jahr gerundet. Die Thronbesteigung des Gründers der Dynastie war der Anfangspunkt für die seleukidische Ära. Im makedonischen Kalender begann diese im Herbst 312 v. Chr., im babylonischen im folgenden Frühling (1. Nisan[n]u). Die Münzen wurden nach der makedonischen Zählweise geprägt. Die seleukidische Ära wurde von den Parthern übernommen (siehe unten), sowie von den Autoren des 1. und 2. Buches der Makkabäer und von Joseph. Le Rider, Kap. 2; A. E. Samuel, Greek and Roman Chronology: Calendars and Years in Classical Antiquity, München 1972, 245–246.
Namen und Titel: Dem Titel eines Basileus folgten – wie im ptolemäischen Ägypten – der Name und ein (oder mehr als ein) ehrenvoller Beiname nach. Zu Antiochos III., dem Großen, siehe Bevan, E. R., Journal of Hellenic Studies 22, 1902, 241–244.

Literatur:
Le Rider, G., Suse sous les Séleucides et les Parthes: les trouvailles monétaires et l'histoire de la ville, Paris 1965.

Lexikon der Alten Welt, 3 Bde., Zürich 1990².

Parker, R. A. / Dubberstein, W. H., Babylonian Chronology, 626 BC–AD 75, Providence 1956.

Schürer, E., History of the Jewish People in the Age of Jesus Christ, 3 Bde. in 4 Teilen, rev. Ausgabe, Edinburgh 1973–1987.

Vérilhac, A.-M. / Dagron, G., Une nouvelle inscription du temple de Zeus à Diocésarée Uzuncaburç (Cilicie), Revue des études anciennes 76, 1974, 237–242.

Bithynien und Pontos

328–280	Zipoites (autonomer Dynast von Bithynien um 328 v. Chr.; nahm 297 den Königstitel an)
280–250	Nikomedes I. (Sohn)
250–230	Ziaelas (Sohn)
230–182	Prusias I. (Sohn)
182–149	Prusias II. (Sohn)
149–127	Nikomedes II., Epiphanes (Sohn)
127–94	Nikomedes III., Euergetes (Sohn)
94–74	Nikomedes IV., Philopator (Sohn; vermachte das Königreich dem Römischen Volk)

Die Mithridatiden

302–266	Mithridates I. (Neffe von Mithridates von Kos; autonomer Dynast von Pontos um 302 v. Chr.; König 281)
266–256	Ariobarzanes (Sohn)
256–220	Mithridates II. (Sohn)
220–185	Mithridates III.(Sohn)
185–159	Pharnakes I. (Sohn)
159–150	Mithridates IV., Philopator Philadelphos (Bruder)
150–120	Mithridates V., Euergetes (Sohn von Pharnakes I.)
120–63	Mithridates VI., Eupator (Sohn)
63–47	Pharnakes II. (Sohn; nur König von Bosporos; römische Herrschaft über Pontos 63 v. Chr.)

Anmerkungen:
Chronologie: Die Jahreszahlen für Pontos sind bis ca. 120 v. Chr. und für Bithynien bis ca. 94 v. Chr. angenähert.

Literatur:

Lexikon der Alten Welt, 3 Bde., Zürich 1990[2].

Magie, D., Roman Rule in Asia Minor to the End of the Third Century after Christ, 2 Bde., Princeton 1950.

Perl, G., Zur Chronologie der Königreiche Bithynia, Pontos und Bosporos, Studien zur Geschichte und Philosophie des Altertums, hg. Harmatta, J., Amsterdam 1968, 299–330.

Die Attaliden von Pergamon

Die Dynasten von Pergamon

283–263	Philetairos (Sohn von Attalos von Tieum; autonomer Dynast nach der Revolte 283 v. Chr.)
263–241	Eumenes I. (Neffe)

Das Königreich Pergamon

241–197	Attalos I., Soter (Großneffe von Philetairos; nahm 238/237 den Königstitel an)
197–159	Eumenes II., Philadelphos (Sohn)
159–138	Attalos II., Philadelphos (Bruder; Mitregent 160)
138–133	Attalos III., Philometor Euergetes (Sohn von Eumenes II.; vermachte das Königreich dem Römischen Volk)

Literatur:

Allen, R. E., The Attalid Kingdom: a Constitutional History, Oxford 1983.

Hansen, E. V., The Attalids of Pergamon Ithaca, 1971^2.

Lexikon der Alten Welt, 3 Bde., Zürich 1990^2.

Das Partherreich

Die Arsakiden

247–211	Arsakes I. (König oder Anführer der Parner um 247 v. Chr.; eroberte Parthien 238)
211–191	Arsakes II. (Sohn)
191–176	Priapatios (Sohn)
176–171	Phraates I. (Sohn)
171–138	Mithridates I. (Bruder)
138–128	Phraates II. (Sohn)
128–123	Artabanos I. (Sohn von Priapatios)
123–87	Mithridates II., der Große (Sohn)
90–80	Gotarzes I.
80–77	Orodes I.
77–70	Sinatrukes
70–57	Phraates III. (Sohn)
57–54	Mithridates III. (Sohn)
57–38	Orodes II. (Bruder)
38–2	Phraates IV. (Sohn)
2–4 n. Chr.	Phraates V. (Sohn)
4–7	Orodes III.
7–12	Vonones I. (Sohn von Phraates IV.)
12–38	Artabanos II.
38–51	Gotarzes II. (Sohn)
39–45	Vardanes I. (Bruder)
51	Vonones II.
51–78	Vologases I. (Sohn)
55–58	Vardanes II. (Sohn)
77–80	Vologases II.
80–81	Artabanos III.
78–105	Pakoros
105–147	Vologases III.
109–129	Osrhoes
129–147	Mithridates IV.
147–191	Vologases IV.
191–208	Vologases V.
208–222	Vologases VI. (Sohn)
213–224	Artabanos IV. (Bruder)

(Eroberung des Partherreichs durch die Sassaniden 224)

Anmerkungen:

Chronologie, Kalender und Datierung: Jahreszahlen sind angenähert; jene, die sich überlappen, zeigen rivalisierende Ansprüche an. Namen und Abstammung der frühesten Könige folgen der Cambridge History of Iran, Kap. 8; für eine andere Rekonstruktion vgl. Kap. 2, 19. Über das viel diskutierte «Dunkle Zeitalter» von ca. 90 bis 57, vgl. Mørkholm, mit Verweisen. Die arsakidische Währung, eine äusserst wichtige historische Quelle, ist nach der makedonischen seleukidischen Ära geprägt (Le Rider, Kap. 2). Eine arsakidische Ära war – wahrscheinlich seit dem Anfang der Dynastie – ebenfalls in Gebrauch; im babylonischen Kalender war ihr Anfangspunkt der Frühling (1. Nisan[n]u) des Jahres 247 (Ders., 36).

Namen und Titel: Die Partherkönige benutzten die orientalischen Titel «Großkönig» und «König der Könige». Die meisten Münzen tragen den dynastischen Namen Arsakes anstelle des persönlichen Namens des Herrschers (Sellwood).

Literatur:

Cambridge History of Iran, Bd. 3, hg. Yarshater, E., Cambridge, 1983.

Le Rider, G., Suse sous les Séleucides et les Parthes: les trouvailles monétaires et l'histoire de la ville, Paris 1965.

Lexikon der Alten Welt, 3 Bde., Zürich 1990[2].

Mørkholm, O., The Parthian Coinage of Seleucia on the Tigris, c. 90–55 BC, Numismatic Chronicle 140, 1980, 33–47.

Sellwood, D. G., An Introduction to the Coinage of Parthia, London 1971.

Das hasmonäische Königreich (Makkabäer)

Die Dynastie der Hasmonäer

166–160	Judas Makkabaios (Sohn von Mattathia dem Hasmonäer; führte 166 v. Chr. die jüdische Revolte gegen die Herrschaft der Seleukiden an)
160–143	Jonathan (Bruder; Hohepriester 152; abgesetzt, gestorben 142)
143–135	Simon (Bruder; Ethnarch 140)
135–104	Hyrkanos I. (Johannes) (Sohn)
104–103	Aristobulos I. (Judas) (Sohn; König)
103–76	Alexander Iannaios (Jonathan) (Bruder)
76–67	Alexandra (Salome) (Witwe)
67	Hyrkanos II. (Johannes) (Sohn; Hohepriester nur 76; abgesetzt)
67–63	Aristobulos II. (Judas) (Bruder; abgesetzt, gestorben 49)
63–40	Hyrkanos II. (wiedereingesetzt; Hohepriester nur 63; Ethnarch 47; abgesetzt, gestorben 30)
40–37	Antigonos (Mattathia) (Sohn von Aristobulos II.)
	(Eroberung Judäas durch die Herodeer 37 v. Chr.)

Anmerkungen:

Chronologie und Datierung: Die Hauptquellen für die frühe hasmonäische Geschichte, das 1. und 2. Buch der Makkabäer, sind nach der seleukidischen Ära datiert. Das erste Buch benützt sowohl makedonische als auch babylonische Berechnungen; das zweite Buch ist nach der babylonischen Zählweise datiert (Jepsen / Hanhart, 55–84; Mørkholm, 160–161). Die Jahreszahlen bis zu Simon folgen Bunge, Kap. 10; die späteren Jahreszahlen sind diejenigen von Schürer.

Namen und Titel: Die späteren Hasmonäer führten sowohl griechische als auch hebräische Namen; Iannaios ist eine hellenisierte Form von Yannai, das abgekürzt für Jonathan steht. Der Titel eines Hohepriesters war vom Jahre 140 an erblich, derjenige des Königs (abgesehen vom wiedereingesetzten Hyrkanos II.) von 104 an. Schürer, Bd. 1, 216–217.

Literatur:

Bunge, J., Untersuchungen zum zweiten Makkabäerbuch, Bonn 1971.

Jepsen, A. / Hanhart, R., Untersuchungen zur israelitisch-jüdischen Chronologie, Berlin 1964.

Lexikon der Alten Welt, 3 Bde., Zürich 1990².

Mørkholm, O., Antiochus IV of Syria, Kopenhagen 1966.

Schürer, E., History of the Jewish People in the Age of Jesus Christ, rev. Ausgabe, 3 Bde. in 4 Teilen, Edinburgh 1973–1987.

III

Rom und Byzanz

Das Römische Reich

Die Julisch-Claudischen Kaiser

27 v. Chr.–14 n. Chr.	Augustus (C. Julius Caesar Octavianus) (Sohn von C. Octavius; Enkel mütterlicherseits von Julia, der Schwester von C. Julius Caesar)
14–37	Tiberius (Ti. Claudius Nero) (Sohn von Livia, der späteren Gattin des Augustus, und Ti. Claudius Nero)
37–41	Caligula (C. Caesar) (Großneffe; Enkel mütterlicherseits von Julia, Tochter des Augustus)
41–54	Claudius (Ti. Claudius Drusus) (Onkel; Enkel mütterlicherseits von Octavia, der Schwester von Augustus)
54–68	Nero (Nero Claudius Caesar) (Sohn von Agrippina, der Schwester von Caligula, und Cn. Domitius Ahenobarbus)
68–69	Galba (Ser. Sulpicius Galba)
69	Otho (M. Salvius Otho)
69	Vitellius (A. Vitellius)

Die Flavier

69–79	Vespasian (T. Flavius Vespasianus)
79–81	Titus (T. Flavius Vespasianus) (Sohn)
81–96	Domitian (T. Flavius Domitianus) (Bruder)

Die 'Fünf Guten' Kaiser (Adoptivkaiser)

96–98	Nerva (M. Cocceius Nerva)
98–117	Trajan (M. Ulpius Trajanus)
117–138	Hadrian (P. Aelius Hadrianus)
138–161	Antoninus Pius (T. Aurelius Fulvus Boionius Arrius Antoninus)
161–169	Lucius Verus (L. Aurelius Verus)
161–180	Marcus Aurelius (M. Aurelius Antoninus)
180–192	Commodus (M. Aurelius Commodus Antoninus) (Sohn; Mitregent 177)
193	Pertinax (P. Helvius Pertinax)
193	Didius Julianus (M. Didius Severus Julianus)

Die Severer

193–211	Septimius Severus (L. Septimius Severus)
211	Geta (L. oder P. Septimius Geta) (Sohn; Mitregent 209)
211–217	Caracalla (M. Aurelius Antoninus) (Bruder; Mitregent 198)
217–218	Macrinus (M. Opellius Macrinus)

218	Diadumenian (M. Opellius Diadumenianus) (Sohn; Mitregent)
218–222	Elagabal (M. Aurelius Antoninus) (Enkel mütterlicherseits der Julia Maesa, Schwägerin von Septimius Severus)
222–235	Severus Alexander (M. Aurelius Alexander) (Enkel der weiblichen Linie der Julia Maesa)

Die Soldatenkaiser

235–238	Maximinus Thrax (C. Julius Verus Maximinus)
238	Gordian I. (M. Antonius Gordianus Sempronianus) Gordian II. (M. Antonius Gordianus Sempronianus) (Sohn)
238	Balbinus (D. Caelius Calvinus Balbinus) Pupienus Maximus (M. Clodius Pupienus Maximus)
238–244	Gordian III. (M. Antonius Gordianus) (Enkel mütterlicherseits von Gordian I.)
244–249	Philippus I., Arabs (M. Julius Philippus)
247–249	Philippus II. (M. Julius Severus Philippus) (Sohn)
249–251	Decius (C. Messius Quintus Decius)
251	Herennius Etruscus (Q. Herennius Etruscus Messius Decius) (Sohn; Mitregent)
251	Hostilian (C. Valens Hostilianus Messius Quintus) (Bruder; Mitregent mit Trebonianus Gallus)
251–253	Trebonianus Gallus (C. Vibius Trebonianus Gallus)
251–253	Volusian (C. Vibius Afinius Gallus Veldumnianus Volusianus) (Sohn)
253	Aemilian (M. Aemilius Aemilianus)
253–260	Valerian (P. Licinius Valerianus) (abgesetzt)
253–268	Gallienus (P. Licinius Egnatius Gallienus) (Sohn)
260	Saloninus (P. Licinius Cornelius Saloninus Valerianus) (Sohn)
268–270	Claudius II., Gothicus (M. Aurelius Claudius)
270	Quintillus (M. Aurelius Quintillus) (Bruder)
270–275	Aurelian (L. Domitius Aurelianus)
275–276	Tacitus (M. Claudius Tacitus)
276	Florian (M. Annius Florianus)
276–282	Probus (M. Aurelius Probus)
282–283	Carus (M. Aurelius Carus)
283–284	Numerian (M. Aurelius Numerianus) (Sohn)
283–285	Carinus (M. Aurelius Carinus) (Bruder; Mitregent 283)

Das 'Gallische Reich'

260–269	Postumus (M. Cassianius Latinius Postumus)
269	Laelian (Ulpius Cornelius Laelianus)
269	Marius (M. Aurelius Marius)

269–271	Victorinus (M. Piavonius Victorinus)
271–274	Tetricus (C. Pius Esuvius Tetricus) (abgesetzt)

Diokletian und die Tetrarchie

284–305	Diokletian (C. Aurelius Valerius Diocletianus) (dankte ab, gestorben 311)
286–305	Maximian (M. Aurelius Valerius Maximianus) (Caesar 285; dankte ab; nahm den Titel Augustus 307–308, 309–310 wieder an)
305–306	Constantius I., Chlorus (Fl. Valerius Constantius) (Caesar 293)
305–311	Galerius (C. Galerius Valerius Maximianus) (Caesar 293)
306–307	Severus (Fl. Valerius Severus) (Caesar 305; abgesetzt, gestorben 307)
307–312	Maxentius (M. Aurelius Valerius Maxentius) (Sohn von Maximian)

Die Dynastie Konstantins

307–337	Konstantin I., der Große (Fl. Valerius Constantinus) (Sohn von Constantius I.; Caesar 306)
308–324	Licinius (Valerius Licinianus Licinius) (abgesetzt, gestorben 325)
310–313	Maximinus II. (Galerius Valerius Maximinus) (Sohn der Schwester von Galerius; Caesar 305)
316–317	Valerius Valens (C. Aurelius Valerius Valens)
324	Martinian (M. Martinianus) (abgesetzt, gestorben 325)
337–340	Konstantin II. (Fl. Claudius Constantinus) (Sohn von Konstantin I.)
337–350	Constans (Fl. Julius Constans) (Bruder)
337–361	Constantius II. (Fl. Julius Constantius) (Bruder)
350–353	Magnentius (Fl. Magnus Magnentius)
360–363	Julianus Apostata (Fl. Claudius Julianus) (Neffe Konstantins I.)
363–364	Jovian (Fl. Jovianus)

Die Dynastie Valentinians

364–375	Valentinian I. (Fl. Valentinianus)
364–378	Valens (Fl. Valens) (Bruder)
375–383	Gratian (Fl. Gratianus) (Sohn von Valentinian I., Mitregent 367)
375–392	Valentinian II. (Fl. Valentinianus) (Bruder)

Die Dynastie von Theodosius

379–395	Theodosius I., der Große (Fl. Theodosius)

383–388	Maximus (Magnus Maximus)
387–388	Victor (Fl. Victor) (Sohn)
392–394	Eugenius (Fl. Eugenius)

Weströmische Kaiser

395–423	Honorius (Fl. Honorius) (Sohn von Theodosius I.; Mitregent 393)
421	Constantius III. (Fl. Constantius)
423–425	Johannes
425–455	Valentinian III. (Fl. Placidus Valentinianus) (Sohn von Galla Placida, der Tohter von Theodosius I., und Constantius III.)
455	Petronius Maximus
455–456	Avitus (Eparchius Avitus) (abgesetzt, gestorben 456)
457–461	Majorian (Julius Valerius Majorianus)
461–465	Libius Severus
467–472	Anthemius (Procopius Anthemius)
472	Olybrius (Anicius Olybrius)
473–474	Glycerius (abgesetzt)
474–480	Julius Nepos
475–476	Romulus Augustus (abgesetzt)

(Ende der direkten Kaiserherrschaft im Westen 476/480)

Anmerkungen:

Chronologie: Zu Getas Tod im Dezember des Jahres 211 siehe Barnes, T. D., Journal of Theological Studies, n.s. 19, 1968, 522–524; zum Datum von Valerians Gefangennahme vgl. Aufstieg und Niedergang, 818–820. Die Jahreszahlen für das «Gallische Reich» folgen Dems., 853–1012; andere regionale Usurpatoren und Prätendenten sind nicht berücksichtigt worden.

Kalender und Datierung: Zum julianischen Jahr von 365 Tagen mit einem in jedem vierten Jahr stattfindenden Schalttag siehe Samuel, A. E., Greek and Roman Chronology: Calendars and Years in Classical Antiquity, München 1972, 155–158. Unter Augustus wurde das ägyptische Wandeljahr mit dem julianischen Jahr in Übereinstimmung gebracht, so daß der ägyptische Neujahrstag (1. Thot[h]) auf den 29. August fiel. Ders., 177.

Die römischen Kaiser zählten nicht ihre Regierungsjahre, sondern die Jahre ihrer tribunizischen Gewalt (tribunicia potestas); diese wurde jährlich erneuert, entweder am Jahrestag ihrer ersten Verleihung oder an einem festgesetzten Datum. Mattingly, H., «Tribunicia Potestate», Journal of Roman Studies 20, 1930, 78–91. Ägyptisches Material ist nach Herrscherjahren datiert, beginnend am 29. August (siehe oben).

Namen und Titel: Da viele Kaiser ihre Namen bei Adoption und/oder Thronbesteigung änderten, hat es sich als unmöglich erwiesen, die Namen in einer vollkommen einheitlichen Weise wiederzugeben. Die angeführten Namen entsprechen relativ vertrauten Formen und beinhalten keine Elemente der kaiserlichen Titulatur: eher Nero Claudius Caesar als L. Domitius Ahenobarbus, M. Ulpius Traianus und nicht Imp. Caesar Nerva Trajanus Augustus. Zu Einzelheiten über die Nomenklatur siehe die biographischen Artikel in Paulys Realencyclopädie.

Die Titulatur war komplex und beinhaltete sowohl «republikanische» als auch «kaiserliche» Bestandteile; der grundsätzliche Kaisertitel war Imperator Caesar [Name] Augustus. Vgl. Hammond, M., Imperial Elements in the Formula of the Roman Emperors during the First Two and a Half Centuries of the Empire, Memoirs of the American Academy in Rome 25, 1957, 17–64. Mitregenten mit voller Machtbefugnis führten den Titel eines Augustus; die oben als Caesar bezeichneten Herrscher waren untergeordnete Gehilfen in Diokletians Tetrarchat.

Lateinische Vornamen:

A.: Aulus	M.: Marcus
C.: Gaius	P.: Publius
Cn.: Gnaeus	Q: Quintus
D.: Decimus	Ser.: Servius
Fl.: Flavius	T.: Titus
L.: Lucius	Ti.: Tiberius

Literatur:

Aufstieg und Niedergang der römischen Welt, Bd. 2: Principat, Teil 2, hg. Temporini, H. / Haase, W., Berlin 1975.

Barnes, T. D., The New Empire of Diocletian and Constantine, Cambridge, Mass., 1982.

Mattingly, H. u. a. (Hg.), The Roman Imperial Coinage, 9 Bde. in 12 Teilen, London 1926–1984.

Paulys Realencyclopädie der classischen Altertumswissenschaft, hg. Wissowa, G., u. a., 49 Bde. in 83 Teilen, Stuttgart und München 1893–1978.

Schwartz, J., Chronologie du IIIe s. p. C., Zeitschrift für Papyrologie und Epigraphik 24, 1977, 167–177.

Veh, O., Lexikon der römischen Kaiser. Von Augustus bis Iustinianus I. (27 v. Chr. bis 565 n. Chr.), Zürich 1990^{3}.

Das Königreich Numidien

Die Dynastie von Masinissa

203–148	Masinissa (Sohn von Gaia, Führer der Massyli; König von Numidien unter römischer Protektion 203 v. Chr.)
148–140	Gulussa (Sohn)
148–140	Mastanabal (Bruder)
148–118	Micipsa (Bruder)
118–116	Hiempsal I. (Sohn)
118–112	Adherbal (Bruder)
118–105	Jugurtha (Sohn von Mastanabal; abgesetzt, gestorben 104)
105–?	Gauda (Bruder)
88–60	Hiempsal II. (Sohn)
60–46	Juba I. (Sohn)

(Römische Herrschaft 46 v. Chr.)

Das Königreich Mauretania

25–23 n. Chr.	Juba II. (Sohn; König von Mauretania unter römischer Protektion 25 v. Chr.)
23–40	Ptolemaios (Sohn; Enkel mütterlicherseits von Kleopatra und Marcus Antonius)

(Römische Herrschaft 40 n. Chr.)

Anmerkungen:
Chronologie: Einige Jahreszahlen können um etwa ein Jahr variieren; die Jahreszahlen Hiempsals II. sind angenähert.
Namen und Titel: Masinissa, nicht Massinissa: Gsell, Bd. 3, 178.

Literatur:
Gsell, S., Histoire ancienne de l'Afrique du Nord, 8 Bde., Paris 1914–1928.
Mazard, J., Corpus nummorum Numidiae Mauretaniaeque, Paris 1955.

Die herodeischen Königreiche

Die Dynastie der Herodeer

37–4 v. Chr.	Herodes der Große (Sohn von Antipater; König von Judäa unter römischer Protektion; nahm Jerusalem 37 ein)
4 v. Chr.–6 n. Chr.	Herodes Archelaos (Sohn; Ethnarch von Judäa, Idumäa und Samaria; abgesetzt; römische Herrschaft 6-41)
4 v. Chr.–34 n Chr.	Philipp (Bruder; Tetrarch von Hauranitis, Batanäa, Trachonitis, Gaulanitis und Paneas)
4 v. Chr.–39 n Chr.	Herodes Antipas (Bruder; Tetrarch von Galiläa und Peräa; abgesetzt)
37–44	Agrippa I. (M. Julius Agrippa) (Neffe; König der Gebiete Philipps 37; mit den Gebieten des Antipas bedacht 40; König von Judäa 41; römische Herrschaft 44)
41–48	Herodes (Bruder; König von Chalcis)
49–92	Agrippa II. (M. Julius Agrippa) (Sohn von Agrippa I.; König von Chalcis 49; tauschte es 53 gegen Philipps Gebiete ein; römische Herrschaft 92/93)

Anmerkungen:
Chronologie: Herodes der Große starb im Dezember 5 v. Chr. (Barnes) oder März/April 4 v. Chr. (Schürer, Bd.1, 326–328), gemäss Matthäus 2,1 nach der Geburt Jesu. Das Datum von Filmer (1 v. Chr.) für den Tod des Monarchen ist unwahrscheinlich. Zu Agrippa II. siehe Smallwood, Anhang F.
Namen und Titel: Zum Gebrauch von Herodes als dynastischen Namen siehe Hoehner, H. W., Herod Antipas, Cambridge 1972, 105–109.

Literatur:

Barnes, T. D., The Date of Herod's Death, Journal of Theological Studies n. s. 19, 1968, 204–209.

Filmer, W. E., The Chronology of the Reign of Herod the Great, Journal of Theological Studies n. s. 17, 1966, 283–298.

Schürer, E., History of the Jewish People in the Age of Jesus Christ, rev. Ausgabe, 3 Bde. in 4 Teilen, Edinburgh 1973–1987.

Smallwood, E. M., The Jews under Roman Rule: from Pompey to Diocletian, Leiden 1976).

Persien: Die Sassaniden

Die Sassaniden (Sāsāniden)

224–241	Ardaschir (Ardašīr) I. (Sohn oder Abkömmling von Sāsān; König von Persien; eroberte Iran 224)
241–272	Schapur (Šāpūr) I. (Sohn; Mitregent 240)
272–273	Hormizd I. (Sohn)
273–276	Bahrām I. (Bruder)
276–293	Bahrām II. (Sohn)
293	Bahrām III. (Sohn; abgesetzt)
293–302	Narseh (Sohn von Schapur I.)
302–309	Hormizd II. (Sohn)
309–379	Schapur II. (Sohn)
379–383	Ardaschir II. (Neffe; abgesetzt)
383–388	Schapur III. (Sohn von Schapur II.)
388–399	Bahrām IV. (Sohn)
399–420	Yazdgard I. (Sohn)
420–438	Bahrām V., der Wildesel (Sohn)
438–457	Yazdgard II. (Sohn)
457–459	Hormizd III. (Sohn)
459–484	Pērōz (Bruder)
484–488	Balāsch (Bruder; abgesetzt)
488–497	Kavād I. (Sohn von Pērōz; abgesetzt)
497–499	Zāmāsp (Bruder; abgesetzt)
499–531	Kavād I. (wiedereingesetzt)
531–579	Chosrau I., Anūschīrvān (Sohn)
579–590	Hormizd IV. (Sohn; abgesetzt)
590–591	Bahrām VI., Chōbīn (Usurpator; abgesetzt)
590–628	Chosrau II., der Siegreiche (Sohn von Hormizd IV.; abgesetzt, gestorben 628)
628	Kavād II., Schīroe (Sohn)
628–630	Ardaschir III. (Sohn)
630	Schahrbarāz (Usurpator)
630–631	Bōrān (Tochter von Chosrau II.)
631–632	Āzarmēducht (Schwester; Thronanwärter und Gegenkönige in verschiedenen Teilen des Reichs)
632–651	Yazdgard III. (Neffe)

(Arabische Eroberung des Sassanidenreichs 651)

Anmerkungen:

Chronologie, Kalender und Datierung: Die grundlegende Abhandlung über die sassanidische Chronologie ist immer noch Nöldeke, 400–436. Das persische bürgerliche Jahr war ein Wandeljahr von 365 Tagen. Regentschaften wurden von dem der Thronbesteigung vorangehenden Neujahrstag an datiert; vor Chosrau I., der spät im Jahre 531 König wurde, sind die Jahreszahlen der eigentlichen Thronbesteigung unbekannt (Altheim / Stiehl, Tabellen 1–12). Zur Mitregentschaft von Schapur (Šāpūr) I. siehe Henrichs / Koenen, 125–132; zu den letzten Königen vgl. Mochiri, M. I., Numismatic Chronicle 143, 1983, 221–223.

Namen und Titel: Wie ihre arsakidischen Vorgänger benutzten die sassanidischen Monarchen den orientalischen Titel «König der Könige» (*shāhānshāh*). Zu Titeln auf Münzen, siehe Altheim / Stiehl, Kap. 2.

Literatur:

Altheim, F./ Stiehl, R., Ein asiatischer Staat: Feudalismus unter den Sasaniden und ihren Nachbarn, Wiesbaden 1954.

Cameron, A., Agathias on the Sassanians, Dumbarton Oaks Papers 23/24, 1969–1970, 67–183.

Henrichs, A. / Koenen, L., Ein griechischer Mani-Codex, Zeitschrift für Papyrologie und Epigraphik 5, 1970, 97–216.

Nöldeke, T. (Übers.), Geschichte der Perser und Araber zur Zeit der Sasaniden aus der arabischen Chronik des Ṭabar-ī, Leiden 1879.

Das oströmische Reich – Byzanz

Die Dynastie von Theodosius

395–408 Arcadius (Fl. Arcadius) (Sohn des römischen Kaisers Theodosius I.; Mitregent 383)
408–450 Theodosius II. (Fl. Theodosius) (Sohn; Mitregent 402)
450–457 Marcianus (heiratete Pulcheria, Tochter von Arcadius)

Die Dynastie Leons

457–474 Leon I., der Thraker
474 Leon II. (Sohn von Ariadne, Tochter Leons I., und Zenon dem Isaurier; Mitregent 473)
474–475 Zenon der Isaurier (Mitregent 474; abgesetzt)
475–476 Basiliskos
476–491 Zenon (wiedereingesetzt)
491–518 Anastasius I. (zweiter Gatte von Ariadne)

Die Dynastie Justins

518–527 Justin I.
527–565 Justinian I., der Große (Schwestersohn; Mitregent 527)
565–578 Justin II. (Schwestersohn)
578–582 Tiberius II. Constantinus (Mitregent 578)
582–602 Mauricius (Mitregent 582)
602–610 Phokas

Die herakleianische Dynastie

610–641 Herakleios
641 Konstantin III. (Sohn; Mitregent 613)
641 Heraklonas (Bruder; Mitregent 638; abgesetzt)
641–668 Konstans II., Pogonatos (Sohn von Konstantin III.; Mitregent 641)
668–685 Konstantin IV. (Sohn; Mitregent 654)
685–695 Justinian II., Rhinotmetos (Sohn; abgesetzt)
695–698 Leontios (abgesetzt, gestorben 706?)
698–705 Tiberios III. (Apsimar) (abgesetzt, gestorben 706?)
705–711 Justinian II. (wiedereingesetzt)
711–713 Philippikos (Bardanes) (abgesetzt)
713–715 Anastasios II. (Artemios) (abgesetzt, gestorben 719)
715–717 Theodosios III. (abgesetzt)

Die Dynastie der Syrer

717–741	Leon III., der Syrer
741	Konstantin V., Kopronymos (Sohn; Mitregent 720; abgesetzt)
741–743	Artabasdos (abgesetzt)
743–775	Konstantin V. (wiedereingesetzt)
775–780	Leon IV., der Chazare (Sohn; Mitregent 751)
780–797	Konstantin VI. (Sohn; Mitregent 776; abgesetzt)
797–802	Irene (Mutter; Mitregentin 780–790, 792–797; abgesetzt, gestorben 803)
802–811	Nikephoros I.
811	Staurakios (Sohn; Mitregent 803; abgesetzt, gestorben 812)
811–813	Michael I. Rangabe (abgesetzt, gestorben 844)
813–820	Leon V., der Armenier

Die Dynastie der Amorier

820–829	Michael II., der Amorier
829–842	Theophilos (Sohn; Mitregent 821)
842–867	Michael III., der Trinker (Sohn; Mitregent 840)

Die Dynastie der Makedonier

867–886	Basileios I., der Makedonier (Mitregent 866)
886–912	Leon VI., der Weise (Sohn; Mitregent 870)
912–913	Alexander (Bruder; Mitregent 879)
913–959	Konstantin VII., Porphyrogenitos (Sohn von Leon VI.; Mitregent 908)
920–944	Romanos I. Lekapenos (abgesetzt, gestorben 948)
921–931	Christophoros (Sohn)
959–963	Romanos II. (Sohn von Konstantin VII.; Mitregent 945)
963–969	Nikephoros II. Phokas
969–976	Johannes I. Tzimiskes
976–1025	Basileios II., Bulgaroktonos (Sohn von Romanos II.; Mitregent 960)
1025–1028	Konstantin VIII. (Bruder; Mitregent 962)
1028–1034	Romanos III. Argyros (heiratete Zoë, Tochter Konstantins VIII.)
1034–1041	Michael IV., der Paphlagonier (zweiter Gatte von Zoë)
1041–1042	Michael V., Kalaphates (Schwestersohn; abgesetzt)
1042	Zoë (Tochter Konstantins VIII.; Mitregentin 1028-50) und Theodora (Schwester)
1042–1055	Konstantin IX. Monomachos (dritter Gatte von Zoë)
1055–1056	Theodora (erneut; Mitregentin 1042)

1056–1057	Michael VI., Stratiotikos (abgesetzt)
1057–1059	Isaak I. Komnenos (dankte ab, gestorben 1060)

Die Dynastie der Dukas

1059–1067	Konstantin. X. Dukas
1067–1068	Eudokia Makrembolitissa (Witwe)
1068–1071	Romanos IV. Diogenes (zweiter Gatte; abgesetzt, gestorben 1072)
1071	Eudokia (erneut; abgesetzt)
1071–1078	Michael VII., Parapinakes (Sohn von Eudokia und Konstantin X.; Mitregent 1060; abgesetzt)
1078–1081	Nikephoros III. Botaneiates (abgesetzt)

Die Dynastie der Komnenen

1081–1118	Alexios I. Komnenos (Neffe Isaaks I.)
1118–1143	Johannes II. (Sohn; Mitregent 1092)
1143–1180	Manuel I. (Sohn)
1180–1183	Alexios II. (Sohn)
1183–1185	Andronikos I. (Enkel von Alexios I.; Mitregent 1183)

Die Dynastie der Angelos

1185–1195	Isaak II. Angelos (abgesetzt)
1195–1203	Alexios III. (Bruder; abgesetzt)
1203–1204	Isaak II. (wiedereingesetzt)
1203–1204	Alexios IV. (Sohn; abgesetzt, gestorben 1204)
1204	Alexios V. Dukas, Murtzuphlos (abgesetzt, gestorben 1204)

Die Dynastie der Laskariden

1204–1222	Theodor I. Laskaris (nur Despot 1204–1208)
1222–1254	Johannes III. Vatatzes
1254–1258	Theodor II. Laskaris (Sohn von Irene, Tochter Theodors I., und Johannes III.)
1258–1261	Johannes IV. (Sohn; abgesetzt, gestorben 1305?)

Die Dynastie der Palaiologen

1261–1282	Michael VIII. Palaiologos (Mitregent 1259)
1282–1328	Andronikos II. (Sohn; Mitregent 1272; abgesetzt, gestorben 1332)
1294–1320	Michael IX. (Sohn)
1328–1341	Andronikos III. (Sohn; Mitregent 1325)
1341–1376	Johannes V. (Sohn; abgesetzt)
1347–1354	Johannes VI. Kantakuzenos (abgesetzt, gestorben 1383)

1353–1357	Matthaios (Sohn; abgesetzt, gestorben 1383)
1376–1379	Andronikos IV. (Sohn von Johannes V.; abgesetzt, gestorben 1385)
1379–1390	Johannes V. (wiedereingesetzt; abgesetzt)
1390	Johannes VII. (Sohn von Andronikos IV.; abgesetzt)
1390–1391	Johannes V. (wiedereingesetzt)
1391–1425	Manuel II. (Sohn; Mitregent 1373)
1399–1408	Johannes VII. (wiedereingesetzt)
1425–1448	Johannes VIII. (Sohn Manuels II.; Mitregent 1421)
1448–1453	Konstantin XI., Dragases (Bruder)

(Türkische Eroberung Konstantinopels 1453)

Anmerkungen:

Kalender und Datierung: Im östlichen Reich begann die Datierung mit der Erschaffung der Welt; die am weitesten verbreiteten Ären waren die alexandrinische, welche im Jahre 5492 v.Chr. begann, und die byzantinische, welche 5508 anfing (Grumel, Kap. 6, 8). Das julianische bürgerliche Jahr begann am 1. September.

Namen und Titel: Von Herakleios an war das griechische *basileus* der Kaisertitel; vom frühen neunten Jahrhundert an wurde dieser zusammen mit dem Beinamen «der Römer» gebraucht (Ostrogorsky, 106–107, 198–199). Familiennamen folgen direkt nach der Ziffer; Übernamen folgen nach einem Komma.

Literatur:

Bellinger, A. R. / Grierson, P. (Hg.), Catalogue of the Byzantine Coins in the Dumbarton Oaks Collection and in the Whittemore Collection, 3 Bde. in 5 Teilen, Washington, DC, 1966–1973.

Cambridge Medieval History, Bd. 4: the Byzantine Empire, hg. Hussey, J. M., 2 Teile, Cambridge 1966–1967.

Grierson, P., The Tombs and Obits of the Byzantine Emperors (337–1042), Dumbarton Oaks Papers 16, 1962, 1–63.

Grumel, V., La chronologie, Paris 1958 (Traité d'études byzantines 1, hg. Lemerle, P.).

Lexikon des Mittelalters, bisher 5 Bde., München und Zürich 1980–1991.

Ostrogorsky, G., Geschichte des byzantinischen Staates, München 1963³ (Handbuch der Altertumswissenschaft 12).

Das Königreich Armenien

Die Dynastie der Bagratuni

884–890	Aschot (Ašot) I., der Große (Fürst der Fürsten von Armenien 863; zum König gekrönt 884)
890–914	Smbat I., der Märtyrer (Sohn)
914–928	Aschot II., der Eiserne (Sohn)
928–952	Abas (Bruder)
952–977	Aschot III., der Barmherzige (Sohn)
977–989	Smbat II., der Eroberer (Sohn)
989–1020	Gagik I. (Bruder)
1020–1041	Johannes Smbat III. (Sohn)
1021–1040	Aschot IV., der Tapfere (Bruder)
1041–1045	Gagik II. (Sohn; abgesetzt, gestorben 1080?)

(Byzantinische, dann seldschukische Herrschaft)

Das Königreich von Kars

962–984	Muscheḷ (Sohn von Abas; erhielt die Apanage von Kars 962)
984–1029	Abas I. (Sohn)
1029–1064	Gagik Abas II. (Sohn; abgesetzt, gestorben 1080?)

(Byzantinische, dann seldschukische Herrschaft)

Das Königreich von Loṛi

980–989	Gurgēn I. (Sohn von Aschot III.; erhielt die Apanage von Loṛi 980)
989–1048	David der Landlose (Sohn)
1048–1089	Gurgēn II. (Kiurike) (Sohn)

(Seldschukische Herrschaft über Loṛi 1089/1100 oder später)

Anmerkungen:
Chronologie und Kalender: Je nach Quelle können einige Jahreszahlen um etwa ein Jahr variieren; die oben angeführten folgen Grousset. Armenien gebrauchte ein Wandeljahr; der Ausgangspunkt der armenischen Ära war der 11. Juli 552. Die Dynastie der Bagratuni kann bis zum vierten Jahrhundert zurückverfolgt werden, und in Georgien herrschte sie bis anfangs des 19. Jahrhunderts. Zu allen ihren Nebenlinien und Besitztümern im Kaukasus siehe Toumanoff, C., Manuel de généalogie et de chronologie pour l'histoire de la Caucasie chrétienne, Rom 1976.

Literatur:
Grousset, R., Histoire de l'Arménie des origines à 1071, Paris 1947.
Hakobian, V., La date de l'avènement d'Ašot, premier roi bagratide, Revue des études arméniennes n. s. 2, 1965, 273–282.

Das Reich von Thessalonike

Das Haus Montferrat – Das Königreich Thessalonike

1204–1207	Bonifaz (Markgraf von Montferrat als Bonifaz I.; eroberte Thessalonike 1204)
1207–1224	Demetrios (Sohn; abgesetzt, gestorben 1230)

Die Dynastie der Angelos – Das Reich von Thessalonike

1224–1230	Theodor (eroberte Thessalonike 1224; zum Kaiser gekrönt 1225; abgesetzt)
1230–1237	Manuel (Bruder; abgesetzt, gestorben 1241)
1237–1244	Johannes (Sohn von Theodor; nur Despot 1242)
1244–1246	Demetrios (Bruder; nur Despot; abgesetzt)

(Byzantinische Eroberung von Thessalonike)

Anmerkungen:
Chronologie: Zur Krönung von Theodor vgl. Karpozilos, A., Byzantina 6, 1974, 251–261.
Namen und Titel: Bonifaz sowie Demetrios bis zu seiner Krönung 1209 wurden «Herren von Thessalonike» genannt.

Literatur:
Longnon, J., L'empire latin de Constantinople, Paris 1949.
Nicol, D. M., The Despotate of Epiros, Cambridge 1984.

Das Kaiserreich Trapezunt

Die Dynastie der Komnenen

1204–1222	Alexios I. (Enkel des oströmischen Kaisers Andronikos I.; eroberte Trapezunt 1204)
1222–1235	Andronikos I., Gidos (Schwiegersohn)
1235–1238	Johannes I., Axouchos (Sohn von Alexios I.)
1238–1263	Manuel I. (Bruder)
1263–1266	Andronikos II. (Sohn)
1266–1280	Georg (Bruder; abgesetzt)
1280–1284	Johannes II. (Bruder; abgesetzt)
1284–1285	Theodora (Schwester; abgesetzt)
1285–1297	Johannes II. (wiedereingesetzt)
1297–1330	Alexios II. (Sohn)
1330–1332	Andronikos III. (Sohn)
1332	Manuel II. (Sohn; abgesetzt, gestorben 1333)
1332–1340	Basileios (Sohn von Alexios II.)
1340–1341	Irene Palaiologina (Witwe; abgesetzt)
1341	Anna Anachoutlou (Tochter von Alexios II.; abgesetzt)
1341	Michael (Sohn von Johannes II.; abgesetzt)
1341–1342	Anna (wiedereingesetzt)
1342–1344	Johannes III. (Sohn von Michael; abgesetzt, gestorben 1362)
1344–1349	Michael (wiedereingesetzt; abgesetzt)
1349–1390	Alexios III. (Sohn von Basileios)
1390–1417	Manuel III. (Sohn)
1417–1429	Alexios IV. (Sohn)
1429–1458	Johannes IV., Kalojoannes (Sohn)
1458–1461	David (Bruder; abgesetzt, gestorben 1463)

(Türkische Eroberung von Trapezunt)

Literatur:

Janssens, E., Trébizonde en Colchide, Brüssel 1969.

Kursanskis, M., L'usurpation de Théodora Grande Comnène, Revue des études byzantines 33, 1975, 187–210.

IV

Der barbarische Westen

Das Königreich der Visigoten

395–410	Alarich I. (gewählter König oder Stammeshäuptling der Visigoten in Thrakien 395)
410–415	Athaulf (Bruder der Gattin)
415	Sigerich
415–418	Wallia
418–451	Theoderich I. (Schwiegersohn von Alarich I.)
451–453	Thorismund (Sohn)
453–466	Theoderich II. (Bruder)
466–484	Eurich (Bruder)
484–507	Alarich II. (Sohn)
507–511	Gesalech (Sohn)
511–531	Amalarich (Bruder)
531–548	Theudis
548–549	Theudigisel
549–555	Agila I.
555–567	Athanagild
567–572	Liuva I. (Septimania 568)
568–586	Leovigild (Bruder; Spanien 568; Alleinkönig 572)
586–601	Rekkared I. (Sohn)
601–603	Liuva II. (Sohn)
603–610	Witterich
610–612	Gundemar
612–621	Sisebut
621	Rekkared II. (Sohn)
621–631	Suinthila (abgesetzt)
631–636	Sisenand
636–639	Chintila
639–642	Tulga (Sohn; abgesetzt)
642–653	Chindaswinth
653–672	Rekkeswinth (Sohn; Mitregent 649)
672–680	Wamba (abgesetzt)
680–687	Erwig
687–702	Egica (Schwiegersohn)
702–710	Wittiza (Sohn; Mitregent 698)
710–711	Roderich
711–714	Agila II. (Sohn von Wittiza?)

(Muslimische Eroberung des visigotischen Spanien 714)

Literatur:

Miles, G. C., Coinage of the Visigoths of Spain, New York 1952.

Sánchez-Albornoz, C., El senatus visigodo: Don Rodrigo, rey legítimo de España, Cuadernos de historia de Espana 6, 1946, 5–99.

Thompson, E. A., The Visigoths from Fritigern to Euric, Historia 12, 1963, 105–126.

Zeumer, K., Die Chronologie der Westgothenkönige des Reiches von Toledo, Neues Archiv der Gesellschaft fur ältere deutsche Geschichtskunde 27, 1902, 409–444.

Das Königreich der Burgunder

Das Haus Gibichung

411–436	Gundahar (Gunther) (König der Burgunder im östlichen Gallien ca. 411)
436–474	Gundiok (Gundowech) (Sohn?) Neffe
474–501	Godegisel (Sohn)
474–516	Gundobad (Bruder)
516–523	Sigismund der Heilige (Sohn; abgesetzt, gestorben 524)
523–534	Gundomar (Godomar) (Bruder; abgesetzt)

(Fränkische Eroberung des Königreichs Burgund)

Anmerkungen:

Chronologie: Die Jahreszahlen bis 474 sind approximativ und können um einige Jahre variieren.

Literatur:

Perrin, O., Les Burgondes, Neuchâtel 1968.

Schmidt., L., Die Ostgermanen, München 1969².

Das Königreich der Vandalen

Das Haus der Asdingi

439–477	Geiserich (fiel 429 in Nordafrika ein; seine Regierungszeit ist ab der Einnahme Karthagos 439 angesetzt)
477–484	Hunerich (Sohn)
484–496	Gunthamund (Neffe)
496–523	Thrasamund (Bruder)
523–530	Hilderich (Sohn von Hunerich; abgesetzt, gestorben 533)
530–533	Gelimer (Neffe von Thrasamund; abgesetzt)

(Byzantinische Eroberung des Vandalenreichs)

Literatur:

Courtois, C., Les Vandales et l'Afrique, Paris 1955.

Diesner, H. J., Das Vandalenreich, Stuttgart 1966.

Schreiber, H., Die Vandalen. Siegeszug und Untergang eines germanischen Volkes, Bern 1979.

Das Königreich der Franken

Die Merowinger

460–482	Childerich I. (Sohn von Merovech; Stammeshäuptling oder König der salischen Franken von Tournai um 460)
482–511	Chlodwig (Clovis) I. (Sohn)
511–524	Chlodomer (Sohn; König von Orléans)
511–533	Theuderich I. (Bruder; Reims)
511–558	Childebert I. (Bruder; Paris)
511–561	Chlothar I. (Bruder; Soissons; Alleinkönig 558)
533–547	Theudebert I. (Sohn von Theuderich I.; Reims)
547–555	Theudebald (Sohn; Reims)
561–567	Charibert I. (Sohn von Chlothar I.; Paris)
561–575	Sigibert I. (Bruder; Reims [Austrasien])
561–584	Chilperich I. (Bruder; Soissons [Neustrien])
561–593	Gunthram (Bruder; Burgund)
575–596	Childebert II. (Sohn von Sigebert I.; Austrasien; Burgund 593)
584–629	Chlothar II. (Sohn von Chilperich I.; Neustrien; Alleinkönig 613)
596–612	Theudebert II. (Sohn von Childebert II.; Austrasien; abgesetzt, gestorben 612)
596–613	Theuderich II. (Bruder; Burgund; Austrasien 612)
613	Sigibert II. (Sohn; Austrasien und Burgund)
629–639	Dagobert I. (Sohn von Chlothar II.; Austrasien 623; Alleinkönig 632)
630–632	Charibert II. (Bruder, Aquitanien)
639–656	Sigibert III., der Heilige (Sohn von Dagobert I.: Austrasien 634)
639–657	Chlodwig II. (Bruder; Neustria and Burgund)
656–661	Childebert (Adoptivsohn von Sigibert III.; Austrasien)
657–673	Chlothar III. (Sohn von Chlodwig II.; Neustrien und Burgund)
662–675	Childerich II. (Bruder; Austrasien; Alleinkönig 673)
676–679	Dagobert II., der Heilige (Sohn von Sigibert III.: Austrasien)
676–690	Theuderich III. (Sohn von Chlodwig II.; Neustrien und Burgund; Alleinkönig 679)
690–694	Chlodwig III. (Sohn)
694–711	Childebert III. (Bruder)
711–715	Dagobert III. (Sohn)
715–721	Chilperich II. (Sohn von Childerich II.?)
717–719	Chlothar IV. (Sohn von Theuderich III.?; Gegenkönig; Austrasien)

721–737 Theuderich IV. (Sohn von Dagobert III.; Interregnum 737–743)
743–751 Childerich III. (wahrscheinlich Sohn; abgesetzt)

(Beginn der karolingischen Herrschaft)

Anmerkungen:
Chronologie: Einige Jahreszahlen können um ein Jahr variieren. Zur Zeit von 561 bis 596, siehe Eckhardt, 57–71; zu Childebert Adoptivus vgl. Ewig. Childerich III. wurde entweder im November 751 (Tangl) oder zum Jahreswechsel 751/752 abgesetzt (Levison, 51–53). Für zusätzliche Hinweise siehe Schneider, R., Königswahl und Königserhebung im Frühmittelalter, Stuttgart 1972, 66.
Namen und Titel: Der von den karolingischen Herrschern geerbte merowingische Königstitel war «König der Franken» (*rex Francorum*). Dazu und zur königlichen Titulatur in den anderen barbarischen Königreichen siehe H. Wolfram, Intitulatio, Bd. 1: Lateinische Königs- und Fürstentitel bis zum Ende des 8. Jahrhunderts, Graz 1967, Kap. 2–3.

Literatur:

Eckhardt, W. A., Die Decretio Childeberti und ihre Überlieferung, Zeitschrift der Savigny-Stiftung für Rechtsgeschichte, Germanistische Abteilung 84, 1967, 1–71.

Ewig, E., Noch einmal zum «Staatsstreich» Grimoalds, Speculum Historiale, ed. C. Bauer, München 1965, 454–457.

Ders., Studien zur merowingischen Dynastie, Frühmittelalterliche Studien 8, 1974, 15–59.

Krusch, B., Chronologica regum Francorum stirpis Merowingicae, Monumenta Germaniae historica: Scriptorum rerum Merovingicarum 7, Hannover 1920, 468–516.

Levison, W., Das Nekrologium von Dom Racine und die Chronologie der Merowinger, Neues Archiv der Gesellschaft für ältere deutsche Geschichtskunde 35, 1910, 15–53.

Tangl, M., Die Epoche Pippins, Neues Archiv der Gesellschaft für ältere deutsche Geschichtskunde 39, 1914, 257–277.

Das ostgotische Königreich

Die Amaler

493–526	Theoderich der Große (fiel 489 in Italien ein; als König anerkannt 493)
526–534	Athalarich (Enkel mütterlicherseits)
534	Amalasuintha (Mutter; abgesetzt, gestorben 535)
534–536	Theodahad (Sohn der Schwester Theoderichs)
536–540	Vitigis (verheiratet mit einer Schwester Athalarichs; abgesetzt, gestorben 542)
540–541	Hildibad
541	Erarich
541–552	Totila (Baduila) (Neffe von Hildibad)
552	Teias

(Byzantinische Eroberung des Ostgotenreichs in Italien 552)

Literatur:

Romano, G. / Solmi, A., Le dominazioni barbariche in Italia (395–888), Mailand 1940 (Storia politica d'Italia 5).

Stein, E., Histoire du Bas-Empire, 2 Bde in 3 Teilen, Amsterdam 1968.

Das langobardische Königreich

569–572	Alboin (fiel 568 in Italien ein; seine Regierungszeit ist ab der Einnahme Mailands 569 angesetzt)
572–574	Cleph
	(Interregnum 574–84)
584–590	Authari (Sohn)
590–616	Agilulf
616–626	Adaloald (Sohn; Mitregent 604)
626–636	Arioald
636–652	Rothari
652–653	Rodoald (Sohn)
653–661	Aripert I.
661–662	Godepert (Sohn)
662–671	Grimoald
671	Garibald (Sohn; abgesetzt)
671–688	Perctarit (Sohn von Aripert I.)
688–700	Kunipert (Sohn; Mitregent 680)
700–701	Liutpert (Sohn; abgesetzt, gestorben 702)
701	Raginpert (Sohn von Godepert)
701–712	Aripert II. (Sohn)
712	Ansprand
712–744	Liutprand (Sohn)
744	Hildeprand (Neffe; Mitregent 735; abgesetzt)
744–749	Ratchis (abgesetzt)
749–756	Aistulf (Bruder)
756–757	Ratchis (wiedereingesetzt; abgesetzt)
757–774	Desiderius (abgesetzt mit seinem Sohn Adalgis, dem Mitregenten seit 759)
	(Fränkische Eroberung des lombardischen Königreichs)

Literatur:

Bethmann, L. / Holder-Egger, O., Langobardische Regesten, Neues Archiv der Gesellschaft für ältere deutsche Geschichtskunde 3, 1878, 225–318.

Romano, G. / Solmi, A., Le dominazioni barbariche in Italia (395–888), Mailand 1940 (Storia politica d'Italia 5).

Die angelsächsischen Königreiche

Das Königreich von Kent

455–488	Hengest (Sohn von Wihtgils; traditioneller Begründer des königlichen Hauses Kent)
488–512	Oisc (Sohn)
512–522	Octa (Sohn)
522–560	Eormenrich (Sohn)
560–616	Æthelberht I. (Sohn)
616–640	Eadbald (Sohn)
640–664	Earconbert (Sohn)
664–673	Egbert I. (Sohn)
673–685	Hlothere (Bruder)
685–686	Eadric (Sohn von Egbert I.)
	(Westsächsische Herrschaft 686–688)
688–690	Oswine (Urenkel von Eadbald?)
689–694	Swæfhard (Sohn von Sebbi, König von Essex)
690–725	Wihtred (Sohn von Egbert I.)
725–748	Æthelberht II. (Sohn)
748–762	Eadberht I. (Bruder)
762–764	Sigered
764–770	Heaberht
765–784	Egbert II.
784–785	Ealhmund
	(Mercische Herrschaft 785–796)
796–798	Eadberht II. (abgesetzt)
798–807	Cuthred (Bruder von Cenwulf, König von Merzien)
	(Mercische Herrschaft 807–823)
823–825	Baldred (abgesetzt)
	(Westsächsische Annexion von Kent 825 oder 827)

Das Königreich Bernicia

547–559	Ida (Sohn von Eoppa; traditioneller Begründer des königlichen Hauses von Bernicia)
559–560	Glappa
560–568	Adda (Sohn von Ida)

568–572	Æthelric (Bruder)
572–579	Theoderich (Bruder)
579–585	Frithuwald
585–592	Hussa

Das Königreich Deira

569–599	Ælle (Sohn von Yffi; traditioneller Begründer des königlichen Hauses von Deira)
599–604	Æthelric

Das Königreich Northumbrien

592–616	Æthelfrith (Sohn von Æthelric von Bernicia; vereinigte Bernicia und Deira 604)
616–633	Edwin (Sohn von Ælle)
633–634	Osrich (Neffe von Ælle; Deira)
633–634	Eanfrith (Sohn von Æthelfrith; Bernicia)
634–642	Oswald der Heilige (Bruder)
642–670	Oswiu (Bruder)
644–651	Oswine der Heilige (Sohn von Osrich; Deira)
651–655	Æthelwald (Sohn von Oswald; Deira)
670–685	Ecgfrith (Sohn von Oswiu)
686–705	Aldfrith (Bruder)
705–706	Eadwulf I.
706–716	Osred I. (Sohn von Aldfrith)
716–718	Cenred (Sechster in direkter Linie von Ida)
718–729	Osric (Sohn von Aldfrith)
729–737	Ceolwulf (Bruder von Cenred; dankte ab, gestorben 760)
737–758	Eadberht (Sechster in direkter Linie von Ida; dankte ab, gestorben 768)
758–759	Oswulf (Sohn)
759–765	Æthelwald (abgesetzt)
765–774	Alhred (Sechster in direkter Linie von Ida; abgesetzt)
774–779	Æthelred I. (Sohn von Æthelwald; abgesetzt)
779–788	Ælfwald I. (Sohn von Oswulf)
788–790	Osred II. (Sohn von Alhred; abgesetzt, gestorben 792)
790–796	Æthelred I. (wiedereingesetzt)
796	Osbald (abgesetzt, gestorben 799)
796–808	Eardwulf (abgesetzt)
808	Ælfwald II.
808–809	Eardwulf (wiedereingesetzt)
809–841	Eanred (Sohn)
841–844	Æthelred II. (Sohn; abgesetzt)

844	Redwulf
844–848	Æthelred II. (wiedereingesetzt)
848–866	Osbert (abgesetzt, gestorben 867)
866–867	Ælle
867–873	Egbert I.
873–876	Ricsige
876–878	Egbert II.
878–913	Eadwulf II.
913–927	Aldred (Sohn; abgesetzt)

(Dänische Eroberung von Deira 867; westsächsische Annexion von Bernicia 927)

Das Königreich Mercien

633–655	Penda (Sohn Pybbas; wahrscheinlicher Begründer des königlichen Hauses von Mercien) (northumbrische Herrschaft 655–658)
658–675	Wulfhere (Sohn)
675–704	Æthelred I. (Bruder; dankte ab, gestorben 716)
704–709	Cenred (Sohn Wulfheres; dankte ab)
709–716	Ceolred (Sohn von Æthelred I.)
716–757	Æthelbald (Urenkel Pybbas)
757	Beornred (abgesetzt, gestorben 769)
757–796	Offa (Fünfter in direkter Linie von Pybba)
796	Ecgfrith (Sohn; Mitregent 787)
796–821	Cenwulf (Siebter in direkter Linie von Pybba)
821–823	Ceolwulf I. (Bruder; abgesetzt)
823–825	Beornwulf
825–827	Ludeca
827–829	Wiglaf (abgesetzt)

(Westsächsische Herrschaft 829–830)

830–840	Wiglaf (wiedereingesetzt)
840–852	Berhtwulf
852–874	Burgred (abgesetzt)
874–879	Ceolwulf II.
879–911	Æthelred II.
911–918	Æthelflaed (Witwe)
918–919	Ælfwyn (Tochter; abgesetzt)

(Westsächsische Annexion von Mercien 919)

Das Königreich Wessex

519–534	Cerdic (Sohn von Elesa; traditioneller Begründer des königlichen Hauses von Wessex)
534–560	Cynrich (Sohn)
560–591	Ceawlin (Sohn; abgesetzt, gestorben 593)
591–597	Ceol (Neffe)
597–611	Ceolwulf (Bruder)
611–642	Cynegils (Sohn)
642–672	Cenwalh (Sohn)
672–674	Seaxburh (Witwe)
674–676	Æscwine (Fünfter in direkter Linie von Cynric)
676–685	Centwine (Sohn von Cynegils)
685–688	Caedwalla (Vierter in direkter Linie von Ceawlin; dankte ab, gestorben 689)
688–726	Ine (Fünfter in direkter Linie von Ceawlin; dankte ab)
726–740	Æthelheard
740–756	Cuthred
756–757	Sigeberht
757–786	Cynewulf
786–802	Berhtric
802–839	Egbert (Neunter in direkter Linie von Ceawlin, Oberherr aller englischen Königreiche 829–830)

Anmerkungen:

Chronologie: Die meisten Herrschaftsjahre sind diejenigen von Fryde. Viele frühe Jahreszahlen und Abstammungsverhältnisse sowie spätere Daten für Kent und Northumbrien sind unsicher. Einige unbedeutende, schlecht belegte Könige Kents wurden weggelassen. Zu Datierungsproblemen in den Quellen siehe Harrison, K., The Framework of Anglo-Saxon History to AD 900, Cambridge 1976.

Literatur:

Davies, W., Annals and the Origin of Mercia, Mercian Studies, ed. A. Dornier, Leicester 1977, 17–29.

Fryde, E. B. (Hg.), Handbook of British Chronology, London 1986[3].

Miller, M., The Dates of Deira, Anglo-Saxon England 8, hg. Clemoes, P., Cambridge 1979, 35–61.

Pagan, H. E., Northumbrian Numismatic Chronology in the Ninth Century, British Numismatic Journal 38, 1969, 1–15.

Yorke, B., Joint Kingship in Kent, c.560–785, Archaeologia Cantiana 99, 1983, 1–19.

V

Europa

1. Die Britischen Inseln

Das Königreich England

Das Haus Wessex

802–839	Egbert (König von Wessex 802; annektierte Kent 825; Oberherr aller englischen Königreiche 829–830)
839–858	Æthelwulf (Sohn; nur Kent 856–858)
856–860	Æthelbald (Sohn; Wessex)
858–865	Æthelbert (Bruder; Kent 858–860)
865–871	Æthelred I. (Bruder)
871–899	Alfred der Große (Bruder)
899–924	Eduard der Ältere (Sohn)
924	Ælfweard (Sohn)
924–939	Æthelstan (Bruder)
939–946	Edmund I. (Bruder)
946–955	Eadred (Bruder)
955–959	Eadwig (Sohn Edmunds I.; nur Wessex 957–959)
957–975	Edgar der Friedfertige (Bruder; Mercien und Northumbrien 957–959)
975–978	Eduard der Märtyrer (der Heilige) (Sohn)
978–1016	Æthelred II., der Ratlose (Bruder abgesetzt durch Svend Gabelbart 1013–1014)
1016	Edmund II., der Tapfere (Ironside) (Sohn)

Das Haus Dänemark

1016–1035	Knud der Große (Sohn von Svend Gabelbart)
1037–1040	Harald I., Hasenfuß (Harefoot) (Sohn; Regent 1035–1037)
1040–1042	Hardeknud (Bruder)

Das Haus Wessex

1042–1066	Eduard der Bekenner (der Heiluge) (Sohn Æthelreds II.)
1066	Harald II. (Sohn von Godwin, Earl von Wessex)

Das Haus Normandie

1066–1087	Wilhelm I., der Eroberer
1087–1100	Wilhelm II., Rufus (Sohn)
1100–1135	Heinrich I. (Bruder)

Das Haus Blois

1135–1154 Stephan (Sohn von Adela, Tochter Wilhelms I., und Stephan, Graf von Blois)

Das Haus Plantagenet

1154–1189 Heinrich II. (Sohn von Mathilde, Tochter Heinrichs I., und Gottfried IV., Graf von Anjou)
1170–1183 Heinrich (Sohn; Mitregent)
1189–1199 Richard I., Löwenherz (Bruder)
1199–1216 Johann (Bruder)
1216–1272 Heinrich III. (Sohn)
1272–1307 Eduard I. (Sohn)
1307–1327 Eduard II. (Sohn; abgesetzt, gestorben 1327)
1327–1377 Eduard III. (Sohn)
1377–1399 Richard II. (Enkel; abgesetzt, gestorben 1400)

Das Haus Lancaster

1399–1413 Heinrich IV. (Herzog von Lancaster; Enkel Eduards III.)
1413–1422 Heinrich V. (Sohn)
1422–1461/1470–1471 Heinrich VI. (Sohn; abgesetzt; wiedereingesetzt; abgesetzt, gestorben 1471)

Das Haus York

1461–1470/1471–1483 Eduard IV. (Herzog von York; Vierter in direkter Linie von Eduard III.; abgesetzt; wiedereingesetzt)
1483 Eduard V. (Sohn; abgesetzt, gestorben 1483)
1483–1485 Richard III. (Bruder Eduards IV.)

Das Haus Tudor

1485–1509 Heinrich VII. (Sohn von Margaret, Vierter in direkter Linie von Eduard III., und Edmund Tudor, Earl von Richmond)
1509–1547 Heinrich VIII. (Sohn)
1547–1553 Eduard VI. (Sohn)

Das Haus Suffolk

1553 Jane (Tochter von Frances, Enkelin mütterlicherseits von Heinrich VII., und Heinrich, Herzog von Suffolk; abgesetzt, gestorben 1554)

Das Haus Tudor

1553–1558 Maria I. (Tochter Heinrichs VIII.; verheiratet mit Philipp II. von Spanien, Prinzgemahl 1554–1558)

1558–1603	Elisabeth I. (Schwester)

Das Haus Stuart

1603–1625	Jakob I (Enkel mütterlicherseits von Jakob V. von Schottland, Enkel mütterlicherseits von Heinrich VII.)
1625–1649	Karl I. (Sohn)

Commonwealth und Protectorate

1649–1653	Commonwealth
1653–1658	Oliver Cromwell, Lord Protector
1658–1659	Richard Cromwell, Lord Protector (Sohn; dankte ab, gestorben 1712)
1659–1660	Commonwealth

Das Haus Stuart

1660–1685	Karl II. (Sohn Karls I.)
1685–1688	Jakob II. (Bruder; Schottland 1685–1689; abgesetzt, gestorben 1701)

Das Haus Oranien

1689–1702	Wilhelm III. (Sohn von Maria, Tochter Karls I., und Wilhelm II., Prinz von Oranien)
1689–1695	Maria II. (Tochter Jakobs II.; verheiratet mit Wilhelm III.)

Das Haus Stuart

1702–1714	Anna (Schwester)

Das Haus Hannover

1714–1727	Georg I. (Sohn von Sophia, Enkelin mütterlicherseits von Jakob I., und Ernst August, Kurfürst von Hannover)
1727–1760	Georg II. (Sohn)
1760–1820	Georg III. (Enkel)
1820–1830	Georg IV. (Sohn; Regent 1811–1820)
1830–1837	Wilhelm IV. (Bruder)
1837–1901	Victoria (Nichte)

Das Haus Sachsen-Coburg-Gotha (ab 1917 Windsor)

1901–1910	Eduard VII. (Sohn von Victoria und Albert von Sachsen-Coburg-Gotha, Prinzgemahl 1857–1861)
1910–1936	Georg V. (Sohn)
1936	Eduard VIII. (Sohn; dankte ab, gestorben 1972)

1936–1952	Georg VI. (Bruder)
1952–	Elisabeth II. (Tochter)

Anmerkungen:

Kalender: Bis 1752 benutzte England eher das am 25. März beginnende julianische Jahr als das gregorianische, welches am 1. Januar anfängt; die Proklamation Wilhelms III. fand nach zeitgenössischem Begriff am 13. Februar 1688 statt, nach moderner Zählweise aber am 23. Februar 1689. Heutige Historiker gebrauchen entweder immer den jetzigen Kalender oder die julianischen Monate und Tage zusammen mit dem gregorianischen Jahr; siehe Cheney, 10–11.

Namen und Titel: Unter Johann wurde der Titel «König der Engländer» (*rex Anglorum*) durch «König von England» (*rex Anglie*) ersetzt; die Bezeichnung Großbritannien wurde von 1707 an gebraucht. Das Vereinigte Königreich von Großbritannien und Irland wurde im Jahre 1801 proklamiert. Von 1876 bis 1948 wurde der Monarch bzw. die Monarchin als Kaiser bzw. Kaiserin von Indien bezeichnet; das Vereinigte Königreich von Großbritannien und Nordirland wurde im Mai 1953 proklamiert; siehe Fryde, 29–49.

Literatur:

Cheney, C. R. (Hg.), Handbook of Dates for Students of English History, London 1961.

Fryde, E. B.(Hg.), Handbook of British Chronology, London 1986[3].

Das Königreich Schottland

Das Haus Alpin

842–858	Kenneth I. (Sohn von Alpin; König von Dalriada in Westschottland um 840; eroberte Piktavia um 842)
858–862	Donald I. (Bruder)
862–876	Konstantin I. (Sohn von Kenneth I.)
876–878	Áed (Bruder)
878–889	Girich (Sohn von Dúngal) und ?Eochaid (Enkel mütterlicherseits von Kenneth I.)
889–900	Donald II. (Sohn Konstantins I.)
900–943	Konstantin II. (Sohn Áeds; dankte ab, gestorben 952)
943–954	Malcolm I. (Sohn Donalds II.)
954–962	Indulf (Sohn Konstantins II.)
962–966	Duf (Sohn Malcolms I.)
966–971	Culén (Sohn Indulfs)
971–995	Kenneth II. (Sohn Malcolms I.)
995–997	Konstantin III. (Sohn Culéns)
997–1005	Kenneth III. (Sohn Dufs) und ?Girich (Sohn)
1005–1034	Malcolm II. (Sohn von Kenneth II.)

Das Haus Dunkeld

1034–1040	Duncan I. (Sohn von Bethoc, Tochter Malcolms, und Crinán, Abt von Dunkeld)

Das Haus Moray

1040–1057	Macbeth (Sohn von Findlaec, Mormaer [Seneschall] von Moray, verheiratet mit Gruoch, Enkelin von Kenneth II. oder III.)
11057–1058	Lulach (Sohn von Gruoch und Gillecomgan, Mormaer von Moray)

Das Haus Dunkeld

1058–1093	Malcolm III., Canmore (Sohn von Duncan I.)
1093–1094	Donald III. (Bruder; abgesetzt)
1094	Duncan II. (Sohn von Malcolm III.)
1094–1097	Donald III. (wiedereingesetzt; abgesetzt)
1097–1107	Edgar (Sohn von Malcolm III.)
1107–1124	Alexander I. (Bruder)
1124–1153	David I., der Heilige (Bruder)
1153–1165	Malcolm IV., das Mädchen (Enkel)

1165–1214	Wilhelm der Löwe (Bruder)
1214–1249	Alexander II. (Sohn)
1249–1286	Alexander III. (Sohn)

Das Haus Norwegen

1286–1290	Margarete (Tochter von Margarete, Tochter Alexanders III., und Erich II. von Norwegen)

(Interregnum 1290–1292)

Das Haus Balliol

1292–1296	Johann (Sohn von Johann [John] Balliol; Enkel mütterlicherseits von Margarete, der Nichte Wilhelms; abgesetzt, gestorben 1313)

(Interregnum 1296–1306)

Das Haus Bruce

1306–1329	Robert I. (Urenkel von Isabella, der Nichte Wilhelms, und Robert Bruce)
1329–1371	David II. (Sohn)

Das Haus Balliol

1332–1356	Eduard (Sohn von Johann; Gegenprätendent; dankte ab, gestorben 1364)

Das Haus Stewart

1371–1390	Robert II. (Sohn von Marjorie, Tochter Roberts I., und Walter dem Kämmerer [the Steward])
1390–1406	Robert III. (Sohn)
1406–1437	Jakob I. (Sohn)
1437–1460	Jakob II. (Sohn)
1460–1488	Jakob III. (Sohn)
1488–1513	Jakob IV. (Sohn)
1513–1542	Jakob V (Sohn)
1542–1567	Maria (Tochter; abgesetzt, gestorben 1587)
1567–1625	Jakob VI. (Sohn von Maria und Heinrich Stuart, Earl von Darnley, Prinzgemahl 1565–1567; König von England als Jakob I. 1603)

Anmerkungen:

Chronologie: Die Jahreszahlen bis zur Mitte des 10. Jahrhunderts können um etwa ein Jahr variieren. Für eine zweijährige Herrschaft von Kenneth I. in Dalriada, gefolgt von sechzehn Jahren in Piktavia siehe Duncan, 58.

Namen und Titel: Das vereinigte dalriadanische (schottische) und piktische Königreich war auf gälisch als *Alba*, auf lateinisch als *Scotia* bekannt; der königliche Titel war «König der Schotten» (*rex Scotorum*).

Literatur:

Duncan, A. A. M., Scotland: the Making of the Kingdom, Edinburgh 1975).

Fryde, E. B. (Hg.), Handbook of British Chronology, London 1986[3].

Das Fürstentum Wales

Das Königreich Gwynedd

825–844	Merfyn der Sommersprossige (Sohn von Gwriad; König oder Stammeshäuptling von Gwynedd 825)
844–878	Rhodri I., der Große (Sohn)
878–916	Anarawd (Sohn)
916–942	Idwal der Kahle (Sohn)
942–950	Hywel I., der Gute (Enkel Rhodris I.; König von Deheubarth)
950–979	Iago I. (Sohn von Idwal; abgesetzt)
979–985	Hywel II. (Neffe)
985–986	Cadwallon (Bruder)
986–999	Maredudd (Enkel von Hywel I.; König von Deheubarth)
999–1005	Cynan I. (Sohn von Hywel II.)
1005–1023	Llywelyn I. (Schwiegersohn von Maredudd; König von Deheubarth)
1023–1039	Iago II. (Urenkel von Idwal)
1039–1063	Gruffydd I. (Sohn von Llywelyn I.; König von Deheubarth)

(Herrschaft der Powys, dann Arwystli 1063–1081)

1081–1137	Gruffydd II. (Enkel Iagos II.)
1137–1170	Owain (Sohn)
1170–1174	Cynan II. (Sohn)
1174–1194	David I. (Bruder; Ost-Gwynedd; abgesetzt, gestorben 1203)
1174–1195	Rhodri II. (Bruder; West-Gwynedd)
1174–1200	Gruffydd III. (Sohn von Cynan II.; Süd-Gwynedd)
1194–1240	Llywelyn II., der Große (Enkel von Owain; vereinigte Gwynedd)
1240–1246	David II. (Sohn)

Das Fürstentum Wales

1246–1282	Llywelyn III., der Letzte (Neffe; nahm den Titel eines Fürsten (Prince) von Wales 1258 an)
1282–1283	David III. (Bruder)

(Englische Eroberung des Fürstentums 1283)

Anmerkungen:
Chronologie: Einige frühe Jahreszahlen können um etwa ein Jahr variieren; vgl. Lloyd.

Literatur:

Davies, W., Wales in the Early Middle Ages, Leicester 1982.
Lloyd, J. E., A History ofWales, 2 Bde., London,1939[3].

Das Hochkönigtum Irland

Das Haus Uí Néill

445–452	Niall mit den Neun Geiseln) (König von Tara; traditioneller Ahne der Anwärter auf das Hochkönigtum)
452–463	Lóegaire (Sohn)
463–482	Ailill Molt (Großneffe von Niall)
482–507	Lugaid (Sohn von Lóegaire)
507–534	Muirchertach I. (CE) (Urenkel von Niall)
534–544	Tuathal Máelgarb (Urenkel von Niall)
544–565	Diarmait I. (Urenkel von Niall)
565–566	Forggus (CE) (Sohn von Muirchertach I.)
565–566	Domnall Ilchelgach (CE) (Bruder; Mitregent)
566–569	Ainmire (CC) (Vierter in direkter Linie von Niall)
569–572	Báetán I. (CE) (Sohn von Muirchertach I.)
569–572	Eochaid (CE) (Sohn von Domnall Ilchelgach, Mitregent)
572–586	Báetán II. (CC) (Vierter in direkter Linie von Niall)
586–598	Áed (CC) (Sohn von Ainmire)
598–604	Áed Sláine (AS) (Sohn von Diarmait I.)
598–604	Colmán Rímid (CE) (Sohn von Báetán I.; Mitregent)
604–612	Áed Uaridnach (CE) (Sohn von Domnall Ilchelgach)
612–615	Máel Cobo (CC) (Sohn von Áed)
615–628	Suibne Menn (CE) (Großneffe von Muirchertach I.)
628–642	Domnall (CC) (Sohn von Áed)
642–654	Conall Cáel (CC) (Sohn von Máel Cobo)
642–658	Cellach (CC) (Bruder; Mitregent)
658–665	Diarmait II. (AS) (Sohn von Áed Sláine)
658–665	Blathmac (AS) (Bruder; Mitregent)
665–671	Sechnussach (AS) (Sohn)
671–675	Cennfáelad (AS) (Bruder)
675–695	Finsnechta Fledach (AS) (Enkel von Áed Sláine)
695–704	Loingsech (CC) (Enkel von Domnall)
704–710	Congal Cennmagair (CC) (Enkel von Domnall)
710–722	Fergal (CE) (Urenkel von Áed Uaridnach)
722–724	Fogartach (AS) (Urenkel von Diarmait II.)
724–728	Cináed (AS) (Vierter in direkter Linie von Áed Sláine)
728–734	Flaithbertach (CC) (Sohn von Loingsech; abgesetzt, gestorben 765)
734–743	Áed Allán (CE) (Sohn von Fergal)
743–763	Domnall Midi (CCh) (Siebenter in direkter Linie von Diarmait I.)

763–770	Niall Frossach (CE) (Sohn von Fergal; dankte ab, gestorben 778)
770–797	Donnchad Midi (CCh) (Sohn von Domnall Midi)
797–819	Áed Oirdnide (CE) (Sohn von Niall Frossach)
819–833	Conchobar (CCh) (Sohn von Donnchad Midi)
833–846	Niall Caille (CE) (Sohn von Áed Oirdnide)
846–862	Máel Sechnaill I. (CCh) (Neffe von Conchobar)
862–879	Áed Findliath (CE) (Sohn von Niall Caille)
879–916	Flann Sinna (CCh) (Sohn von Máel Sechnaill I)
916–919	Niall Glúndub (CE) (Sohn von Áed Findliath)
919–944	Donnchad Donn (CCh) (Sohn von Flann Sinna)
944–956	Congalach Cnogba (AS) (Zehnter in direkter Linie von Áed Sláine)
956–980	Domnall ua Néill (CE) (Enkel von Niall Glúndub)
980–1002	Máel Sechnaill II. (CCh) (Enkel von Donnchad Donn; abgesetzt)
1002–1014	Brian Bóruma (Dál Cais; König von Munster)
1014–1022	Máel Sechnaill II. (wiedereingesetzt)
	(Interregnum 1022–1072)
1072–1086	Tairrdelbach I. (Enkel von Brian Bóruma: König von Munster)
1086–1119	Muirchertach II. (Sohn)
1119–1121	Domnall ua Lochlainn (CE) (Vierter in direkter Linie von Domnall ua Néill?; König von Ailech)
1121–1156	Tairrdelbach II. (Ua Conchobair; König von Connacht)
1156–1166	Muirchertach III. (CE) (Enkel von Domnall ua Lochlainn)
1166–1186	Ruaidrí (Sohn von Tairrdelbach II.; abgesetzt, gestorben 1198)
	(Regionale Königreiche unter englischer Vorherrschaft)

Anmerkungen:

Chronologie: Frühe Jahreszahlen sind unsicher, da die Annalen bis etwa Mitte des siebten Jahrhunderts keine allgemeine Übereinstimmung erzielen; die Thronabfolge der ersten paar Könige wird diskutiert, und die Historizität von zwei von ihnen ist in Frage gestellt worden (Byrne, 102; Mac Niocaill, 12). Bis Brian Bóruma beschränkten sich Ansprüche auf das Königtum von Tara auf die Nachkommen von Niall; zum nördlichen Uí Néill gehörten der Cenél Conaill (CC) und der Cenél nÉogain (CE), zum südlichen Uí Néill der Clann Cholmáin (CCh) und der Síl nAedo Sláine (AS). Für genealogische Tabellen und andere irische Königtümer vgl. A New History of Ireland, Bd. 9: Maps, Genealogies, Lists, Oxford 1984.

Namen und Titel: Nach späterer Theorie war Tara der Sitz eines uralten Hochkönigtums, das bis zu Brians Usurpation von Nialls Nachkommen gehalten wurde; tatsächlich wurden die Uí Néill-Könige von Tara erst im 9. Jahrhundert als Oberherren (overlords) von Irland akzeptiert, und erst im 10. Jahrhundert findet man den Titel «Hochkönig von Irland» (*ard-rí Érenn*); siehe Byrne, Kap. 12.

Literatur:

Byrne, F. J., Irish Kings and High-Kings, New York 1973.
Mac Niocaill, G., Ireland before the Vikings, Dublin 1972.
Ó Corráin, D., Ireland before the Normans, Dublin 1972.

2. Frankreich

Das Königreich Frankreich

Die Karolinger

751–768	Pippin der Kurze (Sohn von Karl Martell; zum König der Franken gewählt 751)
768–771	Karlmann (Sohn)
768–814	Karl der Große (Charlemagne) (Bruder; Kaiser 800)
814–840	Ludwig I., der Fromme (Sohn; Kaiser 813)
840–877	Karl I., der Kahle (Sohn; König der Westfranken 843; Kaiser 875)
877–879	Ludwig II., der Stammler (Sohn)
879–882	Ludwig III. (Sohn)
879–884	Karlmann (Bruder)
885–888	Karl II., der Dicke (Enkel Ludwigs I.; Kaiser 881–887)

Die Robertiner

888–898	Odo (Sohn von Robert, Markgraf von Neustrien)

Die Karolinger

893–923	Karl III., der Einfältige (Sohn Ludwigs II.; Gegenkönig; abgesetzt, gestorben 929)

Die Robertiner

922–923	Robert I. (Bruder von Odo; Gegenkönig)
923–936	Rudolf (Herzog von Burgund; verheiratet mit Emma, Tochter Roberts I.)

Die Karolinger

936–954	Ludwig IV., d'Outremer (Sohn Karls III.)
954–986	Lothar (Sohn)
986–987	Ludwig V., der Faule (Sohn; Mitregent 979)

Die Kapetinger

987–996	Hugo Capet (Enkel Roberts I.)
996–1031	Robert II., der Fromme (Sohn; Mitregent 987)

1017–1025	Hugo (Sohn; Mitregent)
1031–1060	Heinrich I. (Bruder; Mitregent 1027)
1060–1108	Philipp I. (Sohn; Mitregent 1059)
1108–1137	Ludwig VI., der Dicke (Sohn)
1129–1131	Philipp (Sohn; Mitregent)
1137–1180	Ludwig VII., der Jüngere (Bruder; Mitregent 1131)
1180–1223	Philipp II., August (Sohn; Mitregent 1179)
1223–1226	Ludwig VIII., der Löwe (Sohn)
1226–1270	Ludwig IX , der Heilige (Sohn)
1270–1285	Philipp III., der Kühne (Sohn)
1285–1314	Philipp IV., der Schöne (Sohn)
1314–1316	Ludwig X., der Hartnäckige (Sohn)
1316	Johann I., Postumus (Sohn)
1316–1322	Philipp V., der Lange (Sohn Philipps IV.)
1322–1328	Karl IV., der Schöne (Bruder)

Das Haus Valois

1328–1350	Philipp VI. (Graf von Valois; Enkel Philipps III.)
1350–1364	Johann II., der Gute (Sohn)
1364–1380	Karl V., der Weise (Sohn)
1380–1422	Karl VI., der Verrückte (Sohn)
1422–1461	Karl VII., der Siegreiche (Sohn)
1461–1483	Ludwig XI., der Grausame (Sohn)
1483–1498	Karl VIII. (Sohn)

Die Linie Orléans

1498–1515	Ludwig XII. (Herzog von Orléans; Urenkel Karls V.)

Die Linie Angoulême

1515–1547	Franz I. (Graf von Angoulême; Vierter in direkter Linie von Karl V.)
1547–1559	Heinrich II. (Sohn)
1559–1560	Franz II. (Sohn)
1560–1574	Karl IX. (Bruder)
1574–1589	Heinrich III. (Bruder)

Die Bourbonen

1589–1610	Heinrich IV. (Herzog von Bourbon-Vendôme; Zehnter in direkter Linie von Ludwig IX.)
1610–1643	Ludwig XIII. (Sohn)
1643–1715	Ludwig XIV. (Sohn)
1715–1774	Ludwig XV. (Urenkel)

1774–1792	Ludwig XVI. (Enkel; abgesetzt, gestorben 1793)
1793–1795	Ludwig XVII. (Sohn; regierte nie)
	Erste Republik
1792–1795	Nationalkonvent
1795–1799	Direktorium
1799–1804	Konsulat: Napoleon Bonaparte, Erster Konsul (Konsul auf Lebenszeit 1802)
	Die Bonaparte – Erstes Kaiserreich
1804–1814, 1815	Napoleon I. (König von Italien 1805; abgesetzt; wiedereingesetzt; abgesetzt, gestorben 1821)
1815	Napoleon II. (Sohn; abgesetzt, gestorben 1832)
	Die Bourbonen
1814–1824	Ludwig XVIII. (Bruder Ludwigs XVI.)
1824–1830	Karl X. (Bruder; abgesetzt, gestorben 1836)
	Die Linie Orléans
1830–1848	Ludwig Philipp I. (Herzog von Orléans; Sechster in direkter Linie von Ludwig XIII.; abgesetzt, gestorben 1850)
	Zweite Republik
1848–1852	Ludwig Napoleon Bonaparte, Präsident (Neffe Napoleons I.)
	Die Bonaparte – Zweites Kaiserreich
1852–1870	Napoleon III. (abgesetzt, gestorben 1873)
	(Proklamation der Dritten Republik)

Anmerkungen:
Chronologie: Zum Tod Ludwigs XVII. im Gefängnis im Juni 1795, siehe Francq, H. G., Louis XVII: the Unsolved Mystery, Leiden 1970, Kap. 8.
Namen und Titel: Vom 10. Jahrhundert an war der Standardtitel «König der Franken» (*rex Francorum*); von Ludwig IX. an war der Herrscher allgemein als «König von Frankreich» bekannt. Die Kapetinger von 1285 an und die Bourbonen bis 1791 wurden als «Könige von Frankreich und von Navarra» bezeichnet. Ludwig XVI. (von 1791 an) und Ludwig Philipp waren «Könige der Franzosen»; die zwei Napoleons waren «Kaiser der Franzosen»; Ludwig XVIII. und Karl X. waren «Könige von Frankreich».

Literatur:

Duby, G. (Hg.), Histoire de la France, 3 Bde., Paris 1970–1972.
Lavisse, E. (Hg.), Histoire de France, 9 Bde., Paris 1900–1911.

Grafschaft und Herzogtum Anjou

Das erste Haus Anjou

909–942 Fulk (Fulco) I., der Rote (Sohn von Ingelgerius; als Graf von Angers betitelt um 909)
942–960 Fulk II., der Gute (Sohn)
960–987 Gottfried (Geoffrey, Gauzfred) I., Graumantel (Sohn)
987–1040 Fulk III., Nerra (Sohn)
1040–1060 Gottfried (Geoffrey) II., Martell (Sohn)

Das Haus Gâtinais

1060–1068 Gottfried III., der Bärtige (Sohn von Ermengard, Tochter Fulks III., und Gottfried, Graf von Gâtinais; abgesetzt)
1068–1109 Fulk IV., der Griesgrämige (Bruder)
1109–1129 Fulk V., der Jüngere (Sohn; dankte ab; König von Jerusalem 1131–1143)
1129–1151 Gottfried IV., der Schöne (Sohn)
1151–1189 Heinrich (Sohn; König von England als Heinrich II. 1154)

(Vereinigung mit England bis zur französischen Eroberung 1205)

Das Haus Frankreich

1246–1285 Karl I. (Sohn Ludwigs VIII. von Frankreich; König von Sizilien1266)
1285–1290 Karl II., der Lahme (Sohn; dankte ab; König von Neapel 1285–1309)
1290–1325 Karl III. von Valois (Sohn Philipps III. von Frankreich; verheiratet mit Margarethe, Tochter Karls II.)
1325–1350 Philipp (Sohn; König von Frankreich als Philipp VI. 1328)

(Vereinigung mit Frankreich)

Die Herzöge von Anjou

1360–1384 Ludwig I. (Sohn Johanns II. von Frankreich; Titularkönig von Neapel 1383)
1384–1417 Ludwig II. (Sohn)
1417–1434 Ludwig III. (Sohn)
1434–1480 René der Gute (Bruder; König von Neapel 1435–1442)

(Vereinigung mit Frankreich 1480)

Anmerkungen:

Chronologie: Jahreszahlen bis 960 können um etwa ein Jahr variieren.

Name und Titel: Fulk I. wurde spätestens 898 als *vicecomes* (Vizegraf) bezeichnet, spätestens 905 als Vizegraf von Tours und Angers und spätestens 909 als Graf von Angers; siehe Werner, K. F., Die Welt als Geschichte 18, 1958, 264–279.

Literatur:

Dornic, F., Histoire de l'Anjou, Paris 1971².

Halphen, L., Le comté d'Anjou au XIe siècle, Paris 1906.

Das Herzogtum Aquitanien

Das Haus Auvergne

898–918	Wilhelm I., der Fromme (Sohn von Bernhard Plantapilosa, Graf der Auvergne; als Herzog bezeichnet um 898)

Das Haus Razès

918–926	Wilhelm II., der Jüngere (Sohn von Adelinda, der Schwester Wilhelms I., und Acfrid, Graf von Razès)
926–927	Acfrid (Bruder)

Das Haus Poitiers

927–934	Ebalus der Bastard (enfernter Cousin; Graf von Poitou 890–892 und ab 902)
934–963	Wilhelm III., Werghaupt (Sohn)
963–993	Wilhelm IV., Eisenarm (Sohn; dankte ab, gestorben 996?)
993–1030	Wilhelm V., der Große (Sohn)
1030–1038	Wilhelm VI., der Dicke (Sohn)
1038–1039	Odo (Bruder)
1039–1058	Wilhelm VII., der Tapfere (Bruder)
1058–1086	Wilhelm VIII. (Bruder)
1086–1126	Wilhelm IX., der Troubadour (Sohn)
1126–1137	Wilhelm X., der Toulousaner (Sohn)
1137–1204	Eleonore (Tochter; verheiratet mit Heinrich II. von England)

(Vereinigung mit England bis zur französischen Eroberung 1453)

Anmerkungen:
Namen und Titel: Wilhelm I. wurde spätestens 898 als Herzog und spätestens 909 als Herzog von Aquitanien bezeichnet; Kienast, W., Die Herzogstitel in Frankreich und Deutschland, München 1968, Kap. 5. Nach dem Tod von Acfrid wurde einige Jahre lang mit Toulouse um den Herzogstitel gestritten.

Literatur:
Auzias, L., L'Aquitaine carolingienne (778–987), Toulouse 1937.
Richard, A., Histoire des comtes de Poitou, 778–1204, 2 Bde., Paris 1903.

Das Herzogtum Bourbonnais

Das Haus Bourbon

1310–1342	Ludwig I. (Enkel Ludwigs IX. von Frankreich, Herr von Bourbon 1310; Herzog von Bourbonnais 1327)
1342–1356	Peter I. (Sohn)
1356–1410	Ludwig II., der Gute (Sohn)
1410–1434	Johann I. (Sohn)
1434–1456	Karl I. (Sohn)
1456–1488	Johann II. (Sohn)
1488	Karl II. (Bruder; dankte ab, gestorben 1488)
1488–1503	Peter II. von Beaujeu (Bruder)
1503–1521	Susanna (Tochter)

Die Linie von Montpensier

1505–1527	Karl III. (Graf von Montpensier; Urenkel Johanns I.; verheiratet mit Susanna)

(Verreinigung mit Frankreich 1527)

Literatur:

Dussieux, L., Généalogie de la maison de Bourbon, Paris 1872².

Leguai, A., Histoire du Bourbonnais, Paris 1974².

Das Herzogtum Bretagne

Das Haus Nantes

937–952 Alan I., Schiefbart (Anführer der Revolte gegen die Normannen; nahm Nantes ein 937)

952–958 Drogo (Sohn)

960–981 Hoël (Bruder)

981–988 Guérech (Bruder)

988–990 Alan II (Sohn)

Das Haus Rennes

990–992 Conan I., der Krumme (Graf von Rennes)

992–1c08 Gottfried (Geoffrey, Godfredus) I. (Sohn)

1008–1040 Alan III. (Sohn)

1040–1066 Conan II. (Sohn)

Das Haus Cornouaille

1066–1084 Hoël (Graf von Cornouaille; verheiratet mit Hawisa, Tochter Alans III.)

1084–1112 Alan IV., Fergant (Sohn; dankte ab, gestorben 1119)

1112–1148 Conan III., der Dicke (Sohn)

1148–1156 Eudo von Porhoët (verheiratet mit Bertha, Tochter Conans III.; abgesetzt)

1156–1166 Conan IV., der Jüngere (Sohn von Bertha und Alan von Richmond; abgesetzt, gestorben 1171)

Das Haus Plantagenet

1166–1186 Gottfried II. (Sohn Heinrichs II. von England; verheiratet mit Konstanze, Tochter Conans IV.)

1187–1203 Arthur I. (Sohn)

1203–1221 Alix (Tochter von Konstanze und Guy von Thouars)

Das Haus Dreux

1213–1221 Peter I., Mauclerc (Sohn Roberts II. von Dreux; verheiratet mit Alix; Regent 1221–1237; gestorben 1250)

1221–1286 Johann I., der Rote (Sohn)

1286–1305 Johann II. (Sohn; durch Philipp IV. von Frankreich zum Herzog der Bretagne erhoben 1297)

1305–1312 Arthur II. (Sohn)

1312–1341 Johann III., der Gute (Sohn)

1341–1345 Johann (Bruder; Graf von Montfort)

1341–1364	Karl von Blois (verheiratet mit Johanna, Nichte Johanns III.; Gegenprätendent; Bretonischer Erbfolgekrieg 1341–1364)

Das Haus Montfort

1364–1399	Johann IV., der Eroberer (Sohn des Grafen Johann von Montfort)
1399–1442	Johann V. (Sohn)
1442–1450	Franz I. (Sohn)
1450–1457	Peter II. (Bruder)
1457–1458	Arthur III. von Richmond (Sohn Johanns IV.)
1458–1488	Franz II. (Neffe)
1488–1514	Anna (Tochter; verheiratet mit Ludwig XII. von Frankreich)

(Vereinigung mit Frankreich 1514)

Anmerkungen:
Chronologie: Einige Jahreszahlen bis 988 können um etwa ein Jahr variieren.
Namen und Titel: Zum Herzogstitel, der 1297 formell verliehen, aber schon von Alan I. an benutzt wurde, siehe Kienast, W., Der Herzogstitel in Frankreich und Deutschland, München 1968, Kap. 4.

Literatur:

Durtelle de Saint-Sauveur, E., Histoire de Bretagne des origines à nos jours, 2 Bde., Rennes 1957[4].

La Borderie, A. Le Moyne de / Pocquet, B., Histoire de Bretagne, 5 Bde., Rennes 1896–1913.

Die Grafschaft Champagne (Troyes)

Das Haus Vermandois

950–975?	Robert (Sohn Herberts II., Graf von Vermandois; verheiratet mit Adela, Erbin von Troyes um 950)
975?–995	Herbert der Jüngere (Sohn)
995–1021	Stephan I. (Sohn)

Das Haus Blois

1021–1037	Odo I. (Enkel von Liutgard, Schwester von Robert, und Tedbald [Thibaut], Graf von Blois)
1037–1048	Stephan II. (Sohn)
1048–1066	Odo II. (Sohn; abgesetzt)
1066–1089	Tedbald (Thibaut) I. (Sohn Odos I.
1089–1093	Odo III. (Sohn)
1093–1125	Hugo (Bruder; dankte ab)
1125–1152	Tedbald II., der Große (Neffe)
1152–1181	Heinrich I., der Freigebige (Sohn)
1181–1197	Heinrich II. , der Jüngere (Sohn; König von Jerusalem 1192)
1197–1201	Tedbald III. (Bruder)
1201–1253	Tedbald IV., Postumus (Sohn; König von Navarra 1234)
1253–1270	Tedbald V. (Sohn)
1270–1274	Heinrich III., der Dicke (Bruder)
1274–1305	Johanna (Tochter)

Das Haus Frankreich

1305–1316	Ludwig (Sohn von Johanna and Philipp IV. von Frankreich; König von Frankreich als Ludwig X. 1314)

(Vereinigung mit Frankreich)

Anmerkungen:
Chronologie: Robert starb einige Zeit nach 966; die übrigen Jahreszahlen bis 1048 können um ein oder mehrere Jahre variieren (siehe Bur). Odo II. überlebte zumindest bis 1096; vgl. English, B., The Lords of Holderness 1086–1260, Oxford 1979, 9–13.
Namen und Titel: Die Champagne entwickelte sich im späten 11. Jahrhundert aus der Grafschaft Troyes; der Titel «Graf der Champagne» war von der Herrschaft Hugos an in Gebrauch; siehe Bur, 259–272.

Literatur:
Bur, M., La formation du comté de Champagne (v.950–v.1150), Nancy 1977.
Poinsignon, A. M., Histoire générale de la Champagne et de la Brie, 3 Bde., Châlons-sur-Marne 1896–1898[2].

Das Herzogtum Normandie

Das Erste Haus Normandie

911–925	Rollo (Norwegischer Wikingerhäuptling; mit Land an der unteren Seine ausgestattet um 911)
925–942	Wilhelm I., Langschwert (Sohn)
942–996	Richard I., der Furchtlose (Sohn)
996–1026	Richard II., der Gute (Sohn)
1026–1027	Richard III. (Sohn)
1027–1035	Robert I., der Prächtige (Bruder)
1035–1087	Wilhelm II., der Eroberer (Sohn; König von England 1066)
1087–1106	Robert II., Kurzhose (Sohn; abgesetzt, gestorben 1134)
1106–1135	Heinrich I. (Bruder; König von England 1100)

Das Haus Blois

1135–1144	Stephan (Sohn von Adela, Tochter Wilhelms II., und Stephan, Graf von Blois; abgesetzt; König von England 1135–1154)

Das Haus Anjou

1144–1150	Gottfried der Schöne (Graf von Anjou; verheiratet mit Mathilde, Tochter Heinrichs I.; dankte ab, gestorben 1151)
1150–1189	Heinrich II. (Sohn; König von England 1154)

(Vereinigung mit England bis zur französischen Eroberung 1204)

Anmerkungen:
Chronologie: Die Jahreszahlen bis 925 können um etwa ein Jahr variieren.
Namen und Titel: Zur Entwicklung des Herzogstitels vgl. Kienast, W., Der Herzogstitel in Frankreich und Deutschland, München 1968, Kap. 3.

Literatur:
Douglas, D. C., William the Conqueror, Berkeley 1964.
Warren, W. L., Henry II, Berkeley 1973.

Die Grafschaft Provence

Das Haus von Barcelona

1112–1131	Raimund Berengar I. (Graf von Barcelona als Raimund Berengar III.; verheiratet mit Douce, Erbin der Provence, 1112)
1131–1144	Berengar Raimund (Sohn)
1144–1162	Raimund Berengar II. (Bruder; Barcelona 1131)
1162–1166	Raimund Berengar III. (Sohn von Berengar Raimund)
1166–1196	Alfons I. (Sohn von Raimund Berengar II.; König von Aragón 1164)
1178–1181	Raimund Berengar IV. (Bruder, Regent)
1181–1185	Sancho (Bruder; Regent; abgesetzt, gestorben 1223)
1196–1209	Alfons II. (Sohn von Alfons I.)
1209–1245	Raimund Berengar V. (Sohn)
1245–1267	Beatrice (Tochter)

Die Kapetinger von Anjou

1246–1285	Karl I. (Graf von Anjou; verheiratet mit Beatrice; König von Sizilien 1266)
1285–1309	Karl II., der Lahme (Sohn)
1309–1343	Robert der Weise (Sohn)
1343–1382	Johanna (Enkelin; Königin von Neapel 1343–1381)

Die Valois von Anjou

1382–1384	Ludwig I. (Adoptivsohn; Herzog von Anjou)
1384–1417	Ludwig II. (Sohn)
1417–1434	Ludwig III. (Sohn)
1434–1480	René der Gute (Bruder)
1480–1481	Karl III. von Maine (Neffe)

(Vereinigung der Provence und der Maine mit Frankreich 1481)

Literatur:

Bourrilly, V.-L. / Busquet, R., La Provence au moyen âge (1112–1481), Marseille 1924.
Busquet, R., Histoire de Provence, Monaco 1954.

Die Grafschaft Toulouse

Das Haus Rouergue

849–852	Fredelon (Sohn von Fulcoald, Graf von Rouergue; mit Toulouse ausgestattet 849)
852–863	Raimund I. (Bruder)
863–864	Humfred von Gothien (abgesetzt)
864–872	Bernhard (Sohn von Raimund I.)
872–885	Bernhard von der Auvergne
885–919	Odo (Sohn von Raimund I.)
919–924	Raimund II. (Sohn)
924–960	Raimund III. Pons (Sohn)
960–1037	Wilhelm III., Taillefer (Sohn)
1037–1061	Pons (Sohn)
1061–1094	Wilhelm IV. (Sohn)
1094–1105	Raimund IV. von St-Gilles (Bruder)
1105–1112	Bertram (Sohn)
1112–1148	Alfons Jordan (Bruder)
1148–1194	Raimund V. (Sohn)
1194–1222	Raimund VI. (Sohn)
1222–1249	Raimund VII. (Sohn)

Das Haus Frankreich

1249–1271	Alfons von Poitiers (Sohn Ludwigs VIII. von Frankreich; verheiratet mit Johanna, Tochter von Raimund VII.)

(Vereinigung mit Frankreich 1271)

Anmerkungen:

Chronologie: Bis zu Wilhelm IV. sind die Jahreszahlen angenähert; für die Diskussion, siehe Kienast, W., Der Herzogstitel in Frankreich und Deutschland, München 1968, Kap. 7. Wilhelm Taillefer, der *antiquissimus Tolosae comes* des Wilhelm von Malmesbury, regierte anscheinend spätestens 961.

Literatur:

Auzias, L., L'Aquitaine carolingienne (778–987), Toulouse 1937.
Vic, C. de /Vaissete, J., Histoire générale de Languedoc, 15 Bde., Toulouse 1872–1892.Das

Fürstentum Monaco

Das Haus Grimaldi

1458–1494	Lambert Grimaldi (verheiratet mit Claudine Grimaldi, Erbin von Monaco; Herr von Monaco 1458)
1494–1505	Johann II. (Sohn)
1505–1523	Lucien (Bruder)
1523–1532	Augustine (Bruder)
1532–1581	Honoré I. (Sohn von Lucien)
1581–1589	Karl II. (Sohn)
1589–1604	Hercules (Bruder)

Die Fürsten von Monaco

1604–1662	Honoré II. (Sohn; nahm den Titel eines Fürsten an 1612)
	(französisches Protektorat 1641)
1662–1701	Ludwig I. (Enkel)
1701–1731	Antoine (Sohn)
1731	Louise Hippolyte (Tochter; verheiratet mit Jakob, Herzog von Estouteville)
1731–1733	Jakob (Witwer; dankte ab, gestorben 1751)
1733–1793	Honoré III. (Sohn; abgesetzt, gestorben 1795)
	(Vereinigung mit Frankreich 1793–1814)
1814–1819	Honoré IV. (Sohn)
1819–1841	Honoré V. (Sohn)
1841–1856	Florestan I. (Bruder)
1856–1889	Karl III. (Sohn; Anerkennung der monegassischen Souveränität 1861)
1889–1922	Albert I. (Sohn)
1922–1949	Ludwig II. (Sohn)
1949–	Rainier III. (Sohn von Charlotte, Tochter Ludwigs II., und Peter, Graf von Polignac)

Literatur:

Labande, L.-H., Histoire de la principauté de Monaco, Monaco 1934.

3. Burgund und die Niederlande

Das Herzogtum Burgund

Das Haus Autun

898–921	Richard der Justitiar (Graf von Autun; herrschte ab 898 im fränkischen Burgund; als Herzog bezeichnet ab 918)
921–936	Rudolf (Sohn; König von Frankreich 923)
936–952	Hugo der Schwarze (Bruder)
952–956	Gilbert von Chalon (wahrscheinlich Schwiegersohn)

Die Robertiner

956–965	Otto (Enkel Roberts I. von Frankreich; verheiratet mit Liutgard, Tochter von Gilbert)
965–1002	Heinrich der Große (Bruder)
1002–1005	Otto Wilhelm (Stiefsohn; abgesetzt, gestorben 1026)

(Französische Eroberung von Burgund)

Die Kapetinger

1031–1076	Robert I. (Sohn Roberts II. von Frankreich; als Herzog anerkannt 1031)
1076-1079	Hugo I. (Enkel; dankte ab, gestorben 1093)
1079-1102	Odo I., der Rote (Bruder)
1102-1143	Hugo II. (Sohn)
1143-1162	Odo II. (Sohn)
1162-1192	Hugo III. (Sohn)
1192-1218	Odo III. (Sohn)
1218-1272	Hugo IV. (Sohn)
1272-1306	Robert II. (Sohn)
1306-1315	Hugo V. (Sohn)
1315-1349	Odo IV. (Bruder)
1349-1361	Philipp von Rouvres (Enkel

(Vereinigung von Burgund mit Frankreich 1361)

Das Haus Valois

1363–1404	Philipp der Kühne (Sohn Johanns II. von Frankreich; Graf von Flandern und Artois 1384)
1404–1419	Johann Ohnefurcht (Sohn)
1419–1467	Philipp der Gute (Sohn; Herzog von Brabant 1430; Graf von Holland 1433; Herzog von Luxemburg 1443)
1467–1477	Karl der Kühne (Sohn)
1477–1482	Maria (Tochter; erbte die Niederlande)

(Französische Eroberung Burgunds 1477)

Das Haus Habsburg

1482–1506	Philipp der Schöne (Sohn von Maria und Kaiser Maximilian I.; König von Kastilien 1504)
1506–1555	Karl (Sohn; König von Spanien 1516–1556; dankte ab, gestorben 1558)

(Vereinigung der Niederlande mit Spanien)

Die Grafschaft Flandern

Das erste Haus von Flandern

864–879	Balduin I., Eisenarm (Graf und Markgraf in der Scheldegegend 863/864)
879–918	Balduin II., der Kahle (Sohn)
918–965	Arnulf I., der Große (Sohn)
958–962	Balduin III. (Sohn; Mitregent)
965–988	Arnulf II., der Jüngere (Sohn)
988–1035	Balduin IV., der Bärtige (Sohn)
1035–1067	Balduin V. von Lille (Sohn)
1067–1070	Balduin VI. von Mons (Sohn)
1070–1071	Arnulf III., der Unglückliche (Sohn)
1071–1093	Robert I., der Friese (Sohn von Balduin V.)
1093–1111	Robert II. von Jerusalem (Sohn; Mitregent 1086)
1111–1119	Balduin VII., Hapkin (Sohn)

Das Haus Dänemark

1119–1127	Karl der Gute (Sohn von Adela, Tochter Roberts I., und Knud II. von Dänemark)

Das Haus Normandie

1127–1128	Wilhelm Clito (Enkel von Mathilda, Tochter Balduins V., und Wilhelm I. von England)

Das Haus Lothringen

1128–1168	Dietrich von Elsaß (Sohn von Gertrude, Tochter Roberts I., und Dietrich II. von Lothringen)
1168–1191	Philipp (Sohn; Mitregent 1157)

Das Haus Hennegau

1191–1194	Balduin VIII. (Graf von Hennegau 1171–1195; verheiratet mit Margarete, Tochter Dietrichs II. [gestorben 1194])
1194–1205	Balduin IX. (Sohn)
1205–1244	Johanna (Tochter)
1244–1278	Margarete I. (Schwester; dankte ab; Hennegau nur 1278–1280)

Das Haus Dampierre

1278–1305	Guy (Sohn von Margarete I. und Wilhelm von Dampierre)
1305–1322	Robert III. von Béthune (Sohn)
1322–1346	Ludwig I. von Nevers (Enkel)

1346–1384 Ludwig II. von Male (Sohn; Graf von Artois 1382)
1384–1405 Margarete II. (Tochter; verheiratet mit Herzog Philipp dem Kühnen von Burgund)

(Vereinigung mit Burgund 1405)

Die Grafschaft Holland

Das erste Haus von Holland

916–939	Dirk I. (Sohn von Gerulf; Graf in Teilen des nördlichen Holland 916)
939–988	Dirk II. (Sohn)
988–993	Arnulf (Sohn)
993–1039	Dirk III. (Sohn)
1039–1049	Dirk IV. (Sohn)
1049–1061	Floris I. (Bruder)
1061–1091	Dirk V. (Sohn)
1091–1121	Floris II., der Dicke (Sohn)
1121–1157	Dirk VI. (Sohn)
1157–1190	Floris III. (Sohn)
1190–1203	Dirk VII. (Sohn)
1203–1222	Wilhelm I. (Bruder)
1222–1234	Floris IV. (Sohn)
1234–1256	Wilhelm II. (Sohn; deutscher König 1247)
1256–1296	Floris V. (Sohn)
1296–1299	Johann I. (Sohn)

Das Haus Hennegau

1299–1304	Johann II. (Sohn von Aleidis, Tochter von Floris IV., und Johann von Avesnes, Graf von Hennegau 1280)
1304–1337	Wilhelm III., der Gute (Sohn)
1337–1345	Wilhelm IV. (Sohn)
1345–1354	Margarete (Schwester; dankte ab; Hennegau nur 1354–1356)

Das Haus Bayern

1354–1358	Wilhelm V. (Sohn von Margarete und Kaiser Ludwig IV.; Hennegau 1356; abgesetzt, gestorben 1389)
1389–1404	Albrecht (Bruder; Regent 1358-89)
1404–1417	Wilhelm VI. (Sohn)
1417–1433	Jacqueline (Tochter; dankte ab, gestorben 1436)

(Vereinigung von Holland und Hennegau mit Burgund)

Anmerkungen:
Chronologie: Die Jahreszahlen bis 939 sind angenähert (Strubbe / Voet, 368).
Name und Titel: Der Gebrauch des Titels «Graf von Holland» geht auf das Jahr 1101 zurück (Dek, 13).

Grafschaft und Herzogtum Luxemburg

Das Haus von der Mosel

963–998 Siegfried (wahrscheinlich Sohn Wigerics; Graf von Luxemburg als Reichsvasall 963)
998–1026 Heinrich I. (Sohn; Herzog von Bayern 1004–1009, 1017–1026)
1026–1047 Heinrich II. (Neffe; Bayern 1042)
1047–1059 Gilbert (Bruder)
1059–1086 Konrad I. (Sohn)
1086–1096 Heinrich III. (Sohn)
1096–1131 Wilhelm (Bruder)
1131–1136 Konrad II. (Sohn)

Das Haus Namur

1136–1196 Heinrich IV., der Blinde (Sohn von Ermesind, Tochter Konrad I., und Gottfried, Graf von Namur)
1196–1247 Ermesind (Tochter)

Das Haus Limburg

1247–1281 Heinrich V., der Große (Sohn von Ermesind und Walram III., Herzog von Limburg)
1281–1288 Heinrich VI. (Sohn)
1288–1310 Heinrich VII. (Sohn; dankte ab; deutscher König 1308–1313)
1310–1346 Johann der Blinde (Sohn; König von Böhmen 1310)
1346–1353 Karl (Sohn; dankte ab; deutscher König 1346–1378; Böhmen 1346)

Die Herzöge von Luxemburg

1353–1383 Wenzel I. (Bruder; Herzog von Luxemburg 1354; Herzog von Brabant 1355)
1383–1419 Wenzel II. (Sohn Karls; deutscher König 1378–1400; Böhmen 1378)
1419–1437 Sigismund (Bruder; König von Ungarn 1387; deutscher König 1410; Böhmen 1419)

Das Haus Habsburg

1437–1439 Albrecht von Österreich (verheiratet mit Elisabeth, Tochter Sigismunds; Ungarn und Böhmen 1437; deutscher König 1438)

Das Haus Wettin

1439–1443 Wilhelm von Sachsen (verheiratet mit Anna, Tochter Albrechts; dankte ab, gestorben 1482)

(Vereinigung mit Burgund)

Anmerkungen:
Chronologie: Die meisten Jahreszahlen bis 1136 sind angenähert (Strubbe / Voet, 379).

Das Herzogtum Niederlothringen

Das Haus Verdun

1012–1023 Gottfried I. (Sohn Gottfrieds, Graf von Verdun; Herzog von Niederlothringen als Reichsvasall 1012)

1023–1044 Gozelo I. (Bruder; Herzog von Oberlothringen 1033)

1044–1046 Gozelo II., der Faule (Sohn)

Das Haus Luxemburg

1046–1065 Friedrich (Bruder Heinrichs II., Graf von Luxemburg)

Das Haus Verdun

1065–1069 Gottfried II., der Bärtige (Sohn Gozelos I.; Oberlothringen 1044–1047)

1069–1076 Gottfried III., der Bucklige (Sohn)

Das salische Haus

1076–1087 Konrad (Sohn Kaiser Heinrichs IV.; deutscher König 1087–1098)

Das Haus Boulogne

1087–1100 Gottfried IV. von Bouillon (Sohn von Ida, Tochter Gottfrieds II., und Eustachius II. von Boulogne)

Das Haus Limburg

1101–1106 Heinrich I. (Graf von Limburg; abgesetzt, gestorben 1119?)

(Verleihung Niederlothringens dem Haus von Löwen)

Die Grafschaft Hennegau

Das Haus Flandern

1051–1070 Balduin I. von Mons (Graf von Flandern als Balduin VI., verheiratet mit Richildis, Erbin des Hennegau, 1051)
1070–1071 Arnulf der Unglückliche (Sohn; Flandern)
1071–1098 Balduin II. (Bruder)
1098–1120 Balduin III. (Sohn)
1120–1171 Balduin IV. von Mons (Sohn)
1171–1195 Balduin V. (Sohn; Graf von Flandern 1191–1194)

(Vereinigung von Hennegau und Flandern 1195–1278)

Das Haus Avesnes

1280–1304 Johann (Enkel von Margarete I. von Flandern und Burchard von Avesnes; Graf von Holland als Johann II. 1299)

(Vereinigung mit Holland)

Das Herzogtum Brabant

Das Haus Löwen (Louvain)

1106–1128	Gottfried I., der Bärtige (Graf von Löwen; Herzog von Niederlothringen als Reichsvasall 1106; abgesetzt, gestorben 1139)
1128–1139	Walram II. von Limburg
1139–1142	Gottfried II. (Sohn von Gottfried I)
1142–1190	Gottfried III. (Sohn)
1190–1235	Heinrich I. (Sohn; Mitregent 1183)
1235–1248	Heinrich II. (Sohn)
1248–1261	Heinrich III. (Sohn)
1261–1267	Heinrich IV. (Sohn; dankte ab)
1267–1294	Johann I., der Siegreiche (Bruder; Herzog von Limburg 1288)
1294–1312	Johann II. (Sohn)
1312–1355	Johann III. (Sohn)

Das Haus Luxemburg

1355–1383	Wenzel (Herzog von Luxemburg)
1355–1404	Johanna (Tochter Johanns III.; verheiratet mit Wenzel; dankte ab, gestorben 1406)

Das Haus Burgund

1406–1415	Antoine (Sohn Philipps des Kühnen, Herzog von Burgund; Enkel mütterlicherseits von Margarete, der Schwester Johannas; Regent 1404–1406)
1415–1427	Johann IV. (Sohn)
1427–1430	Philipp von St-Pol (Bruder)

(Vereinigung von Brabant und Limburg mit Burgund 1430)

Anmerkungen:
Namen und Titel: Ab dem 12. Jahrhundert bezeichnete der Begriff Brabant die Besitztümer des Hauses Löwen; im 13. Jahrhundert ersetzte der Titel «Herzog von Brabant» die Bezeichnung «Herzog von (Nieder-)Lothringen»; vgl. Kienast, W., Der Herzogstitel in Frankreich und Deutschland, München 1968, 395–404.

Die Grafschaft Artois

Die Kapetinger

1237–1250	Robert I., der Gute (Sohn Ludwigs VIII. von Frankreich; mit dem Artois ausgestattet 1237)
1250–1302	Robert II., der Edle (Sohn)
1302–1329	Mathilde (Mahaut) (Tochter)
1329–1330	Johanna I. (Tochter von Mathilde und Graf Otto IV. von Burgund)
1330–1347	Johanna II. (Tochter von Johanna I. und Philipp V. von Frankreich)

Das Haus Burgund

1347–1361	Philipp von Rouvres (Enkel von Johanna II. und Odo IV. von Burgund; Herzog von Burgund 1349)
1361–1382	Margarete (Schwester von Johanna II.; verheiratet mit Ludwig I., Graf von Flandern)

(Vereinigung mit Flandern 1382)

Literatur zu Burgund und den Niederlanden:

Boehm, L., Geschichte Burgunds, Stuttgart 1979².

Chaume, M., Les origines du duché de Bourgogne, 2 Bde. in 4 Teilen, Dijon 1925–1937.

Dek, A. W. E., Genealogie der graven van Holland, Zaltbommel 1969⁴.

Knetsch, K. G. P., Das Haus Brabant: Genealogie der Herzoge von Brabant und der Landgrafen von Hessen, 2 Bde., Darmstadt 1931.

Petit de Vausse, E., Histoire des ducs de Bourgogne de la race capétienne, 9 Bde., Dijon 1885–1905.

Strubbe, E. I. / Voet, L., De chronologie van de middeleeuwen en de moderne tijden in de Nederlanden, Antwerpen 1960.

Vannérus, J., La première dynastie luxembourgeoise, Revue belge de philologie et d'histoire 25, 1946/1947, 801–858.

Die heutigen Niederlande

Das Haus von Oranien-Nassau – Statthalter der nördlichen Provinzen

1572–1584	Wilhelm I., der Schweigsame (Sohn Wilhelms von Nassau; Fürst von Oranien; Statthalter in Holland, Seeland und Utrecht 1572)
1585–1625	Moritz (Sohn; Utrecht 1590)
1625–1647	Friedrich Heinrich (Bruder)
1647–1650	Wilhelm II. (Sohn)
	(Interregnum 1650–1672)
1672–1702	Wilhelm III. (Sohn; Utrecht 1674; König von England 1689)
	(Interregnum 1702–1747)
1747–1751	Wilhelm IV. (Sechster in direkter Linie von Wilhelm von Nassau)
1751–1795	Wilhelm V. (Sohn; abgesetzt, gestorben 1806)
	(Batavische Republik 1795–1806)

Das Haus Bonaparte – Königreich von Holland

1806–1810	Louis Napoleon (Bruder Napoleons I., Kaiser der Franzosen; dankte ab, gestorben 1846)
	(Vereinigung mit Frankreich 1810–1813)

Das Haus von Oranien-Nassau – Königreich der Niederlande

1813–1840	Wilhelm I. (Sohn Wilhelms V.; souveräner Fürst der Niederlande 1813; König 1815; dankte ab, gestorben 1843)
1840–1849	Wilhelm II. (Sohn)
1849–1890	Wilhelm III. (Sohn)
1890–1948	Wilhelmine (Tochter; im Exil 1940–1945; dankte ab, gestorben 1962)
1948–1980	Juliana (Tochter von Wilhelmine und Heinrich von Mecklenburg, Prinzgemahl 1901–1934, dankte ab)
1980–	Beatrix (Tochter von Juliana und Bernhard von Lippe, Prinzgemahl 1948–1980)

Literatur:

Dek, A. W. E., Genealogie van het vorstenhuis Nassau, Zaltbommel 1970).

Strubbe, E. I. /Voet, L. , De chronologie van de middeleeuwen en de moderne tijden in de Nederlanden, Antwerpen 1960.

Das Königreich Belgien

Das Haus Sachsen-Coburg-Gotha

1831–1865	Leopold I. (zum König ausgerufen nach der Sezession der Belgier von den Niederlanden 1830)
1865–1909	Leopold II. (Sohn; Souverän des Unabhängigen Kongostaates 1885–1908)
1909–1934	Albert (Neffe)
1934–1951	Leopold III. (Sohn; im Exil 1944–1950; dankte ab, gestorben 1983)
1951–	Baudouin (Sohn; Kronprinz 1950–1951)

Literatur:

Aronson, T., Defiant Dynasty: the Coburgs of Belgium, Indianapolis 1968.

Das Großherzogtum Luxemburg

Das Haus Nassau

1890–1905	Adolf (Herzog von Nassau 1839–1866; Großherzog von Luxemburg nach der Unabhängigkeit von den Niederlanden 1890)
1905–1912	Wilhelm IV. (Sohn)
1912–1919	Marie Adelaide (Tochter; dankte ab, gestorben 1924)
1919–1964	Charlotte (Schwester; im Exil 1940–1945; dankte ab, gestorben 1985)
1964–	Johann (Sohn von Charlotte und Felix von Bourbon-Parma, Prinzgemahl 1919–1964 [gestorben 1970])

Literatur:

Dek, A. W. E., Genealogie van het vorstenhuis Nassau, Zaltbommel 1970.

4. Italien

Das mittelalterliche Königreich Italien

888–924	Berengar I. von Friaul (Enkel mütterlicherseits von Kaiser Ludwig I.; zum Kaiser gekrönt 915)
889–894	Guy von Spoleto (Gegenkönig; zum Kaiser gekrönt 891)
894–898	Lambert (Sohn; Mitregent 891; zum Kaiser gekrönt 892)
900–905	Ludwig von Provence (Gegenkönig; zum Kaiser gekrönt 901; abgesetzt, gestorben 928)
922–926	Rudolf von Burgund (Gegenkönig; abgesetzt; gestorben 937)
926–948	Hugo von Arles
948–950	Lothar (Sohn; Mitregent 931)
950–963	Berengar II. von Ivrea (Enkel mütterlicherseits von Berengar I.; abgesetzt, gestorben 966)
950–963	Adalbert (Sohn; Mitregent; abgesetzt, gestorben 972?)

(Vereinigung mit dem Heiligen Römischen Reich)

Literatur:

Fasoli, G., I re d'Italia (888–962), Florenz 1949.

Mor, C. G., L'età feudale, 2 Bde., Mailand 1952/1953 (Storia politica d'Italia 6).

Venedig: Die Dogen

726–737	Orso (zum *dux* von Venetien erkoren im Anschluß an die Revolte gegen die byzantinische Herrschaft)
737–742	Fünf *magistri militum*, jeder ein Jahr
742–755	Diodato (Sohn von Orso; abgesetzt)
755–756	Galla (abgesetzt)
756–764	Domenico Monegario (abgesetzt)
764–787	Maurizio
787–803	Giovanni (Sohn; abgesetzt)
803–810	Obelerio (abgesetzt, gestorben 831)
810–827	Agnello Particiaco
827–829	Giustiniano Particiaco (Sohn)
829–836	Giovanni Particiaco I. (Bruder; abgesetzt)
836–864	Pietro Tradonico
864–881	Orso Particiaco I.
881–887	Giovanni Particiaco II. (Sohn; dankte ab)
887	Pietro Candiano I.
887–888	Giovanni Particiaco II. (erneut; dankte ab)
888–911	Pietro Tribuno
911–932	Orso Particiaco II. (dankte ab)
932–939	Pietro Candiano II.
939–942	Pietro Badoer (Sohn von Orso Particiaco II.)
942–959	Pietro Candiano III. (Sohn von Pietro II.)
959–976	Pietro Candiano IV. (Sohn)
976–978	Pietro Orseolo I. der Heilige (dankte ab, gestorben 997?)
978–979	Vitale Candiano
979–991	Tribuno Menio
991–1009	Pietro Orseolo II. (Sohn von Pietro I.)
1009–1026	Ottone Orseolo (Sohn; abgesetzt, gestorben 1031)
1026–1030	Pietro Centranico (abgesetzt)
1030–1031	Orso Orseolo (Sohn von Pietro II.; Regent; dankte ab, gestorben 1049)
1031	Domenico Orseolo (abgesetzt)
1031–1041	Domenico Flabiano
1041–1071	Domenico Contarini I.
1071–1084	Domenico Silvo (abgesetzt)
1084–1095	Vitale Falier
1095–1101	Vitale Michiel I.
1101–1118	Ordelaffo Falier
1118–1130	Domenico Michiel

1130–1148	Pietro Polani
1148–1155	Domenico Morosini
1155–1172	Vitale Michiel II.
1172–1178	Sebastiano Ziani
1178–1192	Orio Mastropiero (dankte ab, gestorben 1192)
1192–1205	Enrico Dandolo
1205–1229	Pietro Ziani (dankte ab, gestorben 1229)
1229–1249	Jacopo Tiepolo (dankte ab, gestorben 1249)
1249–1253	Marino Morosini
1253–1268	Renier Zeno
1268–1275	Lorenzo Tiepolo
1275–1280	Jacopo Contarini (abgesetzt, gestorben 1280)
1280–1289	Giovanni Dandolo
1289–1311	Pietro Gradenigo
1311–1312	Marino Zorzi
1312–1328	Giovanni Soranzo
1329–1339	Francesco Dandolo
1339–1342	Bartolomeo Gradenigo
1343–1354	Andrea Dandolo
1354–1355	Marino Falier
1355–1356	Giovanni Gradenigo
1356–1361	Giovanni Dolfin
1361–1365	Lorenzo Celsi
1365–1368	Marco Cornaro
1368–1382	Andrea Contarini
1382	Michele Morosini
1382–1400	Antonio Venier
1400–1413	Michele Steno
1414–1423	Tommaso Mocenigo
1423–1457	Francesco Foscari (abgesetzt, gestorben 1457)
1457–1462	Pasquale Malipiero
1462–1471	Cristoforo Moro
1471–1473	Niccolò Tron
1473–1474	Niccolò Marcello
1474–1476	Pietro Mocenigo
1476–1478	Andrea Vendramin
1478–1485	Giovanni Mocenigo
1485–1486	Marco Barbarigo
1486–1501	Agostino Barbarigo
1501–1521	Leonardo Loredan
1521–1523	Antonio Grimani
1523–1538	Andrea Gritti

1539–1545	Pietro Lando
1545–1553	Francesco Donato
1553–1554	Marcantonio Trevisan
1554–1556	Francesco Venier
1556–1559	Lorenzo Priuli
1559–1567	Girolamo Priuli
1567–1570	Pietro Loredan
1570–1577	Alvise Mocenigo I.
1577–1578	Sebastiano Venier
1578–1585	Niccolò da Ponte
1585–1595	Pasquale Cicogna
1595–1605	Marino Grimani
1606–1612	Leonardo Donato
1612–1615	Marcantonio Memmo
1615–1618	Giovanni Bembo
1618	Niccolò Donato
1618–1623	Antonio Priuli
1623–1624	Francesco Contarini
1625–1629	Giovanni Cornaro I.
1630–1631	Niccolò Contarini
1631–1646	Francesco Erizzo
1646–1655	Francesco Molin
1655–1656	Carlo Contarini
1656	Francesco Cornaro
1656–1658	Bertuccio Valier
1658–1659	Giovanni Pesaro
1659–1675	Domenico Contarini II.
1675–1676	Niccolò Sagredo
1676–1684	Alvise Contarini
1684–1688	Marcantonio Giustinian
1688–1694	Francesco Morosini
1694–1700	Silvestro Valier
1700–1709	Alvise Mocenigo II.
1709–1722	Giovanni Cornaro II.
1722–1732	Alvise Mocenigo III.
1732–1735	Carlo Ruzzini
1735–1741	Alvise Pisani
1741–1752	Pietro Grimani
1752–1762	Francesco Loredan
1762–1763	Marco Foscarini
1763–1778	Alvise Mocenigo IV.
1779–1789	Paolo Renier

1789–1797 Ludovico Manin (dankte ab, gestorben 1802)

(Französische Besetzung 1797–1798, dann österreichische Herrschaft)

Anmerkungen:
Chronologie: Es gibt grundsätzliche Unsicherheiten in der Chronologie der ersten vier Jahrhunderte, und viele Jahreszahlen können um etwa ein Jahr variieren; das obige Schema ist dasjenige von Cessi. Zum Amtsantritt von Vitale Michiel II. vgl. Lazzarini, V., Archivio veneto, 5. Reihe 1, 1927, 181. Verwandtschaftsverhältnisse werden nur für die Zeit angeführt, als der Dogat erblich war; zu Abstammung und Familiennamen vgl. Cessi.
Namen und Titel: Grundsätzlich war der Titel vom 14. Jahrhundert an «dux Venetiarum»; siehe Lazzarini, V., I titoli dei dogi di Venezia, Archivio veneto, dritte Reihe, 5, 1903, 271–311.

Literatur:
Cessi, R., Venezia ducale, 2 Bde., Venedig 1963–1965.
Kretschmayr, H., Geschichte von Venedig, 3 Bde., Gotha 1905–1934.

Das Königreich von Neapel und Sizilien

Das Haus Hauteville – Die Herzöge von Apulien

1059–1085	Robert Guiscard (Sohn Tankreds von Hauteville; Herzog von Apulien als Vasall des Papstes 1059)
1085–1111	Roger Borsa (Sohn)
1111–1127	Wilhelm (Sohn)

(Vereinigung mit Sizilien 1128)

Die Grafen von Sizilien

1072–1101	Roger I. (Sohn Tankreds; Graf von Sizilien im Anschluß an die Einnahme Palermos 1072)
1101–1105	Simon (Sohn)

Die Könige von Neapel und Sizilien

1105–1154	Roger II., der Große (Bruder; Herzog von Apulien 1128; König von Sizilien 1130)
1154–1166	Wilhelm I., der Böse (Sohn; Mitregent 1151)
1166–1189	Wilhelm II., der Gute (Sohn)
1190–1194	Tankred von Lecce (außerehelicher Enkel Rogers II.)
1192–1194	Roger III. (Sohn; Mitregent)
1194	Wilhelm III. (Bruder; abgesetzt, gestorben 1198?)

Das Haus Hohenstaufen

1194–1197	Heinrich (deutscher König 1190; verheiratet mit Konstanze, Tochter Rogers II.)
1197–1250	Friedrich I. (von Sizilien) (Sohn; deutscher König 1212)
1250–1254	Konrad (Sohn; deutscher König 1250)

(Interregnum 1254–1258)

1258–1266	Manfred (außerehelicher Bruder)

Das Haus Anjou – Könige von Neapel

1266–1285	Karl I. (Graf von Anjou; verlor Sizilien 1282)
1285–1309	Karl II., der Lahme (Sohn)
1309–1343	Robert der Weise (Sohn)
1343–1381	Johanna I. (Enkelin; abgesetzt, gestorben 1382)
1381–1386	Karl III. von Durazzo (Urenkel Karls II.; König von Ungarn 1385)

1386–1414	Ladislaus (Sohn)
1414–1435	Johanna II. (Schwester)
1435–1442	René der Gute (Adoptivsohn; abgesetzt, gestorben 1480)

Das Haus Aragón

1443–1458	Alfons I., der Großmütige (König von Aragón 1416)
1458–1494	Ferdinand I. (außerehelicher Sohn)
1494–1495	Alfons II. (Sohn; dankte ab, gestorben 1495)
1495–1496	Ferdinand II. (Sohn)
1496–1501	Friedrich (Sohn Ferdinands I.; abgesetzt, gestorben 1504)

(Aragonesische, dann spanische Herrschaft 1501–1707; österreichische Herrschaft 1707–1734)

Das Haus Aragón – Könige von Sizilien

1282–1285	Peter I., der Große (König von Aragón 1276; verheiratet mit Konstanze,der Tochter Manfreds)
1285–1295	Jakob der Gerechte (Sohn; dankte ab; Aragón 1291–1327)
1296–1337	Friedrich II. (Bruder; Herr von Sizilien 1295–1296)
1337–1342	Peter II. (Sohn; Mitregent 1320)
1342–1355	Ludwig (Sohn)
1355–1377	Friedrich III., der Einfältige (Bruder)
1377–1401	Maria (Tochter)
1390–1409	Martin I., der Jüngere (Sohn von Martin von Aragón; verheiratet mit Maria)
1409–1410	Martin II., der Humane (der Ältere) (Vater; Aragón 1396)

(Interregnum 1410–1412; aragonesische, dann spanische Herrschaft 1412–1713)

Das Haus Savoyen

1713–1720	Viktor Amadeus II. (König von Sardinien 1720–1730

(Österreichische Herrschaft 1720–1734)

Das Haus Bourbon – Könige von Neapel und Sizilien

1734–1759	Karl (König von Spanien 1759–1788)
1759–1816	Ferdinand IV. (Sohn; verlor Neapel 1806–1815)

Das Haus Bonaparte – Könige von Neapel

1806–1808	Joseph Napoleon (Bruder Napoleons I., Kaiser der Franzosen, König von Spanien 1808–1813)

1808–1815	Joachim Napoleon (verheiratet mit Caroline, Schwester Napoleons I.; Großherzog von Berg 1806–1808; abgesetzt, gestorben 1815)

Das Haus Bourbon – Könige beider Sizilien

1816–1825	Ferdinand I. (ehemals Ferdinand IV.; Königreich beider Sizilien 1816)
1825–1830	Franz I. (Sohn)
1830–1859	Ferdinand II. (Sohn)
1859–1860	Franz II. (Sohn; abgesetzt, gestorben 1894)

(Vereinigung mit dem Königreich Sardinien)

Literatur:

Léonard, E. G., Les Angevins de Naples, Paris 1954.
Storia di Napoli, 11 Bde. in 15 Teilen, Neapel 1967–1978.

Die Este in Ferrara und Modena

Die Herren von Ferrara

1196–1212	Azzo I. (Markgraf von Este als Azzo VI.; Podestà von Ferrara 1196)
1212–1215	Aldobrandino I. (Sohn)
1215–1264	Azzo II., der Jüngere (Bruder)
1264–1293	Obizzo I. (Enkel; Herr von Ferrara 1264; von Modena 1289)
1293–1308	Azzo III. (Sohn)
1308	Fresco (Sohn; abgesetzt, gestorben 1309)

(Venezianische, dann päpstliche Herrschaft 1308–1317)

1317–1335	Rinaldo (Enkel Obizzos I.)
1317–1344	Niccolò I. (Bruder)
1317–1352	Obizzo II. (Bruder)
1352–1361	Aldobrandino III. (Sohn)
1361–1388	Niccolò II., der Lahme (Bruder)
1388–1393	Alberto (Bruder)
1393–1441	Niccolò III. (Sohn)
1441–1450	Leonello (Sohn)

Die Herzöge von Ferrara

1450–1471	Borso (Bruder; Herzog von Modena 1452; von Papst Paul II. zum Herzog von Ferrara ernannt 1471)
1471–1505	Ercole I. (Bruder)
1505–1534	Alfons I. (Sohn)
1534–1559	Ercole II. (Sohn)
1559–1597	Alfons II. (Sohn)

Die Herzöge von Modena

1597–1628	Cesare (Enkel von Alfonso I.)

(Vereinigung Ferraras mit dem Kirchenstaat 1598)

1628–1629	Alfons III. (Sohn; dankte ab, gestorben 1644)
1629–1658	Franz I. (Sohn)
1658–1662	Alfons IV. (Sohn)
1662–1694	Franz II. (Sohn)
1694–1737	Rinaldo (Sohn von Franz I.)
1737–1780	Franz III. (Sohn)

1780–1796 Ercole III. (Sohn; abgesetzt, gestorben 1803)

(1796–1814 Vereinigung mit der Zispadanischen, dann Zisalpinischen, dann Italienischen Republik)

Das Haus Österreich-Este

1814–1846 Franz IV. (Sohn von Maria Beatrice, Tochter Ercoles III., und Ferdinand, Sohn von Kaiser Franz I.)

1846–1859 Franz V. (Sohn; abgesetzt, gestorben 1875)

(Vereinigung mit dem Königreich Sardinien 1860)

Literatur:

Chiappini, L., Gli Estensi, Mailand 1967.

Gundersheimer, W. L., Ferrara: the Style of a Renaissance Despotism, Princeton 1973.

Die Montefeltro und Della Rovere in Urbino

Die Grafen von Urbino

1226–1241	Buonconte (Graf von Montefeltro; mit Urbino beliehen 1226)
1241–1253	Montefeltrano (Sohn)
1253–1296	Guido (Sohn; päpstliche Herrschaft 1285–1294; dankte ab, gestorben 1298)
1296–1322	Federico I. (Sohn)
1322–1360	Nolfo (Sohn; päpstliche Herrschaft 1322–1324)
1360–1363	Federico II. (Sohn)
1363–1404	Antonio (Sohn; päpstliche Herrschaft 1369–1375)
1404–1443	Guidantonio (Sohn)
1443–1444	Oddantonio (Sohn; zum Herzog von Urbino erhoben durch Papst Eugen IV. 1443)

Die Herzöge von Urbino

1444–1482	Federico III. (außerehelicher Bruder; zum Herzog erhoben von Papst Sixtus IV. 1474)
1482–1508	Guidubaldo I. (Sohn)

Das Haus Della Rovere

1508–1538	Francesco Maria I. (Sohn von Giovanna, Tochter Federicos III., und Giovanni della Rovere)
1538–1574	Guidubaldo II. (Sohn)
1574–1621	Francesco Maria II. (Sohn; dankte ab)
1621–1623	Federico Ubaldo (Sohn)
1623–1631	Francesco Maria II. (erneut; trat 1624 die Autorität ab)

(Vereinigung mit dem Kirchenstaat 1631)

Anmerkungen:
Chronologie: Einige Jahreszahlen bis 1363 können um etwa ein Jahr variieren.

Literatur:

Franceschini, G., I Montefeltro, Mailand 1970.
Ugolini, F., Storia dei conti e duchi d'Urbino, 2 Bde., Florenz 1859.

Die Visconti und Sforza in Mailand

Die Visconti – Herren von Mailand

1287–1302/ 1311–1322	Matteo I., der Große (Volkskapitän 1287, im Exil 1302–1311, Herr von Mailand 1313)
1322–1327	Galeazzo I. (Sohn; abgesetzt, gestorben 1328)

(Republik 1327–1329)

1329–1339	Azzone (Sohn)
1339–1349	Luchino (Sohn von Matteo I.)
1339–1354	Giovanni (Bruder)
1354–1355	Matteo II. (Neffe)
1354–1378	Galeazzo II. (Bruder)
1354–1385	Bernabò (Bruder; abgesetzt, gestorben 1385)

Die Herzöge von Mailand

1378–1402	Gian Galeazzo (Sohn von Galeazzo II.; zum Herzog von Mailand erhoben durch Wenzel, deutscher König, 1395)
1402–1412	Giovanni Maria (Sohn)
1412–1447	Filippo Maria (Bruder)

(Ambrosianische Republik 1447–1450)

Das Haus Sforza

1450–1466	Francesco I. (verheiratet mit Bianca Maria, Tochter von Filippo Maria)
1466–1476	Galeazzo Maria (Sohn)
1476–1494	Gian Galeazzo (Sohn)
1494–1499/ 1500	Ludovico Maria (Sohn von Francesco I.; abgesetzt, gestorben 1508)

(Französische Herrschaft 1499–1500, 1500–1512)

1512–1515	Massimiliano (Sohn; abgesetzt, gestorben 1530)

(Französische Herrschaft 1515–1521)

1521–1525/ 1529–1535	Francesco II. (Bruder; abgesetzt während der Reichsherrschaft)

(Vereinigung mit dem Reich 1535)

Literatur:
Cognasso, F., I Visconti, Mailand 1966.
Santoro, C., Gli Sforza, Mailand 1968.

Die Gonzaga in Mantua

Die Generalkapitäne von Mantua

1328–1360	Luigi (Generalkapitän von Mantua nach dem Sturz der Herrschaft der Bonacolsi 1328)
1360–1369	Guido (Sohn)
1369–1382	Ludovico I. (Sohn)
1382–1407	Francesco I. (Sohn)

Die Markgrafen von Mantua

1407–1444	Gianfrancesco (Sohn; zum Markgrafen von Mantua erhoben durch Kaiser Sigismund 1433)
1444–1478	Ludovico II. (Sohn)
1478–1484	Federico I. (Sohn)
1484–1519	Francesco II. (Sohn)

Die Herzöge von Mantua

1519–1540	Federico II. (Sohn; zum Herzog von Mantua erhoben durch Kaiser Karl V. 1530; Markgraf von Montferrat 1536)
1540–1550	Francesco III. (Sohn)
1550–1587	Guglielmo (Bruder; Herzog von Montferrat 1575)
1587–1612	Vincenzo I. (Sohn)
1612	Francesco IV. (Sohn)
1612–1626	Ferdinando (Bruder)
1626–1627	Vincenzo II. (Bruder; Nachfolgekrieg in Mantua 1628–1631)

Die Linie von Nevers

1631–1637	Carlo I. (Herzog von Nevers; Enkel von Federico II.)
1637–1665	Carlo II. (Enkel)
1665–1708	Ferdinando Carlo (Sohn)

(Vereinigung von Mantua mit dem Reich und von Montferrat mit Savoyen 1708)

Literatur:
Coniglio, G., I Gonzaga, Mailand 1967.
Ders., Mantova: la storia, 3 Bde., Mantua 1958–1963.

Die Medici und ihre Nachfolger in Florenz

Das Haus Medici

1434–1464	Cosimo der Alte (Sohn von Giovanni di Bicci de' Medici; De-facto-Herrscher von Florenz 1434)
1464–1469	Piero I., der Gichtige(Sohn)
1469–1492	Lorenzo der Prächtige (il Magnifico) (Sohn)
1492–1494	Piero II, der Unglückliche (Sohn; abgesetzt, gestorben 1503)
	(Republik 1494–1512)
1512–1513	Giuliano von Nemours (Bruder; abgesetzt, gestorben 1516)
1513–1519	Lorenzo von Urbino (Sohn Pieros II.)
1519–1523	Giulio (Enkel Pieros I.; Papst Klemens VII. 1523–1534)
1524–1527	Ippolito (außerehelicher Sohn von Giuliano; abgesetzt, gestorben 1535)
	(Republik 1527–1530)

Das Herzogtum Florenz

1531–1537	Alessandro (außerehelicher Sohn Giulios; Herzog von Florenz 1532)

Das Großherzogtum Toskana

1537–1574	Cosimo I. (Fünfter in direkter Linie von Giovanni di Bicci; zum Großherzog von Toskana erhoben durch Papst Pius V. 1569)
1574–1587	Franz I. (Sohn)
1587–1609	Ferdinand I. (Bruder)
1609–1621	Cosimo II. (Sohn)
1621–1670	Ferdinand II. (Sohn)
1670–1723	Cosimo III. (Sohn)
1723–1737	Giovanni Gastone (Sohn)

Das Haus Habsburg-Lothringen

1737–1765	Franz II. (Herzog von Lothringen 1729–1737; Kaiser 1745)
1765–1790	Leopold I. (Sohn; Kaiser 1790–1792)
1790–1799	Ferdinand III. (Sohn; abgesetzt; Großherzog von Würzburg 1806–1814)
	(Französische Herrschaft 1799, 1800–1801)

Das Haus Bourbon

1801–1803 Ludwig I. (Sohn von Ferdinand, Herzog von Parma, Rekonstitution der Toskana als Königreich von Etrurien 1801–1807)

1803–1807 Ludwig II. (Charles Louis) (Sohn; abgesetzt; französische Herrschaft 1807–1809; Herzog von Parma 1847–1849)

Das Haus Bonaparte

1809–1814 Marie Anne (Elisa) (Schwester Napoleons I., Kaiser der Franzosen; Fürstin von Lucca 1805; abgesetzt, gestorben 1820)

Das Haus Habsburg-Lothringen

1814–1824 Ferdinand III. (wiedereingesetzt)

1824–1859 Leopold II. (Sohn; dankte ab, gestorben 1870)

1859–1860 Ferdinand IV. (Sohn; abgesetzt, gestorben 1908)

(Vereinigung mit dem Königreich Sardinien)

Literatur:

Andrieux, M., I Medici, Mailand 1963.

Schevill, F., History of Florence, New York 1961'.

Die Farnese und Bourbon in Parma

Das Haus Farnese

1545–1547	Pier Luigi (zum Herzog von Parma und Piacenza erhoben durch seinen Vater, Papst Paul III., 1545)
1547–1586	Ottavio (Sohn)
1586–1592	Alessandro (Sohn)
1592–1622	Ranuccio I. (Sohn)
1622–1646	Odoardo (Sohn)
1646–1694	Ranuccio II. (Sohn)
1694–1727	Francesco (Sohn)
1727–1731	Antonio (Bruder)

Das Haus Bourbon

1731–1736	Karl I. (Sohn von Elisabeth, der Nichte Antonios, und Philipp V. von Spanien; König von Spanien 1759–1788)
	(Österreichische Herrschaft 1736–1748)
1748–1765	Philipp (Bruder)
1765–1802	Ferdinand (Sohn)
	(Französische Herrschaft 1802–1808; Vereinigung mit Frankreich 1808–1814)

Das Haus Habsburg-Lothringen

1814–1847	Marie Louise (Tochter von Franz I., Kaiser von Österreich; Ex-Frau Napoleons I., Kaiser der Franzosen)

Das Haus Bourbon

1847–1849	Karl II. (Enkel von Ferdinand; Herzog von Lucca 1824–1847; dankte ab, gestorben 1883)
1849–1854	Karl III. (Sohn)
1854–1859	Robert (Sohn; abgesetzt, gestorben 1907)
	(Vereinigung mit dem Königreich Sardinien 1860)

Literatur:

Bazzi, T. / Benassi, U., Storia di Parma, Parma 1908.

Nasalli Rocca, E., I Farnese, Mailand 1969.

Das Haus Savoyen

Die Grafen von Savoyen

1000–1048	Humbert I., Weißhand (Graf in Savoyen und Belley um 1000, in Aosta und Maurienne um 1043)
1048–1051	Amadeus I. (Sohn)
1051–1059	Oddo (Bruder)
1059–1078	Peter I. (Sohn)
1078–1080	Amadeus II. (Bruder)
1080–1103	Humbert II., der Dicke (Sohn)
1103–1148	Amadeus III. (Sohn)
1148–1189	Humbert III., der Selige (Sohn)
1189–1233	Thomas (Sohn)
1233–1253	Amadeus IV. (Sohn)
1253–1263	Bonifaz (Sohn)
1263–1268	Peter II. (Sohn von Thomas)
1268–1285	Philipp I. (Bruder)
1285–1323	Amadeus V., der Große (Neffe)
1323–1329	Eduard der Freigiebige (Sohn)
1329–1343	Aymon der Friedfertige (Bruder)
1343–1383	Amadeus VI., der Grüne Graf (Sohn)
1383–1391	Amadeus VII., der Rote Graf (Sohn)

Die Herzöge von Savoyen

1391–1440	Amadeus VIII. (Sohn; Herzog von Savoyen 1416; dankte ab, gestorben 1451; Gegenpapst als Felix V. 1439–1449)
1440–1465	Ludwig (Sohn)
1465–1472	Amadeus IX., der Selige (Sohn)
1472–1482	Philibert I., der Jäger (Sohn)
1482–1490	Karl I., der Kämpfer (Bruder)
1490–1496	Karl Johann Amadeus (Sohn)
1496–1497	Philipp II. von Bresse (Sohn von Ludwig)
1497–1504	Philibert II., der Schöne (Sohn)
1504–1553	Karl II., der Gute (Bruder)
1553–1580	Emmanuel Philibert (Sohn)
1580–1630	Karl Emmanuel I., der Große (Sohn)
1630–1637	Viktor Amadeus I. (Sohn)
1637–1638	Franz Hyazinth (Sohn)
1638–1675	Karl Emmanuel II. (Bruder)

Die Könige von Sardinien

1675–1730	Viktor Amadeus II. (Sohn; König von Sardinien 1720; dankte ab, gestorben 1732)
1730–1773	Karl Emmanuel III (Sohn)
1773–1796	Viktor Amadeus III. (Sohn)
1796–1802	Karl Emmanuel IV. (Sohn; dankte ab, gestorben 1819)
	(Französische Annexion von Savoyen und Piemont 1792/1798–1814)
1802–1821	Viktor Emmanuel I. (Bruder; dankte ab, gestorben 1824)
1821–1831	Karl Felix (Bruder)

Die Linie von Carignano

1831–1849	Karl Albert (Prinz von Carignano; Siebter in direkter Linie von Karl Emmanuel I.; dankte ab, gestorben 1849)

Die Könige von Italien

1849–1878	Viktor Emmanuel II. (Sohn; Königreich Italien 1861)
1878–1900	Humbert I. (Sohn)
1900–1946	Viktor Emmanuel III. (Sohn; dankte ab, gestorben 1947)
1946	Humbert II. (Sohn; abgesetzt, gestorben 1983)
	(Proklamation der Republik)

Anmerkungen:
Chronologie: Die Jahreszahlen bis 1059 sind angenähert.
Namen und Titel: Der Gebrauch des Titels «Graf von Savoyen» geht auf das Jahr 1125 zurück. Viktor Emmanuel III. wurde von 1936 bis 1943 «Kaiser von Äthiopien», von 1939 bis 1943 «König von Albanien» genannt.

Literatur:
Cognasso, F., Umberto Biancamano, Turin 1929.
Ders., I Savoia, Mailand 1971.

5. Die Iberische Halbinsel

Die Königreiche León und Kastilien

Die Könige von Asturien

718–737	Pelayo (Pelagius) (Führer des Aufstands gegen die Muselmanen; zum König gewählt 718)
737–739	Fáfila (Sohn)
739–757	Alfons I., der Katholische (Schwiegersohn von Pelayo)
757–768	Fruela I. (Sohn)
768–774	Aurelio (Neffe von Alfons I.)
774–783	Silo (Schwiegersohn von Alfons I.)
783–788	Mauregato (außerehelicher Sohn von Alfons I.)
788–791	Vermudo I., der Diakon (Bruder von Aurelio; dankte ab)
791–842	Alfons II., der Keusche (Sohn von Fruela I.)
842–850	Ramiro I. (Sohn von Vermudo I.)
850–866	Ordoño I. (Sohn)
866–910	Alfons III., der Große (Sohn; abgesetzt, gestorben 910)

Die Könige von León

910–914	García (Sohn)
914–924	Ordoño II. (Bruder)
924–925	Fruela II. (Bruder)
926–931	Alfons IV., der Mönch (Sohn von Ordoño II.; dankte ab, gestorben 933)
931–951	Ramiro II. (Bruder)
951–956	Ordoño III. (Sohn)
956–958	Sancho I., der Dicke (Bruder; abgesetzt)
958–959	Ordoño IV., der Böse (Sohn von Alfons IV.; abgesetzt, gestorben 962)
959–966	Sancho I. (wiedereingesetzt)
966–985	Ramiro III. (Sohn)
985–999	Vermudo II., der Gichtige (Sohn von Ordoño III.)
999–1028	Alfons V. (Sohn)
1028–1037	Vermudo III. (Sohn)

Das Haus von Navarra

1038–1065	Ferdinand I. (Graf von Kastilien 1029; verheiratet mit Sancha, Tochter von Alfons V.)
1065–1072	Sancho II., der Starke (Sohn; Kastilien)
1065–1109	Alfons VI. (Bruder; León; Kastilien 1072)
1109–1126	Urraca (Tochter)

Das Haus Burgund

1126–1157	Alfons VII., der Kaiser (Sohn von Urraca und Raimund von Burgund; Mitregent 1111)

Die Könige von Kastilien

1157–1158	Sancho III., der Begehrte (Sohn)
1158–1214	Alfons VIII. (Sohn)
1214–1217	Heinrich I. (Sohn)
1217	Berenguela (Schwester; dankte ab, gestorben 1246)

Die Könige von León

1157–1188	Ferdinand II. (Sohn von Alfons VII.)
1188–1230	Alfons IX. (Sohn)

Die Könige von Kastilien und León

1217-1252	Ferdinand III., der Heilige (Sohn von Berenguela und Alfons IX.; León 1230)
1252–1284	Alfons X., der Weise (Sohn)
1284–1295	Sancho IV., der Hitzige (Sohn)
1295–1312	Ferdinand IV., der Vorladende (Sohn)
1312–1350	Alfons XI. (Sohn)
1350–1369	Peter der Grausame (Sohn)

Das Haus Trastámara

1369–1379	Heinrich II. (außerehelicher Bruder; Graf von Trastámara)
1379–1390	Johann I. (Sohn)
1390–1406	Heinrich III., der Kränkliche (Sohn)
1406–1454	Johann II. (Sohn)
1454–1474	Heinrich IV., der Impotente (Sohn)

Das Haus Aragón

1474–1504	Ferdinand V., der Katholische (König von Aragón 1479–1516; Regent von Kastilien 1507; König von Navarra 1512)
1474–1504	Isabella I., die Katholische (Tochter von Johann II.; verheiratet mit Ferdinand V.)

Das Haus Habsburg

1504–1506	Philipp I., der Schöne (Sohn Kaiser Maximilians I.; regierte die Niederlande 1482)
1504–1506	Johanna die Wahnsinnige (Tochter von Isabella I. und Ferdinand V.; verheiratet mit Philipp I.; nominell Königin 1506–1555 [Aragón 1516])

Das Königreich Navarra (Pamplona)

Das Haus von Iñigo

824–851	Iñigo Arista (Anführer des Aufstands gegen die Franken; zum König gewählt 824)
851–880	García Iñiguez (Sohn)
880–905	Fortún Garcés (Sohn)

Das Haus von Jimeno

905–925	Sancho I. (Sohn von García Jiménez)
925–931	Jimeno (Bruder)
931–970	García I. (Sohn Sanchos I.)
970–994	Sancho II., Abarca (Sohn)
994–1004	García II., der Zitternde (Sohn)
1004–1035	Sancho III., der Große (Sohn)
1035–1054	García III. von Nájera (Sohn)
1054–1076	Sancho IV. von Peñalén (Sohn)
1076–1094	Sancho V. (Enkel Sanchos III.)
1094–1104	Peter I. (Sohn)
1104–1134	Alfons I., der Kämpferische (Bruder)
1134–1150	García IV., der Restaurator (Urenkel Garcías III.)
1150–1194	Sancho VI., der Weise (Sohn)
1194–1234	Sancho VII., der Starke (Sohn)

Das Haus von Champagne

1234–1253	Theobald I., Postumus (Sohn von Blanca, Tochter Sanchos VI., und Tedbald III. von Champagne)
1253–1270	Theobald II. (Sohn)
1270–1274	Heinrich I., der Dicke (Bruder)

Das Haus Frankreich

1284–1305	Philipp I., der Schöne (König von Frankreich als Philipp IV. 1285–1314)
1274–1305	Johanna I. (Tochter Heinrichs I.; verheiratet mit Philipp I.)
1305–1316	Ludwig (Sohn; König von Frankreich als Ludwig X. 1314)

(Vereinigung mit Frankreich 1314–1328)

Das Haus Évreux

1328–1343	Philipp III. (Graf von Evreux)
1328–1349	Johanna II. (Tochter Ludwigs; verheiratet mit Philipp III.)

1349–1387	Karl II., der Böse (Sohn)
1387–1425	Karl III., der Edle (Sohn)

Das Haus Aragón

1425–1479	Johann II. (König von Aragón 1458)
1425–1441	Blanca (Tochter Karls III.; verheiratet mit Johann II.)
1479	Eleonore (Tochter)

Das Haus Foix

1479–1483	Franz Phoebus (Enkel von Eleonore und Gaston IV., Graf von Foix)

Das Haus Albret

1484–1516	Johann III. (Sohn von Alan, Herr von Albret)
1483–1517	Katharina (Schwester von Franz; verheiratet mit Johann III)

(Aragonesische Eroberung des südlichen Navarra 1512)

1517–1555	Heinrich II. (Sohn)

Das Haus Bourbon

1555–1562	Antoine (Herzog von Vendôme)
1555–1572	Johanna III. (Tochter Heinrichs II.; verheiratet mit Antoine)
1572–1610	Heinrich III. (Sohn; König von Frankreich als Heinrich IV 1589)

(Vereinigung mit Frankreich)

Anmerkungen:
Chronologie: Die frühe Geschichte von Pamplona liegt im dunkeln; die Jahreszahlen bis 880 sind angenähert. Die Bezeichnung «Königreich von Navarra» war vom späten 11. Jahrhundert an in Gebrauch.

Die Grafschaft von Barcelona

Das Haus Urgell

878–897 Wilfred I., der Haarige (Sohn Sunifreds von Urgell; Graf von Barcelona und Gerona 878)
897–911 Wilfred II. (Borrell I.) (Sohn)
911–947 Suñer (Bruder; dankte ab, gestorben 950)
947–966 Miró (Sohn)
947–992 Borrell II. (Bruder)
992–1017 Raimund Borrell III. (Sohn)
1017–1035 Berengar Raimund I., der Krumme (Sohn)
1035–1076 Raimund Berengar I., der Ältere (Sohn)
1076–1082 Raimund Berengar II., Werghaupt (Sohn)
1076–1097 Berengar Raimund II., der Brudermörder (Bruder)
1097–1131 Raimund Berengar III., der Große (Sohn von Raimund Berengar II.; Mitregent 1086)
1131–1162 Raimund Berengar IV, der Heilige (Sohn)
1162–1196 Alfons (Sohn; König von Aragón als Alfons II. 1164)

(Vereinigung mit Aragón)

Die Grafschaft Kastilien

Das Haus Lara

931–970 Fernán González (Sohn von Gonzalo Fernández von Lara; Graf von Kastilien 931)
970–995 García I. (Sohn)
995–1017 Sancho (Sohn)
1017–1029 García II. (Sohn)

Das Haus Navarra

1029–1065 Ferdinand der Große (Sohn von Munia, Tochter Sanchos, und Sancho III. von Navarra; König von León 1038)

Das Königreich Sobrarbe

Das Haus Navarra

1035–1043 Gonzalo (Sohn Sanchos III. von Navarra; abgesetzt, gestorben 1045)

(Vereinigung mit Aragón)

Das Königreich Aragón

Das Haus Navarra

1035–1069	Ramiro I. (Sohn Sanchos III. von Navarra; erbte Aragón nach der Teilung der väterlichen Territorien)
1069–1094	Sancho Ramírez (Sohn; Mitregent 1062; König von Navarra 1076)
1094–1104	Peter I. (Sohn; Mitregent 1085)
1104–1134	Alfons I., der Kämpfer (Bruder)
1134–1137	Ramiro II., der Mönch (Bruder; dankte ab, gestorben 1157)
1137–1164	Petronilla (Tochter; dankte ab, gestorben 1173)

Das Haus Barcelona

1164–1196	Alfons II., der Keusche (Sohn von Petronilla und Raimund Berengar IV., Graf von Barcelona)
1196–1213	Peter II., der Katholische (Sohn)
1213–1276	Jakob I., der Eroberer (Sohn)
1276–1285	Peter III., der Große (Sohn)
1285–1291	Alfons III., der Freigiebige (Sohn)
1291–1327	Jakob II., der Gerechte (Bruder)
1327–1336	Alfons IV., der Gütige (Sohn)
1336–1387	Peter IV., der Zeremoniöse (Sohn)
1387–1396	Johann I., der Jäger (Sohn)
1396–1410	Martin der Humane (Bruder)

(Interregnum 1410–1412)

Das Haus Trastámara

1412–1416	Ferdinand I. von Antequera (Sohn von Eleonore, Tochter Peters IV., und Johann I. von Kastilien)
1416–1458	Alfons V., der Großmütige (Sohn)
1458–1479	Johann II. (Bruder)
1479–1516	Ferdinand II., der Katholische (Sohn; verheiratet mit Isabella I. von Kastilien)

(Vereinigung mit Kastilien 1479–1504 und ab 1516)

Anmerkungen:
Namen und Titel: Als Vasallen von Navarra konnten Gonzalo von Sobrarbe und Ramiro I. von Aragón keinen Anspruch auf eine königliche Titulatur erheben; der Königstitel wurde in Aragón bis zur Vereinigung mit Navarra (1076) nicht verwendet; vgl. Ubieto, Estudios, 163–182.

Das Königreich Galicien

Das Haus León

1065–1071 García (Sohn Ferdinands I. von León; abgesetzt, gestorben 1090)

(Vereinigung mit Kastilien)

Das Königreich Mallorca

Das Haus Aragón

1276–1311 Jakob II. (Sohn Jakobs I. von Aragon; erbte Mallorca nach der Teilung der väterlichen Territorien)
1311–1324 Sancho (Sohn)
1324–1343 Jakob III. (Neffe; abgesetzt, gestorben 1349)

(Aragonesische Eroberung Mallorcas)

Das Königreich Spanien

	Das Haus Habsburg
1516–1556	Karl I. (Sohn von Johanna und Philipp I. von Kastilien; Kaiser 1519–1558; dankte ab, gestorben 1558)
1556–1598	Philipp II. (Sohn)
1598–1621	Philipp III. (Sohn)
1621–1665	Philipp IV. (Sohn)
1665–1700	Karl II. (Sohn)
	Das Haus Bourbon
1700–1724	Philipp V (Enkel von Maria Theresa, Tochter Philipps IV., und Ludwig XIV. von Frankreich; dankte ab)
1724	Ludwig I. (Sohn)
1724–1746	Philipp V. (erneut)
1746–1759	Ferdinand VI. (Sohn)
1759–1788	Karl III. (Bruder)
1788–1808	Karl IV. (Sohn; dankte ab, gestorben 1819)
1808	Ferdinand VII. (Sohn; abgesetzt)
	Das Haus Bonaparte
1808–1813	Joseph Napoleon (Bruder Napoleons I., Kaiser der Franzosen; abgesetzt, gestorben 1844)
	Das Haus Bourbon
1813–1833	Ferdinand VII. (wiedereingesetzt)
1833–1868	Isabella II. (Tochter; abgesetzt, gestorben 1904)
(1868–1870	Provisorische Regierung)
	Das Haus Savoyen
1870–1873	Amadeus I. (Sohn von Viktor Emmanuel II., König von Italien; dankte ab, gestorben 1890)
(1873–1874	Erste Republik)
	Das Haus Bourbon
1874–1885	Alfons XII. (Sohn von Isabella II. und Franz von Asís, Enkel Karls IV., Prinzgemahl 1846–1868 [gestorben 1902])
1886–1931	Alfons XIII. (Sohn; abgesetzt, gestorben 1941)

(1931–1939 Zweite Republik)

(1939–1975 Spanischer Staat: Diktatur von Staatschef Francisco Franco Bahamonde)

Das Haus Bourbon

1975– Juan Carlos I. (Enkel von Alfons XIII.)

Literatur für die spanischen Königreiche:

Abadal, R. d', Els primers comtes catalans, Barcelona 19803.

Diccionario de historia de España, hg. Bleiberg, G., 3 Bde., Madrid 1968–1969^{2}.

Floriano, A. C., Cronología y genealogía de los reyes de Asturias, Archivum 6, 1956, 251–285.

Lacarra, J. M., Historia política del reino de Navarra desde sus orígenes hasta su incorporación a Castilla, 3 Bde., Pamplona 1972–1973.

Pérez de Urbel, J., Sampiro: su crónica y la monarquía leonesa en el siglo X, Madrid 1952.

Sobrequés, S., Els grans comtes de Barcelona, Barcelona 19803.

Ubieto, A., Estudios en torno a la división del reino por Sancho el Mayor de Navarra, Príncipe de Viana 21, 1960, 5–56, 163–236.

Ders., Los reyes pamploneses entre 905 y 970: notas cronológicas, Príncipe de Viana 24, 1963, 77–82.

Das Königreich Portugal

Das Haus Burgund

1097–1112 Heinrich (Enkel Roberts I., Herzog von Burgund; Graf von Portugal um 1097)

Die Könige von Portugal

1112–1185 Alfons I., der Eroberer (Sohn; nahm den Königstitel an 1139)
1185–1211 Sancho I. (Sohn)
1211–1223 Alfons II., der Dicke (Sohn)
1223–1248 Sancho II., Capêlo (Sohn)
1248–1279 Alfons III. (Bruder)
1279–1325 Dinis I., der Ackerbauer (Sohn)
1325–1357 Alfons IV. (Sohn)
1357–1367 Peter I., der Justitiar (Sohn)
1367–1383 Ferdinand I. (Sohn)

(Interregnum 1383–1385)

Das Haus Avis

1385–1433 Johann I. (außerehelicher Bruder; Großmeister des Avisordens)
1433–1438 Eduard (Sohn)
1438–1481 Alfons V., der Afrikaner (Sohn)
1481–1495 Johann II., der vollkommene Fürst (Sohn)
1495–1521 Manuel I., der Glückliche (Enkel Eduards)
1521–1557 Johann III. (Sohn)
1557–1578 Sebastian (Enkel)
1578–1580 Heinrich der Kardinal (Sohn Manuels I.)

(Vereinigung mit Spanien 1580–1640)

Das Haus Braganza

1640–1656 Johann IV. (Herzog von Braganza, achter in direkter Linie von Johann I.)
1656–1667 Alfons VI. (Sohn; abgesetzt, gestorben 1683)
1683–1706 Peter II. (Bruder; Regent 1667–1683)
1706–1750 Johann V., der Großmütige (Sohn)
1750–1777 Joseph I. (Sohn)
1777–1786 Peter III. (Bruder)
1777–1816 Maria I. (Tochter Josephs I.; verheiratet mit Peter III.)
1816–1826 Johann VI. (Sohn; Regent 1799–1816)

1826–1828	Peter IV. (Sohn; dankte ab, gestorben 1834)
1828–1834	Miguel I. (Bruder; abgesetzt, gestorben 1866)
1834–1853	Maria II. (Tochter Peters IV.)

Das Haus Sachsen-Coburg-Gotha

1853–1861	Peter V. (Sohn von Maria II. und Ferdinand von Sachsen-Coburg-Gotha, Prinzgemahl 1837–1853 [gestorben 1885])
1861–1889	Ludwig I. (Bruder)
1889–1908	Karl I. (Sohn)
1908–1910	Manuel II. (Sohn; abgesetzt, gestorben 1932)

(Proklamation der Republik)

Anmerkungen:
Namen und Titel: Heinrich wurde spätestens 1095 «Graf von Coimbra», spätestens Ende 1097 «Graf von Portugal» genannt; der königliche Titel wurde von 1140 an regelmäßig verwendet (Livermore, 65). Von 1815 bis zur brasilianischen Unabhängigkeit (1822) führte der Monarch bzw. die Monarchin den zusätzlichen Titel «König bzw. Königin von Brasilien».

Literatur:
Livermore, H. V., A History of Portugal, Cambridge 1947.
Serrão, J., Dicionário de história de Portugal, 4 Bde., Lissabon 1963–1971.

6. Die deutschsprachigen Gebiete

Das Heilige Römische Reich Deutscher Nation

Die Karolinger

800–814	Karl I., der Große (König der Franken 768; zum Kaiser gekrönt 800)
814–840	Ludwig I., der Fromme (Sohn; zum Kaiser gekrönt 813, 816)
840–855	Lothar I. (Sohn; zum Kaiser gekrönt 817, 823)
855–875	Ludwig II. (Sohn; zum Kaiser gekrönt 850)
875–877	Karl II., der Kahle (Sohn Ludwigs I.; zum Kaiser gekrönt 875)
	(Interregnum 877–881)
881–887	Karl III., der Dicke (Neffe; zum Kaiser gekrönt 881; abgesetzt, gestorben 888)
887–899	Arnulf von Kärnten (Neffe; zum Kaiser gekrönt 896)
900–911	Ludwig III., das Kind (Sohn)

Die Konradiner

911–918	Konrad I.

Die Sachsen

919–936	Heinrich I., der Vogler
936–973	Otto I., der Große (Sohn; zum Kaiser gekrönt 962)
973–983	Otto II. (Sohn; Mitregent 961; zum Kaiser gekrönt 967)
983–1002	Otto III. (Sohn; Mitregent 983; zum Kaiser gekrönt 996)
1002–1024	Heinrich II., der Heilige (Urenkel Heinrichs I.; zum Kaiser gekrönt 1014)

Die Salier

1024–1039	Konrad II. (Urenkel von Liutgard, Tochter Ottos I.; zum Kaiser gekrönt 1027)
1039–1056	Heinrich III. (Sohn; Mitregent 1028; zum Kaiser gekrönt 1046)
1056–1105	Heinrich IV. (Sohn; Mitregent 1054; zum Kaiser gekrönt 1084; abgesetzt, gestorben 1106)
1077–1080	[Rudolf von Schwaben]

1081–1088	[Hermann von Salm]
1087–1098	Konrad (Sohn Heinrichs IV.; Mitregent; abgesetzt, gestorben 1101)
1105–1125	Heinrich V. (Bruder; Mitregent 1099; zum Kaiser gekrönt 1111)

Das Haus Supplinburg

1125–1137	Lothar II. von Sachsen (zum Kaiser gekrönt 1133)

Die Hohenstaufen

1138–1152	Konrad III. (Sohn von Agnes, Tochter Heinrichs IV., und Friedrich I. von Schwaben; Gegenkönig 1127–1135)
1147–1150	Heinrich (Sohn; Mitregent)
1152–1190	Friedrich I., Barbarossa (Neffe Konrads III.; zum Kaiser gekrönt 1155)
1190–1197	Heinrich VI. (Sohn; Mitregent 1169; zum Kaiser gekrönt 1191)
1198–1208	Philipp von Schwaben (Bruder)

Die Welfen

1198–1218	Otto IV. von Braunschweig (zum Kaiser gekrönt 1209)

Die Hohenstaufen

1212–1250	Friedrich II. (Sohn Heinrichs VI.; zum Kaiser gekrönt 1220)
1220–1235	Heinrich (Sohn; Mitregent; abgesetzt, gestorben 1242)
1246–1247	[Heinrich Raspe von Thüringen]
1247–1256	[Wilhelm von Holland]
1250–1254	Konrad IV. (Sohn Friedrichs II.; Mitregent 1237)
1257–1272	[Richard von Cornwall]

Die Habsburger

1273–1291	Rudolf I.

Die Nassauer

1292–1298	Adolf (abgesetzt, gestorben 1298)

Die Habsburger

1298–1308	Albrecht I. von Österreich (Sohn Rudolfs I.)

Die Luxemburger

1308–1313	Heinrich VII. (zum Kaiser gekrönt 1312)

Die Wittelsbacher

1314–1347	Ludwig IV., der Bayer (zum Kaiser gekrönt 1328)
1314–1330	[Friedrich der Schöne von Österreich] (Sohn Albrechts I.)

Die Luxemburger

1346–1378	Karl IV. (Enkel Heinrichs VII.; zum Kaiser gekrönt 1355)
1349	[Günther von Schwarzburg] (dankte ab, gestorben 1349)
1378–1400	Wenzel (Sohn Karls IV.; Mitregent 1376; abgesetzt, gestorben 1419)

Die Wittelsbacher

1400–1410	Ruprecht von der Pfalz

Die Luxemburger

1410–1437	Sigismund (Sohn Karls IV.; zum Kaiser gekrönt 1433)
1410–1411	[Jobst von Mähren] (Neffe Karls IV.)

Die Habsburger

1438–1439	Albrecht II. von Österreich (Vierter in direkter Linie von Albrecht I.)
1440–1493	Friedrich III. (Cousin zweiten Grades; zum Kaiser gekrönt 1452)
1493–1519	Maximilian I. (Sohn; Mitregent 1486; Kaiser 1508)
1519–1558	Karl V. (Enkel; zum Kaiser gekrönt 1530; dankte ab, gestorben 1558)
1558–1564	Ferdinand I. (Bruder)
1564–1576	Maximilian II. (Sohn)
1576–1612	Rudolf II. (Sohn)
1612–1619	Matthias (Bruder)
1619–1637	Ferdinand II. (Enkel Ferdinands I.)
1637–1657	Ferdinand III. (Sohn)
1658–1705	Leopold I. (Sohn)
1705–1711	Joseph I. (Sohn)
1711–1740	Karl VI. (Bruder)

(Interregnum 1740–1742)

Die Wittelsbacher

1742–1745	Karl VII. von Bayern

Das Haus Habsburg-Lothringen

1745–1765	Franz I. von Lothringen (verheiratet mit Maria Theresia, Tochter Karls VI.)

1765–1790	Joseph II. (Sohn)
1790–1792	Leopold II. (Bruder)
1792–1806	Franz II. (Sohn; dankte ab; Kaiser von Österreich als Franz I. 1804–1835)

Anmerkungen:

Namen und Titel: Den karolingischen Titeln «Imperator» und «Augustus» fügte Otto II. den Beinamen «der Römer» hinzu (Gebhardt, Bd. 1, 262). Vom 11. bis zum 16. Jahrhundert war der Monarch vor der Kaiserkrönung «König der Römer» (*Romanorum rex*), danach *Romanorum imperator*. Vom Papst ungekrönt, proklamierte sich Maximilian I. selber zum «Erwählten Römischen Kaiser» (1508); dies war in der Folge der genaue rechtliche Titel des Monarchen, wobei der designierte Nachfolger «König der Römer» genannt wurde (Ders., Bd. 2, 12).

Vom Zerfall des Karolingerreiches an (887) stehen die angeführten Jahreszahlen für die Herschaftsdaten als deutscher König. Außer im Fall von Mitregenten weisen sich überschneidende Jahreszahlen auf Ansprüche von Rivalen hin. Gegenkönige, die nie allgemein anerkannt wurden, sind in eckigen Klammern angeführt.

Von wenigen Ausnahmen abgesehen fanden kaiserliche Krönungen bis zu Karl V. in Rom durch den Papst statt. Mit Ferdinand I. erreichte die deutsche Krönung kaiserlichen Status, und die päpstliche Teilname hörte auf. Zu den nachkarolingischen Königen von Italien, welche die Kaiserkrone erlangten, siehe unter Königreich Italien.

Literatur:

Gebhardt, B., Handbuch der deutschen Geschichte, 4 Bde. in 5 Teilen, Stuttgart 1970–1976[9].

Krones, F., Grundriß der österreichischen Geschichte mit besonderer Rücksicht auf Quellen- und Literaturkunde, 4 Teile, Wien 1881–1882.

Das Kaiserreich Österreich

Das Haus Habsburg-Lothringen

1804–1835	Franz I. (Kaiser des Heiligen Römischen Reichs als Franz II.; Kaiser von Österreich 1804)
1835–1848	Ferdinand I. (Sohn; dankte ab, gestorben 1875)
1848–1916	Franz Joseph I. (Neffe)
1916–1918	Karl I. (Großneffe; abgesetzt, gestorben 1922)

(Proklamation der Republik)

Anmerkungen:
Namen und Titel: Der von Franz I. im August 1804 angenommene Kaisertitel lautete «Kaiser von Österreich»; er behielt die Titel «König von Ungarn» und «König von Böhmen».

Literatur:
Hamann, B. (Hg.), Die Habsburger: ein biographisches Lexikon, München 1988.

Das Königreich Hochburgund

Die Welfen

888–912	Rudolf I. (Sohn von Konrad, Graf von Auxerre; als König von Hochburgund (*regnum Jurense*) anerkannt 888)
912–937	Rudolf II. (Sohn, König von Italien 922–926)
937–993	Konrad der Friedfertige (Sohn; erbte die Provence 948)
993–1032	Rudolf III., der Faule (Sohn)

(Vereinigung mit dem Heiligen Römischen Reich 1033)

Literatur:
Poupardin, R., Le royaume de Bourgogne (888–1038), Paris 1907 (Bibliothèque de l'école des hautes études 163).

Previté-Orton, C. W., Italy and Provence 900–950, English Historical Review 32, 1917, 335–347.

Das Herzogtum Bayern

Die Liutpoldinger

907–937	Arnulf (Sohn von Markgraf Liutpold; bezeugt als Herzog 907)
937–938	Eberhard (Sohn; abgesetzt)
938–947	Berthold (Sohn von Liutpold)

Das Haus Sachsen

947–955	Heinrich I. (Sohn Heinrichs I., deutscher König)
955–976	Heinrich II. der Zänker (Sohn; abgesetzt)
976–982	Otto I. von Schwaben (Enkel Kaiser Ottos I.)

Die Liutpoldinger

983–985	Heinrich III. (Sohn Bertholds; dankte ab, gestorben 989)

Das Haus Sachsen

985–995	Heinrich II. (wiedereingesetzt)
995–1004	Heinrich IV. (Sohn; Kaiser Heinrich II. 1002–1024)

Die Luxemburger

1004–1009	Heinrich V. (abgesetzt)

Das Haus Sachsen

1009–1017	Heinrich IV. (Kaiser Heinrich II., erneut)

Die Luxemburger

1017–1026	Heinrich V. (wiedereingesetzt)

Die Salier

1027–1042	Heinrich VI. (Kaiser Heinrich III. 1039–56)

Die Luxemburger

1042–1047	Heinrich VII. (Neffe Heinrichs V.)

Die Salier

1047–1049	Heinrich VI. (Kaiser Heinrich III., erneut)

Die Ezzonen

1049–1053	Konrad I. von Zütphen (abgesetzt, gestorben 1055)

Die Salier

1053–1054 Heinrich VIII. (Sohn Heinrichs VI.; Kaiser Heinrich IV. 1056–1105)
1054–1055 Konrad II., das Kind (Bruder)
1055–1061 Agnes von Poitiers (Mutter; dankte ab, gestorben 1077)

Das Haus Nordheim

1061–1070 Otto II. (abgesetzt, gestorben 1083)

Die Welfen

1070–1077 Welf I. (Sohn Azzos II. von Este; abgesetzt)

Die Salier

1077–1096 Heinrich VIII. (Kaiser Heinrich IV., erneut)

Die Welfen

1096–1101 Welf I. (wiedereingesetzt)
1101–1120 Welf II. der Dicke (Sohn)
1120–1126 Heinrich IX., der Schwarze (Bruder)
1126–1138 Heinrich X., der Stolze (Sohn; Herzog von Sachsen 1137; abgesetzt, gestorben 1139)

Das Haus Österreich

1139–1141 Leopold

Die Hohenstaufen

1141–1143 Konrad III. (deutscher König 1138–1152)

Das Haus Österreich

1143–1156 Heinrich XI., Jasomirgott (Bruder Leopolds; dankte ab, gestorben 1177)

Die Welfen

1156–1180 Heinrich XII., der Löwe (Sohn Heinrichs X.; Sachsen 1142; abgesetzt, gestorben 1195; Ende der welfischen Herrschaft)

Literatur:

Reindel, K., Die bayerischen Luitpoldinger, 893–989, München 1953.

Spindler, M. (Hg.), Handbuch der bayerischen Geschichte, 4 Bde. in 6 Teilen, München 1968–1975.

Das Herzogtum Lothringen

Das Haus von der Mosel

959–978	Friedrich I. (Sohn Wigerics; Herzog von Oberlothringen als Reichsvasall 959)
978–1027	Dietrich I. (Sohn)
1027–1033	Friedrich II. (Enkel)

Das Haus Verdun

1033–1044	Gozelo (Graf von Verdun; Urenkel Wigerics; Herzog von Niederlothringen 1023)
1044–1047	Gottfried der Bärtige (Sohn; abgesetzt; Niederlothringen 1065–1069)

Das Haus Châtenois

1047–1048	Adalbert (wahrscheinlich Sohn Gerhards, Graf von Metz)
1048–1070	Gerhard (Bruder)
1070–1115	Dietrich II. (Sohn)
1115–1139	Simon I. (Sohn)
1139–1176	Matthäus I. (Sohn)
1176–1206	Simon II. (Sohn)
1206–1213	Friedrich III. (Ferri II.) (Neffe)
1213–1220	Theobald (Thibaut) I. (Sohn)
1220–1251	Matthäus II. (Bruder)
1251–1303	Friedrich IV. (Ferri III.) (Sohn)
1303–1312	Theobald II. (Sohn)
1312–1329	Friedrich V. (Ferri IV.) (Sohn)
1329–1346	Rudolf (Sohn)
1346–1390	Johann I. (Sohn)
1390–1431	Karl II. (Sohn)

Das Haus Anjou

1431–1453	René I. der Gute (Herzog von Anjou 1434–1480; verheiratet mit Isabella, Tochter Karls II. [gestorben 1453])
1453–1470	Johann II. (Sohn)
1470–1473	Nikolaus (Sohn)

Das Haus Vaudémont

1473–1508	René II. (Sohn von Jolanda, Tochter Renés I., und Friedrichs II. von Vaudémont, Urenkel Johanns I.)
1508–1544	Antoine (Sohn)

1544–1545	Franz I. (Sohn)
1545–1608	Karl III., der Große (Sohn)
1608–1624	Heinrich II. (Sohn)
1624–1625	Nicola (Tochter; abgesetzt, gestorben 1657)
1625	Franz II. von Vaudémont (Sohn Karls III.; dankte ab, gestorben 1632)
1625–1675	Karl IV. (Sohn; verheiratet mit Nicola)

(Französische Besetzung von Lothringen 1633–1663, 1670–1698)

1675–1690	Karl V. (Neffe)
1690–1729	Leopold (Sohn)
1729–1737	Franz III. (Sohn; tauschte Lothringen mit der Toskana 1737; Kaiser 1745–1765)

Das Haus Leszczyński

1727–1766	Stanislaus (Ex-König von Polen; Schwiegervater Ludwigs XV. von Frankreich)

(Vereinigung mit Frankreich 1766)

Anmerkungen:
Chronologie: Die Jahreszahlen bis 1027 müssen vielleicht überarbeitet werden; die obigen Daten folgen Poull, Maison ducale de Bar, Kap. 1. Über Adalbert und Gerhard, nicht «vom Elsaß», vgl. Hlawitschka, E., Die Anfänge des Hauses Habsburg-Lothringen, Saarbrücken 1969, Kap. 4. Zur Nichtexistenz eines Herzogs Friedrich I. 1205/1206 siehe Pange, M. de, Mémoires de la société d'archéologie lorraine 92, 1892, 51–81.

Literatur:
Poull, G., La maison ducale de Bar, Rupt-sur-Moselle 1977.
Ders., La maison ducale de Lorraine, Rupt-sur-Moselle 1968.

Mark und Herzogtum Österreich

Die Babenberger

976–994	Leopold I. (wahrscheinlich Enkel Arnulfs, Herzog von Bayern; Markgraf von Österreich 975/976)
994–1018	Heinrich I. (Sohn)
1018–1055	Adalbert (Bruder)
1055–1075	Ernst (Sohn)
1075–1095	Leopold II., der Schöne (Sohn)
1095–1136	Leopold III., der Heilige (Sohn)
1136–1141	Leopold IV. (Sohn; Herzog von Bayern 1139)

Die Herzöge von Österreich

1141–1177	Heinrich II., Jasomirgott (Bruder; Bayern 1143–56; Herzog von Österreich 1156)
1177–1194	Leopold V. (Sohn; Herzog der Steiermark 1192)
1194–1198	Friedrich I. (Sohn)
1198–1230	Leopold VI., der Glorreiche (Bruder; Steiermark 1194)
1230–1246	Friedrich II., der Streitbare (Sohn)

(Vereinigung von Österreich und Steiermark mit dem Reich 1246)

Die Habsburger

1276–1282	Rudolf I. (Graf von Habsburg als Rudolf IV.; deutscher König 1273–1291; Herzog von Österreich und Steiermark 1276)
1282–1283	Rudolf II. (Sohn, dankte ab, gestorben 1290)
1282–1298	Albrecht I. (Bruder; deutscher König 1298–1308)
1298–1307	Rudolf III. (Sohn; König von Böhmen 1306)
1298–1326	Leopold I. (Bruder)
1298–1330	Friedrich III. der Schöne (Bruder; deutscher König 1314)
1326–1358	Albrecht II., der Lahme (Bruder; Herzog von Kärnten 1335)
1330–1339	Otto (Bruder)
1358–1365	Rudolf IV., der Stifter (Sohn Albrechts II.; Graf von Tirol 1363)

Die albertinische Linie

1365–1395	Albrecht III. (Bruder; erhielt Österreich bei der Teilung 1379)
1395–1404	Albrecht IV., der Geduldige (Sohn)
1404–1439	Albrecht V. (Sohn; deutscher König 1438)

1440–1457	Ladislaus Postumus (Sohn; König von Ungarn 1445)
	(Vereinigung mit der Steiermark 1458)
	Die leopoldinische Linie
1365–1386	Leopold III. (Sohn Albrechts II.; Tirol, Steiermark und Kärnten 1379)
1386–1406	Wilhelm (Sohn)
1386–1411	Leopold IV., der Dicke (Bruder)
	Die tirolische Linie
1406–1439	Friedrich IV. (Bruder; erhielt Tirol bei der Teilung 1411)
1439–1490	Sigismund (Sohn; Erzherzog 1477; dankte ab, gestorben 1496)
	(Vereinigung mit der Steiermark)
	Die steirische Linie
1406–1424	Ernst der Eiserne (Sohn Leopolds III.; Steiermark und Kärnten 1411)
1424–1463	Albrecht VI. (Sohn; Erzherzog 1453)
1424–1493	Friedrich V. (Bruder; deutscher König 1440; Erzherzog 1453)
	(Vereinigung der habsburgischen Lande 1490)

Anmerkungen:
Name und Titel: Angesichts der offensichtlichen Abstammung Leopolds I. von Herzog Arnulf waren die Babenberger – eine auf Otto von Freising zurückzuführene Bezeichnung – tatsächlich Mitglieder des Hauses der Liutpoldinger; siehe Lechner, Kap. 3.

Literatur:
Huber, A., Geschichte Österreichs, 5 Bde., Gotha 1885–1896.
Lechner, K., Die Babenberger, Wien 1976.
Wandruszka, A., Das Haus Habsburg, Stuttgart 1980³.

Das Haus von Braunschweig-Lüneburg

Das Haus der Welfen – Die Herzöge von Braunschweig-Lüneburg

1235–1252	Otto I., das Kind (Enkel Heinrichs XII. von Bayern; zum Herzog von Braunschweig und Lüneburg ernannt 1235)

Die alte Linie von Lüneburg

1252–1277	Johann (Sohn; erhielt Lüneburg bei der Teilung 1267)
1277–1330	Otto II., der Strenge (Sohn)
1330–1352	Otto III. (Sohn)
1330–1369	William (Bruder)

(Lüneburger Erbfolgestreit 1369–1388)

Die alte Linie von Braunschweig

1252–1279	Albrecht I., der Lange (Sohn Ottos I., Braunschweig 1267)
1279–1286	Heinrich der Wunderliche (Sohn; Grubenhagen 1286–1322)
1279–1292	Wilhelm (Bruder; Braunschweig 1286)
1279–1318	Albrecht II., der Dicke (Bruder; Göttingen 1286; Braunschweig 1292)
1318–1344	Otto der Milde (Sohn)
1344–1345	Ernst (Bruder; Göttingen 1345–1367)
1344–1369	Magnus I., der Fromme (Bruder; Braunschweig 1345)
1369–1373	Magnus II., der Jüngere (Sohn; Mitregent 1345)
1373–1400	Friedrich (Sohn)

(Vereinigung von Braunschweig mit Lüneburg 1400)

Die mittlere Linie von Lüneburg

1388–1416	Heinrich I. (Bruder; teilte Lüneburg 1388; teilte Braunschweig 1400; erhielt Lüneburg bei der Teilung 1409)
1416–1428	Wilhelm I., der Siegreiche (Sohn; Braunschweig 1428)
1428–1434	Bernhard I. (Sohn von Magnus II.; Braunschweig 1409–1428)
1434–1441	Friedrich der Fromme (Sohn; dankte ab)
1434–1446	Otto I., der Lahme (Bruder)
1446–1458	Friedrich der Fromme (erneut; dankte ab, gestorben 1478)
1458–1464	Bernhard II. (Sohn)
1464–1471	Otto II. (Bruder)
1471–1522	Heinrich II., der Mittlere (Sohn; dankte ab, gestorben 1532)
1522–1527	Otto III. (Sohn; Harburg 1527–1549)

1522–1546 Ernst I., der Bekenner (Bruder)
1536–1539 Franz (Bruder; Gifhorn 1539–1549)
1546–1559 Franz Otto (Sohn von Ernst I.)

Die mittlere Linie von Braunschweig

1388–1428 Bernhard I. (Sohn von Magnus II.; teilte Lüneburg 1388; teilte Braunschweig 1400; Braunschweig 1409; Lüneburg 1428)
1428–1482 Wilhelm I., der Siegreiche (Neffe; Lüneburg 1416–1428; Calenberg 1432)
1432–1473 Heinrich der Friedfertige (Bruder; Wolfenbüttel)
1482–1484 Friedrich (Sohn Wilhelms I.; Calenberg 1483; abgesetzt, gestorben 1495)
1482–1495 Wilhelm II., der Jüngere (Bruder; Göttingen 1483; dankte ab, gestorben 1503)

Die Linie von Calenberg

1495–1540 Erich I., der Ältere (Sohn; erhielt Calenberg-Göttingen bei der Teilung 1495)
1540–1584 Erich II., der Jüngere (Sohn)

(Vereinigung mit Wolfenbüttel 1585)

Die Linie von Wolfenbüttel

1495–1514 Heinrich I., der Ältere (Sohn Wilhelms II.; Wolfenbüttel 1495)
1514–1568 Heinrich II., der Jüngere (Sohn)
1568–1589 Julius (Sohn; Calenberg 1585)
1589–1613 Heinrich Julius (Sohn)
1613–1634 Friedrich Ulrich (Sohn; Calenberg zu Lüneburg und Wolfenbüttel zu Dannenberg 1635)

Die neue Linie von Lüneburg

1559–1592 Wilhelm der Jüngere (Sohn von Ernst I.; erhielt Lüneburg [Celle] bei der Teilung 1569)
1592–1611 Ernst II. (Sohn)
1611–1633 Christian (Bruder)
1633–1636 August der Ältere (Bruder; Calenberg [Hannover] 1635)
1636–1641 Georg (Bruder; Hannover)
1636–1648 Friedrich (Bruder; Celle)
1641–1665 Christian Ludwig (Sohn Georgs; Hannover 1641-1648; Celle 1648)
1648–1705 Georg Wilhelm (Bruder; Hannover 1648–1665; Celle 1665)
1665–1679 Johann Friedrich (Bruder; Hannover)

Die Kurfürsten von Hannover

1679–1698 Ernst August (Bruder; Hanover; Kurfürst 1692)
1698–1727 Georg Ludwig (Sohn; Celle 1705; König von England als Georg I. 1714)

(Vereinigung mit England bis 1837)

Die Könige von Hannover

1837–1851 Ernst August (Sohn Georgs III., König von England)
1851–1866 Georg V. (Sohn; abgesetzt, gestorben 1878)

(Vereinigung mit Preußen)

Die neue Linie von Braunschweig – Die Herzöge von Braunschweig

1559–1598 Heinrich (Sohn von Ernst I.; Dannenberg 1569)
1598–1636 Julius Ernst (Sohn)
1636–1666 August der Jüngere (Bruder; Wolfenbüttel [Braunschweig] 1635)
1666–1704 Rudolf August (Sohn)
1704–1714 Anton Ulrich (Bruder; Mitregent 1685)
1714–1731 August Wilhelm (Sohn)
1731–1735 Ludwig Rudolf (Bruder)

Die Linie von Bevern

1735 Ferdinand Albrecht (Enkel von August dem Jüngeren)
1735–1780 Karl I. (Sohn)
1780–1806 Karl Wilhelm Ferdinand (Sohn)
1806–1815 Friedrich Wilhelm (Sohn)

(Vereinigung mit dem Königreich Westphalen 1807–1813)

1815–1830 Karl II. (Sohn; abgesetzt, gestorben 1873)
1830–1884 Wilhelm (Bruder)
1885–1906 Albrecht von Preußen (Regent)
1907–1913 Johann Albrecht von Mecklenburg-Schwerin (Regent; trat zurück, gestorben 1920)

Die Linie von Hannover

1913–1918 Ernst August (Enkel Georgs V., König von Hannover; abgesetzt, gestorben 1953)

(Proklamation der Republik)

Anmerkungen:
Namen und Titel: Mit Ausnahme der Könige von Hannover wurden die herrschenden Mitglieder der Dynastie in all ihren Zweigen «Herzöge von Braunschweig und Lüneburg» genannt. Hannover wurde im Oktober 1814 als Königreich proklamiert.

Literatur:

Heinemann, O. von, Geschichte von Braunschweig und Hannover, 3 Bde., Gotha 1882–1892.

Schnath, G., Geschichte des Landes Niedersachsen, Würzburg 1973[2].

Das Haus Hessen

Die Landgrafen von Hessen

1264–1308	Heinrich I., das Kind (Sohn Heinrichs II., Herzog von Brabant; anerkannt als Landgraf 1264)
1284–1298	Heinrich der Jüngere (Sohn; Mitregent)
1308–1311	Johann (Bruder; Niederhessen)
1308–1328	Otto (Bruder; Oberhessen)
1328–1376	Heinrich II,. der Eiserne (Sohn)
1376–1413	Hermann der Gelehrte (Neffe; Mitregent 1367)
1413–1458	Ludwig II., der Friedfertige (Sohn)

Die oberhessische Linie

1458–1483	Heinrich III., der Reiche (Sohn; erhielt Oberhessen bei der Teilung 1458)
1483–1500	Wilhelm III. der Jüngere (Sohn)

(Vereinigung mit Niederhessen 1500)

Die niederhessische Linie

1458–1471	Ludwig III., der Fromme (Sohn Ludwigs II.; Niederhessen 1458)
1471–1493	Wilhelm I., der Ältere (Sohn; dankte ab, gestorben 1515)

Die Landgrafen von Hessen

1493–1509	Wilhelm II., der Mittlere (Bruder; Mitregent 1487; Oberhessen 1500)
1509–1567	Philipp der Großmütige (Sohn)

Die Linie von Kassel

1567–1592	Wilhelm IV., der Weise (Sohn; erhielt Hessen-Kassel bei der Teilung 1567)
1592–1627	Moritz der Gelehrte (Sohn; dankte ab, gestorben 1632)
1627–1637	Wilhelm V., der Beständige (Sohn)
1637–1663	Wilhelm VI., der Gerechte (Sohn)
1663-1670	Wilhelm VII. (Sohn)
1670–1730	Karl (Bruder)
1730–1751	Friedrich I. (Sohn; König von Schweden 1720)
1751–1760	Wilhelm VIII. (Bruder; Regent 1730–1751)
1760–1785	Friedrich II. (Sohn)

Die Kurfürsten von Hessen

1785–1821	Wilhelm IX. (I) (Sohn; Kurfürst von Hessen 1803)
	(Vereinigung mit dem Königreich Westphalen 1807–1813)
1821–1847	Wilhelm II. (Sohn)
1847–1866	Friedrich Wilhelm I. (Sohn; Mitregent 1831; abgesetzt, gestorben 1875)
	(Vereinigung mit Preußen)

Die Linie von Darmstadt

1567–1596	Georg I., der Fromme (Sohn Philipps; Hessen-Darmstadt 1567)
1596–1626	Ludwig V., der Getreue (Sohn)
1626–1661	Georg II. (Sohn)
1661–1678	Ludwig VI. (Sohn)
1678	Ludwig VII. (Sohn)
1678–1739	Ernst Ludwig (Bruder)
1739–1768	Ludwig VIII. (Sohn)
1768–1790	Ludwig IX (Sohn)

Die Großherzöge von Hessen

1790–1830	Ludwig X.(I.) (Sohn; Großherzog von Hessen 1806)
1830–1848	Ludwig II. (Sohn)
1848–1877	Ludwig III. (Sohn; Mitregent 1848)
1877–1892	Ludwig IV. (Neffe)
1892–1918	Ernst Ludwig (Sohn; abgesetzt, gestorben 1937)
	(Proklamation der Republik)

Literatur:

Knetsch, K. G. P., Das Haus Brabant: Genealogie der Herzöge von Brabant und der Landgrafen von Hessen, 2 Bde., Darmstadt 1931.

Münscher, F., Geschichte von Hessen für Jung und Alt erzählt, Marburg 1894.

Die Hohenzollern

Die Kurfürsten von Brandenburg

1415–1440	Friedrich I. (Burggraf von Nürnberg als Friedrich VI.; Markgraf von Brandenburg mit kurfürstlichen Rechten 1415)
1440–1463	Friedrich der Dicke (Sohn; nur Markgraf; Altmark und Prignitz)
1440–1470	Friedrich II. der Eiserne (Bruder; Mittel- und Neumark, dankte ab, gestorben 1471)
1470–1486	Albrecht Achilles (Bruder)
1486–1499	Johann Cicero (Sohn)
1499–1535	Joachim I. Nestor (Sohn)
1535–1571	Johann (Sohn; nur Markgraf; Neumark)
1535–1571	Joachim II., Hector (Bruder; Altmark und Prignitz, Mittelmark)
1571–1598	Johann Georg (Sohn)
1598–1608	Joachim Friedrich (Sohn)
1608–1620	Johann Sigismund (Sohn; Herzog von Preußen 1618)
1620–1640	Georg Wilhelm (Sohn)
1640–1688	Friedrich Wilhelm, der Große Kurfürst (Sohn)

Die Könige von Preußen

1688–1713	Friedrich III.(I.) (Sohn; König von Preußen 1701)
1713–1740	Friedrich Wilhelm I. (Sohn)
1740–1786	Friedrich II., der Große (Sohn)
1786–1797	Friedrich Wilhelm II. (Neffe)
1797–1840	Friedrich Wilhelm III. (Sohn)
1840–1861	Friedrich Wilhelm IV. (Sohn)

Deutsche Kaiser

1861–1888	Wilhelm I. (Bruder; Regent 1858–1861; Deutscher Kaiser 1871)
1888	Friedrich III. (Sohn)
1888–1918	Wilhelm II. (Sohn; abgesetzt, gestorben 1941)

(Proklamation der Republik)

Die Herzöge von Preußen

1525–1568	Albrecht (Enkel von Albrecht Achilles; Großmeister des Deutschen Ordens 1511; Herzog von Preußen 1525)
1568–1618	Albrecht Friedrich (Sohn)

(Vereinigung von Preußen mit Brandenburg 1618)

Anmerkungen:
Namen und Titel: Der königliche Titel, den Friedrich I. bei seiner Krönung im Januar 1701 annahm, war «König in Preußen»; Friedrich II. wurde im Jahre 1772 «König von Preußen». Der von Wilhelm I. im Januar 1871 angenommene Kaisertitel war «deutscher Kaiser»; den Titel «König von Preußen» behielt er.

Literatur:

Heinrich, G., Geschichte Preußens, Frankfurt a/M 1981.
Schultze, J., Die Mark Brandenburg, 5 Bde., Berlin 1961–1969).

Die Wettiner

Die Kurfürsten von Sachsen

1423–1428	Friedrich I., der Streitbare (Markgraf von Meißen als Friedrich IV.; Herzog von Sachsen-Wittenberg mit kurfürstlichen Rechten 1423)
1428–1464	Friedrich II., der Sanftmütige (Sohn)

Die Linie der Ernestiner – Die Kurfürsten von Sachsen

1464–1486	Ernst (Sohn; Kurfürst; erhielt Sachsen-Wittenberg und Thüringen bei der Teilung 1485)
1486–1525	Friedrich III., der Weise (Sohn)
1525–1532	Johann der Beständige (Bruder)
1532–1547	Johann Friedrich, der Großmütige (Sohn; der Kurwürde beraubt, gestorben 1554)

Die Linie der Albertiner – Die Herzöge von Sachsen

1464-1500	Albrecht der Beherzte (Sohn Friedrichs II.; Meißen und Osterland 1485)
1500–1539	Georg der Bärtige (Sohn)
1539–1541	Heinrich der Fromme (Bruder)

Die Kurfürsten von Sachsen

1541–1553	Moritz (Sohn; bekam von Kaiser Karl V. die Kurwürde 1547)
1553–1586	August (Bruder)
1586–1591	Christian I. (Sohn)
1591–1611	Christian II. (Sohn)
1611–1656	Johann Georg I. (Bruder)
1656–1680	Johann Georg II. (Sohn)
1680–1691	Johann Georg III. (Sohn)
1691–1694	Johann Georg IV. (Sohn)
1694–1733	Friedrich August I., der Starke (Bruder)
1733–1763	Friedrich August II. (Sohn)
1763	Friedrich Christian (Sohn)

Die Könige von Sachsen

1763–1827	Friedrich August III. (I.) (Sohn; König von Sachsen 1806; Herzog von Warschau 1807–1813)
1827–1836	Anton (Bruder)

1836–1854	Friedrich August II. (Neffe; Mitregent 1830)
1854–1873	Johann (Bruder)
1873–1902	Albrecht (Sohn)
1902–1904	Georg (Bruder)
1904–1918	Friedrich August III. (Sohn; abgesetzt, gestorben 1932)

(Proklamation der Republik)

Literatur:

Böttiger, K. W. / Flathe, T., Geschichte des Kurstaates und Königreiches Sachsen, 3 Bde., Gotha 1867–1873.

Kötzschke, R. / Kretzschmar, H., Sächsische Geschichte, Frankfurt a/M 1965.

Die Wittelsbacher in Bayern

Die Herzöge von Bayern

1180–1183	Otto I. (Graf von Wittelsbach als Otto VI.; durch Kaiser Friedrich I. zum Herzog von Bayern erhoben 1180)
1183–1231	Ludwig I., der Kelheimer (Sohn)
1231–1253	Otto II., der Erlauchte (Sohn; erbte die Pfalzgrafschaft bei Rhein 1214)

Die Linie von Niederbayern

1253–1290	Heinrich XIII. (Sohn; erhielt Niederbayern bei der Teilung 1255)
1290–1296	Ludwig III. (Sohn)
1290–1309	Stephan I. (Bruder)
1290–1312	Otto III. (Bruder; König von Ungarn 1305–1307)
1309–1334	Otto IV. (Sohn Stephans I.)
1309–1339	Heinrich XIV., der Ältere (Bruder)
1312–1333	Heinrich XV., der Natternberger (Sohn Ottos III.)
1339–1340	Johann I., das Kind (Sohn Heinrichs XIV.)

(Vereinigung mit Oberbayern 1341)

Die Linie von Oberbayern

1253–1294	Ludwig II., der Strenge (Sohn Ottos II.; Oberbayern und die Pfalzgrafschaft bei Rhein 1255)
1294–1317	Rudolf I. (Sohn; abgesetzt, gestorben 1319)

Die Herzöge von Bayern

1294–1347	Ludwig IV., der Bayer (Bruder; deutscher König 1314; trat 1329 die Pfalzgrafschaft ab; Niederbayern 1341)

Die Linie von Oberbayern

1347–1351	Ludwig VI., der Römer (Sohn; erhielt Oberbayern bei der Teilung 1349; dankte ab, gestorben 1365)
1347–1351	Otto V. (Bruder; teilte Oberbayern 1349; dankte ab; teilte Niederbayern-Landshut 1376–1379)
1347–1361	Ludwig V., der Brandenburger (Bruder; teilte Oberbayern 1349)
1361–1363	Meinhard (Sohn)

(Vereinigung mit Niederbayern-Landshut 1363)

Die Linie von Niederbayern-Straubing

1347–1358	Wilhelm I. (Sohn Ludwigs IV.; teilte Niederbayern 1349; teilte Niederbayern-Straubing 1353; abgesetzt, gestorben 1389)
1347–1404	Albrecht I. (Bruder; teilte Niederbayern 1349; teilte Niederbayern-Straubing 1353)
1387–1397	Albrecht II., der Jüngere (Sohn; Mitregent)
1404–1425	Johann III. (Bruder; Mitregent 1397)

(Aufteilung auf die verbleibenden Linien 1429)

Die Linie von Niederbayern-Landshut

1347–1375	Stephan II. (Sohn Ludwigs IV.; teilte Niederbayern 1349; Niederbayern-Landshut 1353; Oberbayern 1363)
1375–1393	Friedrich (Sohn; teilte Niederbayern-Landshut 1376; erhielt Niederbayern-Landshut bei der Teilung 1392)
1393–1450	Heinrich XVI., der Reiche (Sohn; Oberbayern-Ingolstadt 1447)
1450–1479	Ludwig IX., der Reiche (Sohn)
1479–1503	Georg der Reiche (Sohn)

(Vereinigung mit Oberbayern-München 1504)

Die Linie von Oberbayern-Ingolstadt

1375–1413	Stephan III., der Prächtige (Sohn Stephans II.; teilte Oberbayern 1376; Oberbayern-Ingolstadt 1392)
1413–1443	Ludwig VII., der Bärtige (Sohn; abgesetzt, gestorben 1447)
1443–1445	Ludwig VIII., der Jüngere (Sohn)

(Vereinigung mit Niederbayern-Landshut 1447)

Die Linie von Oberbayern-München

1375–1397	Johann II. (Sohn Stephans II.; teilte Oberbayern 1376, Oberbayern-München 1392)
1397–1435	Wilhelm III. (Sohn)
1397–1438	Ernst (Bruder)
1438–1460	Albrecht III., der Fromme (Sohn)
1460–1463	Johann IV. (Sohn)
1460–1467	Sigismund (Bruder; dankte ab, gestorben 1501)

Die Herzöge von Bayern

1465–1508	Albrecht IV., der Weise (Bruder; Niederbayern-Landshut 1504)
1508–1550	Wilhelm IV. (Sohn)
1516–1545	Ludwig X. (Bruder)

1550–1579	Albrecht V. (Sohn von Wilhelm IV.)
1579–1597	Wilhelm V., der Fromme (Sohn; dankte ab, gestorben 1626)

Die Kurfürsten von Bayern

1597–1651	Maximilian I. (Sohn; Regent 1595–1597; Kurfürst 1623)
1651–1679	Ferdinand Maria (Sohn)
1679–1726	Maximilian II. Emanuel (Sohn)
1726–1745	Karl Albrecht (Sohn; Kaiser 1742)
1745–1777	Maximilian III. Joseph (Sohn)

Die Linie von Sulzbach

1777–1799	Karl Theodor (Vierzehnter in direkter Linie von Rudolf I.; Kurfürst von der Pfalz 1742)

Die Linie von Zweibrücken – Die Könige von Bayern

1799–1825	Maximilian IV.(I.) Joseph (Herzog von Zweibrücken, Vierzehnter in direkter Linie von Rudolf I.; König von Bayern 1806)
1825–1848	Ludwig I. (Sohn; dankte ab, gestorben 1868)
1848–1864	Maximilian II. (Sohn)
1864–1886	Ludwig II. (Sohn)
1886–1912	Luitpold (Sohn Ludwigs I.; Regent)
1886–1913	Otto (Sohn Maximilians II.; abgesetzt, gestorben 1916)
1913–1918	Ludwig III. (Sohn Luitpolds; Regent 1912–1913; abgesetzt, gestorben 1921)

(Proklamation der Republik)

Literatur:

Riezler, S., Geschichte Baierns, 8 Bde., Gotha 1878–1914.

Spindler, M. (Hg.), Handbuch der bayerischen Geschichte, 4 Bde. in 6 Teilen, München 1968–1975.

Die Wittelsbacher in der Pfalz

	Die Kurfürsten von der Pfalz
1329–1353	Rudolf II. (Sohn Rudolfs I., Herzog von Oberbayern; Pfalzgraf mit kurfürstlichen Rechten 1329)
1353–1390	Ruprecht I. (Bruder)
1390–1398	Ruprecht II. (Neffe)
1398–1410	Ruprecht III. (Sohn; deutscher König 1400)
1410–1436	Ludwig III. (Sohn)
1436–1449	Ludwig IV., der Sanftmütige (Sohn)
1452–1476	Friedrich I., der Siegreiche (Bruder; Regent 1449–1452)
1476–1508	Philipp der Aufrichtige (Sohn Ludwigs IV.)
1508–1544	Ludwig V., der Friedfertige (Sohn)
1544–1556	Friedrich II. (Bruder)
1556–1559	Otto Heinrich (Neffe)
	Die Linie von Simmern
1559–1576	Friedrich III., der Fromme (Herzog von Simmern; Fünfter in direkter Linie von Ruprecht III.)
1576–1583	Ludwig VI. (Sohn)
1583–1610	Friedrich IV. (Sohn)
1610–1623	Friedrich V., der Winterkönig (Sohn; König von Böhmen 1619–1620; abgesetzt, gestorben 1632; Ausstattung Bayerns mit der Kurwürde)
1648–1680	Karl I. Ludwig (Sohn; erlangte im Frieden von Westfalen 1648 erneut die Kurwürde)
1680–1685	Karl II. (Sohn)
	Die Linie von Nürnberg
1685–1690	Philipp Wilhelm (Herzog von Neuburg; Achter in direkter Linie von Ruprecht III.)
1690–1716	Johann Wilhelm (Sohn)
1716–1742	Karl III. Philipp (Bruder)
	Die Linie von Sulzbach
1742–1799	Karl IV. Theodor (Herzog von Sulzbach; Elfter in direkter Linie von Ruprecht III.)
	(Vereinigung mit Bayern 1777)

Literatur:

Häusser, L., Geschichte der rheinischen Pfalz, 2 Bde.,Heidelberg 1856^{2}.

Spindler, M. (Hg.), Handbuch der bayerischen Geschichte, 4 Bde. in 6 Teilen, München 1968–1975.

Das Haus Württemberg

Die Grafen von Württemberg

1241–1265	Ulrich I., der Stifter (bezeugt als Graf von Württemberg 1241)
1265–1279	Ulrich II. (Sohn)
1279–1325	Eberhard I., der Erlauchte (Bruder)
1325–1344	Ulrich III. (Sohn)
1344–1362	Ulrich IV. (Sohn; dankte ab, gestorben 1366)
1344–1392	Eberhard II., der Greiner (Bruder)
1392–1417	Eberhard III., der Milde (Enkel)
1417–1419	Eberhard IV., der Jüngere (Sohn)

Die Linie von Stuttgart

1419–1480	Ulrich V., der Vielgeliebte (Sohn; erhielt Württemberg-Stuttgart bei der Teilung 1442)
1480–1482	Eberhard VI., der Jüngere (Sohn; dankte ab)

(Vereinigung mit Urach)

Die Linie von Urach

1419–1450	Ludwig I., der Ältere (Sohn Eberhards IV; Württemberg-Urach 1442)
1450–1457	Ludwig II., der Jüngere (Sohn)

Die Herzöge von Württemberg

1457–1496	Eberhard V.(I.), im Bart (Bruder; Stuttgart 1482; durch Kaiser Maximilian I. zum Herzog von Württemberg erhoben 1495)
1496–1498	Eberhard II., der Jüngere (vormals Eberhard VI. von Stuttgart; abgesetzt, gestorben 1504)
1498–1550	Ulrich (Neffe)

(Besetzung des Herzogtums durch das Reich 1519–1534)

1550–1568	Christoph (Sohn)
1568–1593	Ludwig (Sohn)
1593–1608	Friedrich I. von Mömpelgard (Neffe Ulrichs)
1608–1628	Johann Friedrich (Sohn)
1628–1674	Eberhard III. (Sohn)
1674–1677	Wilhelm Ludwig (Sohn)
1677–1733	Eberhard Ludwig (Sohn)
1733–1737	Karl Alexander (Enkel Eberhards III.)

1737–1793	Karl Eugen (Sohn)
1793–1795	Ludwig Eugen (Bruder)
1795–1797	Friedrich Eugen (Bruder)

Die Könige von Württemberg

1797–1816	Friedrich II.(I.) (Sohn; Kurfürst 1803; König von Württemberg 1806)
1816–1864	Wilhelm I. (Sohn)
1864–1891	Karl (Sohn)
1891–1918	Wilhelm II. (Urenkel Friedrichs I.; abgesetzt, gestorben 1921)
	(Proklamation der Republik)

Literatur:

Schneider, E., Württembergische Geschichte, Stuttgart 1896.

Stälin, P. F., Geschichte Württembergs, 2 Bde., Gotha 1882–1887.

Die Zähringer in Baden

Die Markgrafen von Baden

1064–1073	Hermann I. (Sohn Bertholds I. von Zähringen; Markgraf von Verona 1057; Graf im Breisgau mit Besitzungen in Baden 1064; dankte ab, gestorben 1074)
1073–1130	Hermann II. (Sohn)
1130–1160	Hermann III. (Sohn)
1160–1190	Hermann IV. (Sohn)
1190–1243	Hermann V. (Sohn)
1243–1250	Hermann VI. (Sohn)
1243–1288	Rudolf I. (Bruder)
1250–1268	Friedrich I. (Sohn Hermanns VI.)
1288–1291	Hermann VII. (Sohn Rudolfs I.)
1288–1295	Rudolf II. (Bruder)
1288–1297	Hesso (Bruder)
1288–1332	Rudolf III. (Bruder)
1291–1333	Friedrich II. (Sohn Hermanns VII.)
1291–1348	Rudolf IV. (Bruder)
1297–1335	Rudolf Hesso (Sohn Hessos)
1333–1353	Hermann VIII. (Sohn Friedrichs II.)
1348–1353	Friedrich III., der Friedfertige (Sohn Rudolfs IV.)
1348–1361	Rudolf V. (Bruder)
1353–1372	Rudolf VI. (Sohn Friedrichs III.)
1372–1391	Rudolf VII. (Sohn)
1372–1431	Bernhard I. (Bruder)
1431–1453	Jakob I. (Sohn)
1453–1454	Georg (Sohn; dankte ab, gestorben 1484)
1453–1458	Bernhard II., der Selige (Bruder)
1453–1475	Karl I. (Bruder)
1475–1515	Christoph I. (Sohn; dankte ab, gestorben 1527)
1515–1533	Philipp I. (Sohn)

Die Linie von Baden

1515–1536	Bernhard III. (Bruder; erhielt Baden-Baden bei der Teilung 1535)
1536–1556	Christoph II. (Sohn; dankte ab, gestorben 1575)
1536–1569	Philibert (Bruder)
1569–1588	Philipp II. (Sohn)

1588–1594	Eduard Fortunatus (Sohn Christophs II.; abgesetzt, gestorben 1600)
	(Vereinigung mit Baden-Durlach 1594–1622)
1622–1677	Wilhelm (Sohn)
1677–1707	Ludwig Wilhelm (Enkel)
1707–1761	Ludwig Georg (Sohn)
1761–1771	August Georg (Bruder)
	(Vereinigung mit Baden-Durlach 1771)

Die Linie von Durlach

1515–1552	Ernst (Sohn Christophs I.; Baden-Durlach 1535; dankte ab, gestorben 1553)
1552–1553	Bernhard IV. (Sohn)
1552–1577	Karl II. (Bruder)
1577–1590	Jakob III. (Sohn)
1577–1604	Ernst Friedrich (Bruder)
1577–1622	Georg Friedrich (Bruder; dankte ab, gestorben 1638)
1590–1591	Ernst Jakob (Sohn Jakobs III.)
1622–1659	Friedrich V. (Sohn von Georg Friedrich)
1659–1677	Friedrich VI. (Sohn)
1677–1709	Friedrich Magnus (Sohn)
1709–1738	Karl Wilhelm (Sohn)

Die Großherzöge von Baden

1738–1811	Karl Friedrich (Enkel; Baden-Baden 1771; Kurfürst 1803; Großherzog von Baden 1806)
1811–1818	Karl (Enkel)
1818–1830	Ludwig I. (Sohn Karl Friedrichs)
1830–1852	Leopold (Bruder)
1852–1856	Ludwig II. (Sohn; abgesetzt, gestorben 1858)
1856–1907	Friedrich I. (Bruder; Regent 1852–1856)
1907–1918	Friedrich II. (Sohn; abgesetzt, gestorben 1928)
	(Proklamation der Republik)

Anmerkungen:
Namen und Titel: Der Gebrauch des Titels «Markgraf von Baden» geht auf das Jahr 1112 zurück (Weech, 14).

Literatur:
Becker, J., Badische Geschichte vom Großherzogtum bis zur Gegenwart, Stuttgart 1979
Weech, F. von, Badische Geschichte, Karlsruhe 1896.

Das Haus Liechtenstein

Die Herrschaft Vaduz und Schellenberg

1699–1712	Johann Adam (Fürst von Liechtenstein 1684; kaufte die Herrschaft Schellenberg 1699, Vaduz 1712)
1712–1718	Joseph Wenzel (Neffe von Anton Florian [unten]; dankte ab)

Das Fürstentum Liechtenstein

1718–1721	Anton Florian (Cousin zweiten Grades von Johann Adam; das Reichsfürstentum wurde gebildet aus der Vereinigung der Herrschaften Vaduz und Schellenberg 1719)
1721–1732	Joseph Johann (Sohn)
1732–1748	Johann Karl (Sohn)
1748–1772	Joseph Wenzel (erneut)
1772–1781	Franz Joseph I. (Neffe)
1781–1805	Aloys I. (Sohn)
1805–1836	Johann I. (Bruder; souveräner Fürst von Liechtenstein 1806)
1836–1858	Aloys II. (Sohn)
1858–1929	Johann II., der Gute (Sohn)
1929–1938	Franz I. (Bruder)
1938–1989	Franz Joseph II. (Vierter in direkter Linie von Johann I.; Regent 1938)
1989–	Hans Adam (Sohn)

Literatur:
Falke, J. von, Geschichte des fürstlichen Hauses Liechtenstein, 3 Bde., Wien 1868–1882.
Ritter, R., Kurze Geschichte und Stammbaum des fürstlichen Hauses Liechtenstein, Schaan o. J.

Das Königreich Westphalen

Das Haus Bonaparte

1807–1813 Jérôme Napoleon (Bruder Napoleons I., Kaiser der Franzosen; abgesetzt, gestorben 1860)

Das Königreich wurde gebildet aus Kurhessen, dem Herzogtum Braunschweig, dem südlichen Hannover und anderen Gebieten. Nach Jérômes Absetzung fielen diese Länder wieder an ihre ehemaligen Besitzer.

Das Großherzogtum Frankfurt

Das Haus von Dalberg

1810–1813 Karl Theodor (Kurfürst von Mainz 1802–1803; regierte Frankfurt 1806; Großherzog 1810; abgesetzt, gestorben 1817)

Literatur zu Westphalen und Frankfurt:

Connelly, O. (Hg.), Historical Dictionary of Napoleonic France, Westport 1985.

7. Skandinavien

Das Königreich Norwegen

Das Haus Westfold

858–928	Harald I., Schönhaar (Sohn Halfdans des Schwarzen, König von Westfold, dankte ab, gestorben 932?)
928–933	Erich (Eirik) I., Blutaxt (Sohn, abgesetzt, gestorben 954)
933–959	Haakon I., der Gute (Bruder)
959–974	Harald II., Graumantel (Sohn Erichs I.)
974–994	Graf Haakon Sigurdsson
994–999	Olav I. (Urenkel Haralds I.)
999–1015	Graf Erich (Sohn Graf Haakons; dankte ab, gestorben 1023?)
1015–1016	Graf Svein (Bruder; abgesetzt, gestorben 1016)
1016–1030	Olav II., der Heilige (Vierter in direkter Linie von Harald I.)
1030–1035	Svein Alfivason (Sohn Knuds I. von Dänemark; abgesetzt, gestorben 1036)
1035–1046	Magnus I., der Gute (Sohn von Olav II.)
1045–1066	Harald III., der Harte (Vierter in direkter Linie von Harald I.)
1066–1069	Magnus II. (Sohn)
1067–1093	Olav III., der Sanftmütige (Bruder)
1093–1095	Haakon Magnusson (Sohn von Magnus II.)
1093–1103	Magnus III., Barfuß (Sohn von Olav III.)
1103–1115	Olav Magnusson (Sohn)
1103–1123	Eystein I. (Bruder)
1103–1130	Sigurd I., der Jerusalemfahrer (Bruder)
1130–1135	Magnus IV., der Blinde (Sohn; abgesetzt, gestorben 1139)
1130–1136	Harald IV., Gille (Sohn von Magnus III.)
1136–1155	Sigurd II., Mund (Sohn)
1136–1161	Inge I., der Bucklige (Bruder)
1142–1157	Eystein II. (Bruder)
1157–1162	Haakon II., der Breitschultrige (Sohn Sigurds II.; Gegenkönig)
1161–1184	Magnus V. (Sohn von Christina, Tochter Sigurds I., und Erling Ormsson; Gegenkönig)
1177–1202	Sverre Sigurðarson (angeblich Sohn Sigurds II.; Gegenkönig)
1202–1204	Haakon III. (Sohn)

1204	Guttorm (Neffe)
1204–1217	Inge II. (Sohn von Cäcilia, Tochter Sigurds II., und Baard von Rein)
1217–1263	Haakon IV., der Alte (Sohn Haakons III.)
1240–1257	Haakon der Jüngere (Sohn; Mitregent)
1263–1280	Magnus VI., der Rechtsstifter (Bruder; Mitregent 1257)
1280–1299	Erich II., der Priesterhasser (Sohn; Mitregent 1273)
1299–1319	Haakon V., Langbein (Bruder)
	Das Haus Schweden
1319–1355	Magnus VII. (Sohn von Ingeborg, Tochter Haakons V., und Erich, Sohn von Magnus I. von Schweden; dankte ab, gestorben 1374)
1355–1380	Haakon VI. (Sohn; Mitregent 1343)
1380–1387	Olav IV. (Sohn; König von Dänemark 1376)
	(Vereinigung mit Dänemark 1380–1814)
	Das Haus Dänemark
1814	Christian Friedrich (Enkel Friedrichs V. von Dänemark; dankte ab, gestorben 1848)
	(Vereinigung mit Schweden 1814–1905)
	Das Haus Dänemark
1905–1957	Haakon VII. (Sohn Friedrichs VIII. von Dänemark; im Exil 1940–1945)
1957–1991	Olav V. (Sohn)
1991–	Harald V. (Sohn)

Anmerkungen:

Chronologie: Die Jahreszahlen bis 994 sind angenähert. Die obigen Daten folgen Einarsdóttir, Kap. 10; zur späteren Chronologie vgl. Jones, G., A History of the Vikings, New York 1968, 89. Gemäß einem Kalender mit Jahresbeginn am 1. Januar starb Olav I. 999 (nicht 1000), Magnus I. 1046 (nicht 1047); Einarsdóttir, Kap. 7, 13 (englische Zusammenfassung).

Zum Anspruch von Sverre, der Sohn von Sigurd II. zu sein, siehe Koht, H., Historisk Tidsskrift 41, 1961/1962, 293–302; zum Unionskönigtum im Mittelalter vgl. Bjørgo, N., a.a.O. 49, 1970, 1–33.

Literatur:

Einarsdóttir, O., Studier i kronologisk metode i tidlig islandsk historieskrivning, Stockholm 1964.

Norsk biografisk Leksikon, 19 Bde., Christiania/Oslo 1923–1983.

Das Königreich Dänemark

Das erste Haus von Dänemark

940–986	Harald I., Blauzahn (Sohn von Gorm dem Alten, König in Nord-Jütland)
986–1014	Svend I., Gabelbart (Sohn; König von England 1013)
1014–1018	Harald II. (Sohn)
1019–1035	Knud I., der Große (Bruder, England 1016)
1035–1042	Hardeknud (Sohn; England 1040)
1042–1046	Magnus der Gute (König von Norwegen 1035)

Das Haus von Svend Estridsen

1046–1074	Svend II. Estridsen (Sohn von Astrid, Tochter Svends I., und Graf Ulf)
1074–1080	Harald III., Hén (Sohn)
1080–1086	Knud II., der Heilige (Bruder)
1086–1095	Oluf I., Hunger (Bruder)
1095–1103	Erich I., der Immergute (Bruder)
1104–1134	Niels (Bruder)
1134–1137	Erich II., der Denkwürdige (Sohn Erichs I.)
1137–1146	Erich III., das Lamm (Schwestersohn)
1146–1157	Knud III. (Enkel von Niels)
1146–1157	Svend III., Grathe (Sohn von Erich II.; Gegenkönig)
1157–1182	Waldemar I., der Große (Enkel Erichs I.)
1182–1202	Knud IV. (Sohn; Mitregent 1165)
1202–1241	Waldemar II., der Siegreiche (Bruder)
1215–1231	Waldemar der Jüngere (Sohn; Mitregent)
1241–1250	Erich IV., Plovpenning (Bruder; Mitregent 1232)
1250–1252	Abel (Bruder)
1252–1259	Christoph I. (Bruder)
1259–1286	Erich V., Klipping (Sohn)
1286–1319	Erich VI., Menved (Sohn)
1320–1326	Christoph II. (Bruder; abgesetzt)
1321–1326	Erich (Sohn; Mitregent; abgesetzt)
1326–1330	Waldemar III. (Vierter in direkter Linie von Abel; abgesetzt, gestorben 1364)
1330–1332	Christoph II. (wiedereingesetzt)
1330–1332	Erich (Mitregent; wiedereingesetzt)
	(Interregnum 1332–1340)
1340–1375	Waldemar IV., Atterdag (Bruder)

Das Haus Norwegen

1376–1387	Oluf II. (Sohn von Margarete, Tochter Waldemars IV., und Haakon VI. von Norwegen)
1387–1396	Margarete I. (Mutter; dankte ab, gestorben 1412)

Das Haus Pommern

1396–1439	Erich VII. (Enkel mütterlicherseits von Ingeborg, Schwester Margaretes; abgesetzt, gestorben 1459)

Das Haus von der Pfalz

1440–1448	Christoph III. von Bayern (Sohn von Katharina, der Schwester Erichs VII., und Johann, Graf von Neumarkt)

Das Haus Oldenburg

1448–1481	Christian I. (Graf von Oldenburg; Sechster in weiblicher Linie von Erich V.)
	(Interregnum 1481–1483)
1483–1513	Johann (Hans) (Sohn)
1513–1523	Christian II. (Sohn; abgesetzt, gestorben 1559)
1523–1533	Friedrich I. (Sohn Christians I.)
1534–1559	Christian III. (Sohn)
1559–1588	Friedrich II. (Sohn)
1588–1648	Christian IV. (Sohn)
1648–1670	Friedrich III. (Sohn)
1670–1699	Christian V. (Sohn)
1699–1730	Friedrich IV. (Sohn)
1730–1746	Christian VI. (Sohn)
1746–1766	Friedrich V. (Sohn)
1766–1808	Christian VII. (Sohn)
1808–1839	Friedrich VI. (Sohn; Regent 1784–1808)
1839–1848	Christian VIII. (Enkel Friedrichs V.)
1848–1863	Friedrich VII. (Sohn)

Die Linie von Glücksburg

1863–1906	Christian IX. (Herzog von Glücksburg; Neunter in direkter Linie von Christian III.)
1906–1912	Friedrich VIII. (Sohn)
1912–1947	Christian X. (Sohn)
1947–1972	Friedrich IX. (Sohn)
1972–	Margarete II. (Tochter)

Anmerkungen:

Chronologie: Die Jahreszahlen bis 986 sind angenähert; zur späteren Chronologie mit Gorm als Regent in den 950er Jahren, vgl. Ousager. Svend II. ist möglicherweise im Jahre 1076 gestorben; vgl. Historisk Tidsskrift, siebte Reihe, 2, 1899/1900, 229–239, 407–416.

Literatur:

Dansk biografisk Leksikon, hg. Engelstoft, P., 27 Bde., Kopenhagen 1933–1944.

Ousager, B., Gorm konge: et retoucheret portraet, Skalk 2, 1957, 19–30.

Das Königreich Schweden

Die Yngelinger

980–995	Erich der Siegreiche (König der Schweden in Uppsala um 980)
995–1022	Olof Skötkonung (Sohn)
1022–1050	Anund (Jakob) (Sohn)
1050–1060	Emund der Alte (Bruder)

Das Haus Stenkil

1060–1066	Stenkil Ragnvaldsson
1066–1070	Halsten (Sohn; abgesetzt)
1070–?	Håkan der Rote
?–1080	Inge I., der Ältere (Sohn Stenkils; abgesetzt)
1080–1083	Blot-Sven (Schwager)
1083–1110	Inge I. (wiedereingesetzt)
1110–1118	Philipp (Sohn Halstens)
1118–1130	Inge II., der Jüngere (Bruder)

Das Haus von Sverker und Erich

1130–1156	Sverker I., der Ältere
1156–1160	Erich der Heilige
1160–1161	Magnus Henriksson
1161–1167	Karl Sverkersson (Sohn Sverkers I.)
1167–1173	Kol Jonsson (Neffe)
1173–1196	Knut Eriksson (Sohn Erichs des Heiligen)
1196–1208	Sverker II., der Jüngere (Sohn Karls; abgesetzt, gestorben 1210)
1208–1216	Erich Knutsson (Sohn Knuts)
1216–1222	Johann I. (Sohn Sverkers II.)
1222–1229	Erich Eriksson (Sohn Erich Knutssons; abgesetzt)
1229–1234	Knut der Lange (Urenkel Erichs des Heiligen?)
1234–1250	Erich Eriksson (wiedereingesetzt)

Das Haus der Folkunger

1250–1275	Waldemar (Sohn von Ingeborg, Tochter Erich Knutssons, und Birger von Bjälbo, abgesetzt, gestorben 1302)
1275–1290	Magnus I., Ladulås (Bruder)
1290–1318	Birger (Sohn; abgesetzt, gestorben 1321)
1319–1364	Magnus II. (Neffe; König von Norwegen 1319–1355; abgesetzt, gestorben 1374)
1344–1359	Erich Magnusson (Sohn; Mitregent)

1362–1364	Håkan Magnusson (Bruder; Mitregent; abgesetzt; Norwegen 1355–1380)

Das Haus Mecklenburg

1364–1389	Albrecht (Sohn von Euphemia, der Schwester von Magnus II., und Albrecht von Mecklenburg; abgesetzt, gestorben 1412)

(Dänische Herrschaft 1389–1448)

Das Haus Dänemark

1448–1457	Karl VIII. Knutsson (Regent 1438–1441; abgesetzt)
1457–1464	Christian I. (König von Dänemark 1448–1481; abgesetzt)
1464–1465	Karl VIII. (wiedereingesetzt, abgesetzt)
1465–1467	Christian I. (wiedereingesetzt, abgesetzt)
1467–1470	Karl VIII. (wiedereingesetzt)
1471–1497	Sten Sture der Ältere (Regent; abgesetzt)
1497–1501	Johann II. (König von Dänemark 1483–1513; abgesetzt)
1501–1503	Sten Sture der Ältere (wiedereingesetzt)
1504–1512	Svante Nilsson (Sture) (Regent)
1512–1520	Sten Sture der Jüngere (Sohn; Regent)
1520–1521	Christian II. (König von Dänemark 1513–1523; abgesetzt)

Das Haus Wasa

1523–1560	Gustav I. (Gustav Wasa) (Regent 1521–1523)
1560–1568	Erich XIV. (Sohn; abgesetzt, gestorben 1577)
1568–1592	Johann III. (Bruder)
1592–1599	Sigismund (Sohn; abgesetzt; König von Polen 1587–1632)
1604–1611	Karl IX. (Sohn Gustavs I.; Regent 1599–1604)
1611–1632	Gustav II. Adolf (Sohn)
1632–1654	Christina (Tochter; dankte ab, gestorben 1689)

Das Haus von der Pfalz

1654–1660	Karl X. Gustav (Sohn von Katharina, Tochter Karls IX., und Johann Kasimir, Graf von Kleeburg)
1660–1697	Karl XI. (Sohn)
1697–1718	Karl XII. (Sohn)
1718–1720	Ulrica Eleonora (Schwester; dankte ab, gestorben 1741)

Das Haus Hessen

1720–1751	Friedrich I. (Gatte)

Das Haus Holstein-Gottorp

1751–1771	Adolf Friedrich (Großneffe von Hedwig Eleonora, der Gattin Karls X.)
1771–1792	Gustav III. (Sohn)
1792–1809	Gustav IV. Adolf (Sohn; abgesetzt, gestorben 1837)
1809–1818	Karl XIII. (Sohn von Adolf Friedrich)

Das Haus Bernadotte

1818–1844	Karl XIV. Johann (Adoptivsohn)
1844–1859	Oskar I. (Sohn)
1859–1872	Karl XV. (Sohn)
1872–1907	Oskar II. (Bruder)
1907–1950	Gustav V. (Sohn)
1950–1973	Gustav VI. Adolf (Sohn)
1973–	Karl XVI. Gustav (Enkel)

Anmerkungen:

Chronologie: Nach der Überlieferung wurde Sverker I. im Jahre 1156 und Erich der Heilige im Jahre 1160 getötet; Philipp starb 1118. Die restlichen Daten bis zum Ende des 12. Jahrhunderts sind im besten Fall angenähert, häufig aber sehr unsicher. Siehe die relevanten Artikel in Svenskt biografiskt Lexikon.

Literatur:

Scott, F. D., Sweden: the Nation's History, Carbondale 1988[2].

Svenskt biografiskt Lexikon, bisher 26 Bde., Stockholm 1918–1989.

8. Osteuropa

Das mittelalterliche Bulgarien

	Erstes Bulgarisches Reich – Das Haus Dulo
680–700	Asparuch (vermutlich Nachkomme von Attila; setzte 680 über die Donau nach Bulgarien)
700–721	Tervel
721–738	Kormisoš
738–753	Sevar
	Das Haus Ukil
753–760	Vinech
760–763	Telets
763–766	Sabin (abgesetzt)
766	Umar (abgesetzt)
766–767	Toktu
767–768	Pagan
768–777	Telerig (abgesetzt)
777–803	Kardam
	Das Haus Krum
803–814	Krum
814	Dukum (Bruder)
814–815	Ditseng (Bruder)
815–831	Omurtag (Sohn Krums)
831–836	Malamir (Sohn)
836–852	Presian (Neffe)
852–889	Boris I. (Michael) (Sohn; dankte ab, gestorben 907)
889–893	Vladimir (Sohn, abgesetzt)
893–927	Simeon I. (Bruder; zum Kaiser gekrönt 913)
927–967	Peter I. (Sohn; dankte ab; gestorben 969)
967–971	Boris II. (Sohn; abgesetzt, gestorben 976)

(Byzantinische Herrschaft 971–976)

Makedonisches Reich

976–1014	Samuel (zum Kaiser gekrönt 997)
1014–1015	Gabriel Radomir (Sohn)
1015–1018	Ivan Vladislav (Neffe Samuels)

(Byzantinische Herrschaft 1018–1185)

Zweites Bulgarisches Reich – Das Haus Asen

1185–1187	Peter II. (abgesetzt)
1187–1196	Asen I. (Bruder)
1196–1197	Peter II. (wiedereingesetzt)
1197–1207	Kalojan (Bruder)
1207–1218	Boril (Schwestersohn; abgesetzt)
1218–1241	Ivan Asen II. (Sohn Asens I.)
1241–1246	Koloman I. (Sohn)
1246–1256	Michael II. (Bruder)
1256–1257	Koloman II. (Enkel Asens I.)
1257–1277	Konstantin Tich
1277–1279	Ivajlo (abgesetzt, gestorben 1280)
1279–1280	Ivan Asen III. (Enkel mütterlicherseits von Ivan Asen II.; abgesetzt)

Das Haus Terter

1280–1292	Georg I. Terter (abgesetzt)
1292–1298	Smilets
1299–1300	Čaka (Schwiegersohn Georgs I.; abgesetzt)
1300–1322	Theodor Svetoslav (Sohn Georgs I.)
1322–1323	Georg II. (Sohn)

Das Haus Šišman

1323–1330	Michael III. Šišman
1330–1331	Ivan Stephan (Sohn; abgesetzt)
1331–1371	Ivan Alexander (Sohn von Keratsa, Schwester Michaels III., und Strazimir)
1371–1393	Ivan Šišman (Sohn; herrschte über Tŭrnovo; abgesetzt; gestorben 1395)
1356–1396	Ivan Strazimir (Bruder; herrschte über Vidin; im Exil 1365–1369; abgesetzt)

(Türkische Eroberung Bulgariens)

Anmerkungen:

Chronologie: Die Jahreszahlen bis zu Kardam, von denen die meisten angenähert sind, folgen der Istoria na Bŭlgaria, II. Einige Wissenschafter vertreten die Meinung, daß Malamir und Presian zwei Namen für den gleichen Herrscher sind; Boris I. wäre dann dessen Neffe. Zum Beginn des Zweiten Bulgarischen Reiches vgl. Cankova-Petkova; zu Ivajlo und Asen III. vgl. Failler, 234–242.

Namen und Titel: Der heidnische Titel eines Chan wurde unter Boris I. durch den eines Fürsten (*knyaz*) abgelöst; der Kaisertitel war das griechische *basileus*, welches auf slawisch als *Zar* wiedergegeben wird.

Literatur:

Biographisches Lexikon zur Geschichte Südosteuropas, hg. Bernath, M., 4 Bde., München 1974–1981.

Cankova-Petkova, G., La libération de la Bulgarie de la domination byzantine, Byzantinobulgarica 5, 1978, 95–121.

Failler, A., Chronologie et composition dans l'histoire de Georges Pachymère, Revue des études byzantines 39, 1981, 145–249.

Istoria na Bŭlgaria, hg. Velkov, V. I. , bisher 6 Bde., Sofia, 1979–1987.

Das Königreich Böhmen

Das Haus der Přemysliden

870–895	Bořivoj I. (Fürst oder Herzog; nach der Tradition Achter in direkter Linie von Přemysl)
895–912	Spitihněv I. (Sohn)
912–921	Vratislav I. (Bruder)
921–929	Wenzel I., der Heilige (Sohn)
929–972	Boleslav I., der Grausame (Bruder)
972–999	Boleslav II., der Fromme (Sohn)
999–1002	Boleslav III., der Rote (Sohn; abgesetzt)
1002–1003	Vladivoj (Sohn von Dobravy, Tochter Boleslavs I., und Mieszko I. von Polen)
1003	Jaromír (Sohn Boleslavs II.; abgesetzt)
1003	Boleslav II. (wiedereingesetzt, abgesetzt, gestorben 1037)
1003–1004	Bolesław I. (Herzog von Polen; abgesetzt)
1004–1012	Jaromír (wiedereingesetzt, abgesetzt)
1012–1033	Ulrich (Bruder; abgesetzt, gestorben 1034)
1033–1034	Jaromír (wiedereingesetzt; abgesetzt, gestorben 1035)
1034–1055	Břetislav I. (Sohn Ulrichs)
1055–1061	Spitihněv II. (Sohn)
1061–1092	Vratislav II.(I.) (Bruder; zum König von Böhmen gekrönt 1085)
1092	Konrad (Bruder)
1092–1100	Břetislav II. (Sohn Vratislavs II.)
1100–1107	Bořivoj II. (Bruder; abgesetzt, gestorben 1124)
1107–1109	Svatopluk (Enkel Bretislavs I.)
1109–1125	Vladislavl (Sohn Vratislavs II.; dankte ab zu Gunsten Bořivojs 1117–1120)
1125–1140	Soběslav I. (Bruder)
1140–1173	Vladislav II. (I.) (Sohn Vladislavs I.; zum König gekrönt 1158; dankte ab, gestorben 1174)
1173	Friedrich (Sohn; abgesetzt)
1173–1178	Soběslav II. (Sohn Soběslavs I.; abgesetzt, gestorben 1180)
1178–1189	Friedrich (wiedereingesetzt)
1189–1191	Konrad Otto (Urenkel Konrads)
1191–1192	Wenzel II. (Sohn Soběslavs I., abgesetzt)
1192–1193	Přemysl Ottokar I. (Sohn Vladislavs II.; abgesetzt)
1193–1197	Heinrich Břetislav (Enkel Vladislavs I.)
1197	Vladislav III. Heinrich (Sohn Vladislavs II.; dankte ab, gestorben 1222)

Die Könige von Böhmen

1197–1230	Přemysl Ottokar I. (wiedereingesetzt; zum König gekrönt 1198)
1230–1253	Wenzel I. (Sohn; Mitregent 1228)
1253–1278	Přemysl Ottokar II., der Große (Sohn)
1278–1305	Wenzel II. (Sohn; König von Polen 1300)
1305–1306	Wenzel III.. (Sohn)

Das Haus Habsburg

1306–1307	Rudolf von Österreich (verheiratet mit Elisabeth, der Witwe Wenzels II.)

Das Haus Kärnten

1307–1310	Heinrich (verheiratet mit Anna, Tochter Wenzels II.; abgesetzt, gestorben 1335)

Das Haus Luxemburg

1310–1346	Johann der Blinde (verheiratet mit Elisabeth, Tochter Wenzels II.)
1346–1378	Karl (Sohn)
1378–1419	Wenzel IV. (Sohn; Mitregent 1363)
1419–1437	Sigismund (Bruder)

Das Haus Habsburg

1437–1439	Albrecht von Österreich (verheiratet mit Elisabeth, Tochter Sigismunds)
	(Interregnum 1439–1453)
1453–1457	Ladislaus Postumus (Sohn)

Das Haus Podiebrad

1458–1471	Georg von Podiebrad

Das Haus Polen

1471–1516	Vladislav II. (Sohn von Elisabeth, Tochter Albrechts, und Kasimir IV. von Polen)
1516–1526	Ludwig (Sohn; Mitregent 1509)

Das Haus Habsburg

1526–1564	Ferdinand I. (verheiratet mit Anna, Tochter Vladislavs II.; Kaiser 1558) (Vereinigung mit den habsburgischen Landen)

Anmerkungen:
Chronologie: Die Jahreszahlen bis 972 sind angenähert. Bořivoj I. wurde ca. 870 getauft; Spitihněv I. ist 895 belegt. Wenzel der Heilige starb 929 oder 935, Boleslav I. zwischen 967 und 972; Fiala, Z., Sborník historický 9, 1962, 5–65; deutsche Zusammenfassung.
Namen und Titel: Der Königstitel war bis Přemysl Ottokar I. (1198) nicht erblich.

Literatur:

Bachmann, A., Geschichte Böhmens, Gotha 1899–1905.

Bosl, K. (Hg.), Handbuch der Geschichte der böhmischen Länder, 4 Bde., Stuttgart 1967–1970.

Das Königreich Polen

Das Haus der Piasten – Die Herzöge von Polen

960?–992	Mieszko I. (Fürst oder Herzog; Vierter in direkter Linie von Piast; traditioneller Begründer des polnischen Herrscherhauses)
992–1025	Bolesław I., der Tapfere (Sohn; zum König von Polen gekrönt 1025)
1025–1034	Mieszko II. (Lambert) (Sohn; König)
1034–1058	Kasimir I., der Restaurator (Sohn)
1058–1079	Bolesław II., der Kühne (Sohn; zum König gekrönt 1076; abgesetzt, gestorben 1081)
1079–1102	Władysław I. (Hermann) (Bruder)
1102–1107	Zbigniew (Sohn, abgesetzt)
1102–1138	Bolesław III., Schiefmund (Bruder)

Die Herzöge von Krakau

1138–1146	Władysław II., der Verbannte (Sohn, abgesetzt, gestorben 1159)
1146–1173	Bolesław IV., Kraushaar (Bruder)
1173–1177	Mieszko III., der Ältere (Bruder; abgesetzt)
1177–1194	Kasimir II., der Gerechte (Bruder)
1194–1199	Leszek I., der Weiße (Sohn; abgesetzt)
1199–1202	Mieszko III. (wiedereingesetzt)
1202	Władysław III., Storchbein (Sohn; abgesetzt)
1202–1227	Leszek I. (wiedereingesetzt)
1228	Władysław III. (wiedereingesetzt; abgesetzt, gestorben 1231)
1228–1229	Heinrich I., der Bärtige (Enkel Władysławs II;, abgesetzt)
1229–1232	Konrad von Masowien (Sohn Kasimirs II.; abgesetzt)
1232–1238	Heinrich I. (wiedereingesetzt)
1238–1241	Heinrich II., der Fromme (Sohn)
1241–1243	Konrad (wiedereingesetzt, abgesetzt, gestorben 1247)
1243–1279	Bolesław V., der Keusche (Sohn Leszeks I.)
1279–1288	Leszek II., der Schwarze (Enkel Konrads)
1288–1290	Heinrich III., Probus (Enkel Heinrichs II.)
1290–1291	Przemysł (Vierter in direkter Linie von Mieszko III.; dankte ab; König 1295–1296)

Das Haus Böhmen

1291–1305 Wenzel (verheiratet mit Elisabeth, Tochter Przemysłs; zum König gekrönt 1300)

Das Haus der Piasten – Die Könige von Polen

1305–1333 Władysław I., der Kurze (Bruder Leszeks II.; zum König gekrönt 1320)

1333–1370 Kasimir III., der Große (Sohn)

Das Haus Anjou

1370–1382 Ludwig der Große (Sohn von Elisabeth, Tochter Władysławs I., und Karl I. von Ungarn)

1383–1399 Hedwig (Jadwiga) (Tochter)

Das Haus Litauen – Die Jagiellonen

1386–1434 Władysław II. Jagiełło (Jogaila, Großherzog von Litauen; verheiratet mit Hedwig)

1434–1444 Władysław III. (Sohn)

(Interregnum 1444–1446)

1446–1492 Kasimir IV. (Bruder)

1492–1501 Johann I. Albrecht (Sohn)

1501–1506 Alexander (Bruder)

1506–1548 Sigismund I., der Ältere (Bruder)

1548–1572 Sigismund II. August (Sohn; Mitregent 1529)

Das Haus Frankreich

1573–1575 Heinrich (abgesetzt; König von Frankreich 1574–1589)

Das Haus Bathory

1575–1586 Stephan (Fürst von Transsilvanien; verheiratet mit Anna, Tochter Sigismunds I.)

Das Haus Schweden

1587–1632 Sigismund III. (Sohn von Katharina, Tochter Sigismunds I., und Johann III. von Scweden)

1632–1648 Władysław IV. (Sohn)

1648–1668 Johann II. Kasimir (Bruder; dankte ab, gestorben 1672)

Das Haus Wiśniowiecki

1669–1673 Michael

Das Haus Sobieski

1674–1696	Johann III.

Das Haus Sachsen

1697–1704/ 1709–1733	August II., der Starke (Kurfürst von Sachsen als Friedrich August I.; abgesetzt; wiedereingesetzt)

Das Haus Leszczyński

1704–1709/ 1733–1736	Stanisław I. (abgesetzt; wiedereingesetzt; dankte ab; Herzog von Lothringen 1737–1766)

Das Haus Sachsen

1733–1763	August III. (Sohn Augusts II.; Gegenkönig; Kurfürst von Sachsen)

Das Haus Poniatowski

1764–1795	Stanisław II. August (dankte ab, gestorben 1798)

(Aufteilung Polens auf Rußland, Preußen und Österreich)

Anmerkungen:
Namen und Titel: Der Königstitel war bis Władysław I. (1320) nicht erblich.

Literatur:

The Cambridge History of Poland, hg. Reddaway, W. F., 2 Bde., Cambridge 1950–1951.
Lowmiański, H., (Hg.), Historia Polski do roku 1764, 2 Bde., Łódź 1957 (Historia Polski, hg. Manteuffel, T., Bd. 1/1–2).

Das Königreich Ungarn

Die Árpáden

970?–997	Géza (Fürst oder Herzog; Großneffe Árpáds, welcher die Magyaren um 895 nach Ungarn geführt hatte)
997–1038	Stephan I., der Heilige (Sohn; zum König von Ungarn gekrönt 1001)
1038–1041	Peter (Schwestersohn; abgesetzt)
1041–1044	Samuel Aba (Schwiegersohn Gézas)
1044–1046	Peter (wiedereingesetzt; abgesetzt, gestorben 1047?)
1046–1060	Andreas I. (Großneffe Gézas)
1060–1063	Béla I. (Bruder)
1063–1074	Salomon (Sohn von Andreas I.; abgesetzt, gestorben 1087)
1074–1077	Géza I. (Sohn Bélas I.)
1077–1095	Ladislaus I., der Heilige (Bruder)
1095–1116	Koloman (Sohn Gézas I.)
1116–1131	Stephan II. (Sohn)
1131–1141	Béla II., der Blinde (Neffe Kolomans)
1141–1162	Géza II. (Sohn)
1162–1172	Stephan III. (Sohn)
1162–1163	Ladislaus II. (Sohn Bélas II.; Gegenkönig)
1163–1165	Stephan IV. (Bruder; Gegenkönig)
1172–1196	Béla III. (Sohn Gézas II.)
1196–1204	Emerich (Sohn; Mitregent 1185)
1204–1205	Ladislaus III. (Sohn; Mitregent 1204)
1205–1235	Andreas II. (Sohn Bélas III.)
1235–1270	Béla IV. (Sohn; Mitregent 1214)
1270–1272	Stephan V. (Sohn; Mitregent 1245)
1272–1290	Ladislaus IV., der Kumane (Sohn)
1290–1301	Andreas III., der Venezianer (Enkel von Andreas II.)

Das Haus Böhmen

1301–1305	Wenzel (Vierter in direkter Linie von Konstanze, Tochter Bélas III.; König von Böhmen 1305–1306)

Das Haus Bayern

1305–1307	Otto (Sohn von Elisabeth, Tochter Bélas IV., und Heinrich XIII. von Bayern; abgesetzt, gestorben 1312)

Das Haus Anjou

1307–1342	Karl I. (Enkel von Maria, Tochter Stephans V., und Karl II. von Neapel)
1342–1382	Ludwig I., der Große (Sohn; König von Polen 1370)
1382–1385	Maria (Tochter; abgesetzt)
1385–1386	Karl II. von Durazzo (Urenkel Karls II. von Neapel)
1386–1395	Maria (wiedereingesetzt)

Das Haus Luxemburg

1387–1437	Sigismund (verheiratet mit Maria; König von Böhmen 1419)

Das Haus Habsburg

1437–1439	Albrecht von Österreich (verheiratet mit Elisabeth, Tochter Sigismunds; König von Böhmen)

Das Haus Polen

1440–1444	Wladislaw I. (König von Polen 1434)

Das Haus Habsburg

1445–1457	Ladislaus V., Postumus (Sohn Albrechts; König von Böhmen 1453)

Das Haus Hunyadi

1458–1490	Matthias I., Corvinus

Das Haus Polen

1490–1516	Wladislaw II. (Sohn von Elisabeth, Tochter Albrechts, und Kasimir IV. von Polen; König von Böhmen 1471)
1516–1526	Ludwig II. (Sohn; Mitregent 1508; König von Böhmen)

Das Haus Habsburg

1526–1564	Ferdinand I. (verheiratet mit Anna, Tochter Wladislaws II.; Kaiser 1558)

(Vereinigung mit den habsburgischen Landen)

Das Haus Zápolyai

1526–1540	Johann (Gegenkönig)
1540–1570	Johann Sigismund (Sohn; Gegenkönig; dankte ab; Fürst von Transsilvanien 1570–1571)

Literatur:

Hóman, B., Geschichte des ungarisehen Mittelalters, 2 Bde., Berlin 1940–1943.
Sinor, D., History of Hungary, Westport 1976.

Das mittelalterliche Serbien

Die Nemanjiden

1167–1196	Stephan Nemanja (Simeon der Heilige) (Groß-Župan von Rascien 1167; eroberte Zeta; dankte ab, gestorben 1200)
1196–1228	Stephan der Erstgekrönte (der Heilige) (Sohn; König von Serbien 1217)
1228–1234	Stephan Radoslav (Sohn, abgesetzt)
1234–1243	Stephan Vladislav (Bruder; abgesetzt)
1243–1276	Stephan Uroš I. (Bruder; abgesetzt, gestorben 1277?)
1276–1282	Stephan Dragutin (Sohn; dankte ab; Nordserbien 1282–1316)
1282–1321	Stephan (Uroš II.) Milutin (Bruder)
1321–1331	Stephan Uroš III., Dečanski (Sohn; abgesetzt, gestorben 1331)

Das Kaiserreich Serbien

1331–1355	Stephan Dušan (Sohn; Mitregent 1322; Kaiser [Zar] 1345)
1355–1371	Stephan Uroš IV. (Sohn)

Das Haus Hrebeljanović

1371–1389	Lazar Hrebeljanović (nur Fürst; herrschte in Nordserbien)
1389–1427	Stephan (Sohn; Despot 1402)

Das Haus Branković

1427–1456	Georg Branković (Sohn von Mara, Tochter Lazars, und Vuk Branković; Despot 1429)
1456–1458	Lazar (Sohn; Mitregent 1446)
1458–1459	Stephan der Blinde (Bruder; abgesetzt, gestorben 1476)
1459	Stephan Tomašević (Schwiegersohn Lazars; abgesetzt, gestorben 1463)

(Türkische Eroberung Serbiens)

Anmerkungen:

Chronologie: Die Jahreszahlen für Stefan Nemanja und seinen Sohn können um etwa ein Jahr variieren; neben den relevanten Artikeln im Biographischen Lexikon vgl. Ostrogorsky, G., Geschichte des byzantinischen Staates, München 1963³, 338, 356.

Namen und Titel: Der Kaisertitel war das griechische *basileus*, was auf slawisch als *Zar* wiedergegeben wird.

Literatur:

Biographisches Lexikon zur Geschichte Südosteuropas, hg. Bernath, M., 4 Bde., München 1974–1981.

Jireček, J. K., Geschichte der Serben, 2 Bde., Gotha 1911–1918.

Das Großherzogtum Litauen

	Das Haus Liutauras
1295–1316	Witen (Vytenis) (Sohn von Liutauras; Großfürst oder Großherzog von Litauen um 1295)
1316–1341	Gedimin (Gediminas) (Bruder)
1341–1345	Jaunutis (Sohn; abgesetzt)
1345–1377	Algirdas (Bruder)
1345–1382	Keistut (Kęstutis) (Bruder, abgesetzt, gestorben 1382)
1377–1392	Jogaila (Sohn von Algirdas; dankte ab; König von Polen 1386–1434)
1392–1430	Vytautas der Große (Sohn Keistuts)
1430–1432	Švidrigaila (Sohn von Algirdas; abgesetzt, gestorben 1452)
1432–1440	Sigismund (Sohn Keistuts)
1440–1492	Kasimir (Sohn Jogailas; König von Polen 1446)
1492–1506	Alexander (Sohn; König von Polen 1501)
	(Vereinigung von Litauen und Polen)

Anmerkungen:
Chronologie: Die Jahreszahlen bis 1345 können um etwa ein Jahr variieren.

Literatur:

Hellmann, M., Grundzüge der Geschichte Litauens und des litauischen Volkes, Darmstadt 1986.

Jurgėla, C. R., History of the Lithuanian Nation, New York 1948.

Das Königreich Montenegro

Das Haus Petrović-Njegoš

1697–1735	Danilo I. (erblicher Fürstbischof (*vladika*) von Montenegro 1697)
1735–1750	Sava (Cousin ersten Grades; dankte ab)
1750–1766	Vasilije (Neffe Danilos I.)
1766–1781	Sava (erneut)
1781–1830	Peter I. (Großneffe Danilos I.)
1830–1851	Peter II. (Neffe)
1851–1860	Danilo II. (Großneffe Peters I.; weltlicher Fürst von Montenegro 1852)

Das Konigreich Montenegro

1860–1921	Nikola I. (Neffe; Anerkennung der Unabhängigkeit Montenegros 1878; König 1910)
	(Vereinigung mit Serbien 1918)
1921	Danilo I. (Sohn; nomineller König; dankte ab, gestorben 1939)
1921–1922	Michael I. (Neffe; nomineller König; verzichtete auf seine Rechte, gestorben 1986)
	(weiterhin Vereinigung mit Serbien)

Literatur:

Biographisches Lexikon zur Geschichte Südosteuropas, hg. Bernath, M., 4 Bde., München 1974–1981.

Ivić, A., Rodoslovne tablice srpskikh dinastija i vlastele, Novi Sad 1928.

Das moderne Serbien und Jugoslawien

Die Häuser Obrenović und Karadjordjević

1815–1839	Miloš Obrenović (Fürst von Serbien 1815; Anerkennung der serbischen Autonomie 1830; dankte ab)
1839	Milan (Sohn)
1839–1842	Michael (Bruder; abgesetzt)
1842–1858	Alexander Karadjordjević (abgesetzt, gestorben 1885)
1858–1860	Miloš (erneut)
1860–1868	Michael (wiedereingesetzt)

Das Königreich Serbien

1868–1889	Milan I. (Großneffe von Miloš; Anerkennung der Unabhängigkeit Serbiens 1878; König 1882; dankte ab, gestorben 1901)
1889–1903	Alexander I. (Sohn)
1903–1921	Peter I. (Sohn von Alexander Karadjordjević)

(Königreich der Serben, Kroaten und Slowenen 1918)

Das Königreich Jugoslawien

1921–1934	Alexander I. (Sohn; Regent 1914–1921; Königreich von Jugoslawien 1929)
1934–1945	Peter II. (Sohn; im Exil 1941; abgesetzt, gestorben 1970)

(Proklamation der Volksrepublik)

Literatur:

Darby, H. C., A Short History of Yugoslavia from Early Times to 1966, Cambridge 1966.

Petrovich, M. B., A History of Modern Serbia, 1804–1918, 2 Bde., New York 1976.

Das moderne Griechenland

	Das Haus Bayern – Das Königreich Griechenland
1832–1862	Otto (Sohn Ludwigs I. von Bayern; zum König gewählt 1832; abgesetzt, gestorben 1867)
	Das Haus Dänemark – Das Königreich der Hellenen
1863–1913	Georg I. (Sohn Christians IX. von Dänemark; zum König gewählt 1863)
1913–1917	Konstantin I. (Sohn; abgesetzt)
1917–1920	Alexander (Sohn)
1920–1922	Konstantin I. (wiedereingesetzt, dankte ab, gestorben 1923)
1922–1923	Georg II. (Sohn; abgesetzt)
	(Republik 1924–1935)
1935–1947	Georg II. (wiedereingesetzt; im Exil 1941–1946)
1947–1964	Paul (Bruder)
1964–1973	Konstantin II. (Sohn; im Exil 1967; abgesetzt)
	(Proklamation der Republik)

Literatur:

Campbell, J. / Sherrard, P., Modern Greece, New York 1968.

Dakin, D., The Unification of Greece, 1770–1923, London 1972.

Das Königreich Rumänien

Das Haus Cuza

1859–1866	Alexander Johann (autonomer Fürst von Moldau und Walachei 1859; abgesetzt, gestorben 1873)

Das Haus Hohenzollern-Sigmaringen

1866–1914	Carol I. (autonomer Fürst von Rumänien 1866; Anerkennung der Unabhängigkeit Rumäniens 1878; König 1881)
1914–1927	Ferdinand (Neffe)
1927–1930	Michael (Enkel; abgesetzt)
1930–1940	Carol II. (Vater; abgesetzt, gestorben 1953)
1940–1947	Michael (wiedereingesetzt; abgesetzt)

(Proklamation der Volksrepublik)

Literatur:

Giurescu, C. C. (Hg.), Chronological History of Romania, Bukarest 1972.

Jelavich, B., Russia and the Formation of the Romanian National State, 1821–1878, Cambridge 1984.

Das moderne Bulgarien

Das Haus Battenberg

1879–1886	Alexander (autonomer Fürst von Bulgarien 1879; abgesetzt, gestorben 1893)

Das Haus Sachsen-Coburg-Gotha

1887–1918	Ferdinand I. (König des unabhängigen Bulgarien 1908; dankte ab, gestorben 1948)
1918–1943	Boris III. (Sohn)
1943–1946	Simeon II. (Sohn; abgesetzt)

(Proklamation der Volksrepublik)

Literatur:

Crampton, R. J., Bulgaria, 1878–1918: a History, Boulder 1983.

Miller, M. L., Bulgaria during the Second World War, Stanford 1975.

Das Königreich Albanien

Das Haus Wied

1914 Wilhelm (unabhängiger Fürst von Albanien 1914; abgesetzt, gestorben 1945; Regentschaft 1914–1925)

Das Haus Zogu

1928–1939 Zog I. (Ahmed Zogu) (Präsident 1925; König 1928; abgesetzt, gestorben 1961)

(Italienische Herrschaft 1939–1943)

Literatur:

Marmullaku, R., Albania and the Albanians, London 1975.

Swire, J., Albania: the Rise of a Kingdom, London 1929.

9. Rußland

Das Fürstentum Kiew

Die Rurikiden

893–924	Oleg (Wikingerfürst von Novgorod; nahm um 893 Kiew ein und machte es zu seiner Hauptstadt)
924–945	Igor I. (Sohn oder Abkömmling von Rurik)
945–972	Svjatoslav I. (Sohn)
972–978	Jaropolk I. (Sohn)
978–1015	Vladimir I., der Heilige (Bruder)
1015–1019	Svjatopolk I. (Sohn)
1019–1054	Jaroslav I., der Weise (Bruder)
1054–1068	Izjaslav I. (Sohn; abgesetzt)
1068–1069	Vseslav (Urenkel Vladimirs I.; abgesetzt, gestorben 1101)
1069–1073	Izjaslav I. (wiedereingesetzt; abgesetzt)
1073–1076	Svjatoslav II. (Bruder)
1076–1077	Vsevolod I. (Bruder; abgesetzt)
1077–1078	Izjaslav I. (wiedereingesetzt)
1078–1093	Vsevolod I. (wiedereingesetzt)
1093–1113	Svjatopolk II. (Sohn Izjaslavs I.)
1113–1125	Vladimir II., Monomach (Sohn Vsevolods I.)
1125–1132	Mstislav I. (Sohn)
1132–1139	Jaropolk II. (Bruder)
1139	Vjacheslav (Bruder; abgesetzt, gestorben 1154)
1139–1146	Vsevolod II. (Enkel Svjatoslavs II.)
1146	Igor II. (Bruder; abgesetzt, gestorben 1147)
1146–1154	Izjaslav II. (Sohn Mstislavs I.)
1154–1155	Izjaslav III. (Enkel Svjatoslavs II.; abgesetzt)
1155–1157	Jurij I., Dolgorukij (Sohn Vladimirs II.)
1157–1158	Izjaslav III. (wiedereingesetzt; abgesetzt)
1158–1159	Mstislav II. (Sohn Izjaslavs II.; abgesetzt)
1159–1161	Rostislav (Sohn Mstislavs I.; abgesetzt)
1161	Izjaslav II. (wiedereingesetzt)
1161–1167	Rostislav (wiedereingesetzt)
1167–1169	Mstislav II. (wiedereingesetzt; abgesetzt, gestorben 1170)

1169–1171	Gleb (Sohn Jurijs I.)
	(Wirren und Bürgerkrieg bis zur mongolischen Eroberung 1240)

Das Großfürstentum Vladimir

Die Rurikiden

1157–1174	Andrej I., Bogoljubskij (Sohn Jurijs I. von Kiew; Fürst von Vladimir-Suzdal 1157)
1174–1176	Michail I. (Bruder)
1176–1212	Vsevolod III., das Große Nest (Bruder; als Großfürst betitelt ab 1195)
1212–1216	Jurij II. (Sohn; abgesetzt)
1216–1218	Konstantin (Bruder)
1218–1238	Jurij II. (wiedereingesetzt)
1238–1246	Jaroslav II. (Bruder)
1247	Svjatoslav (Bruder; abgesetzt, gestorben 1253)
1247–1252	Andrej II. (Sohn Jaroslavs II.; abgesetzt, gestorben 1264)
1252–1263	Alexander I., Nevskij, der Heilige (Bruder)
1264–1271	Jaroslav III. (Bruder)
1272–1277	Vasilij (Bruder)
1277–1282	Dmitrij I. (Sohn Alexanders I.; abgesetzt)
1282–1283	Andrej III. (Bruder; abgesetzt)
1283–1294	Dmitrij I. (wiedereingesetzt)
1294–1304	Andrej III. (wiedereingesetzt)
1305–1318	Michail II., der Heilige (Sohn Jaroslavs III.)
1318–1322	Jurij III. (Enkel Alexanders I.; Fürst von Moskau 1303–1325; abgesetzt)
1322–1326	Dmitrij II. (Sohn Michails II.)
1326–1327	Alexander II. (Bruder; abgesetzt, gestorben 1339)
1328–1331	Alexander III. (Urenkel Andrejs II.)
1332–1340	Ivan I., Kalità (Bruder Jurijs III.; Fürst von Moskau 1325)
1340–1353	Simeon der Hochmütige (Sohn)
1353–1359	Ivan II., der Gütige (Bruder)
1360–1362	Dmitrij III. (Neffe Alexanders III., abgesetzt, gestorben 1383)
1362–1389	Dmitrij IV., Donskoj (Sohn Ivans II.; Fürst von Moskau 1359)
	(Vereinigung mit Moskau)

Das russische Zarentum

Die Rurikiden – Die Fürsten von Moskau

1263–1303	Daniil (Sohn Alexanders I. von Vladimir; Fürst von Moskau 1263 oder später)
1303–1325	Jurij (Sohn)
1325–1340	Ivan I., Kalità (Bruder)
1340–1353	Simeon der Hochmütige (Sohn)
1353–1359	Ivan II., der Gütige (Bruder)

Die Großfürsten von Moskau-Vladimir

1359–1389	Dmitrij Donskoj (Sohn)
1389–1425	Vasilij I. (Sohn)
1425–1462	Vasilij II., der Blinde (Sohn)
1462–1505	Ivan III., der Große (Sohn)
1471–1490	Ivan der Jüngere (Sohn; Mitregent)
1505–1533	Vasilij III. (Bruder; Mitregent 1502)

Die Zaren von Rußland

1533–1584	Ivan IV., der Schreckliche (Sohn; zum Zar gekrönt 1547)
1584–1598	Theodor I. (Sohn)

Das Haus Godunow

1598–1605	Boris Godunow
1605	Theodor II. (Sohn)
1605–1606	Dmitrij (angeblich Sohn Ivans IV.)

Das Haus Schujskij

1606–1610	Vasilij IV. Schujskij (abgesetzt, gestorben 1612)

(Interregnum 1610–1613)

Das Haus Romanow

1613–1645	Michail Romanow
1645–1676	Alexis (Sohn)
1676–1682	Theodor III. (Sohn)
1682–1696	Ivan V. (Bruder)
1682–1725	Peter I., der Große (Bruder; Kaiser 1721)
1725–1727	Katharina I. (Martha) (Witwe)
1727–1730	Peter II. (Enkel Peters I.)
1730–1740	Anna (Tochter Ivans V.)

1740–1741	Ivan VI. (Enkel mütterlicherseits von Katharina, der Schwester Annas; abgesetzt, gestorben 1764)
1741–1762	Elisabeth (Tochter von Katharina I. und Peter I.)

Das Haus Holstein-Gottorp-Romanow

1762	Peter III. (Sohn von Anna, der Schwester Elisabeths, und Karl Friedrich von Holstein-Gottorp; abgesetzt, gestorben 1762)
1762–1796	Katharina II., die Große (Sophia von Anhalt) (Witwe)
1796–1801	Paul I. (Sohn)
1801–1825	Alexander I. (Sohn)
1825–1855	Nikolaus I. (Bruder)
1855–1881	Alexander II. (Sohn)
1881–1894	Alexander III. (Sohn)
1894–1917	Nikolaus II. (Sohn; abgesetzt, gestorben 1918)

(Provisorische Regierung, dann Sowjetische Herrschaft)

Anmerkungen:
Chronologie und Kalender: Russische Chronisten des Mittelalters benutzten die byzantinische Zeitrechnung, welche am 1. September 5508 v. Chr. ihren Anfang nahm, aber das Jahr begann am 1. März, indem es entweder dem byzantinischen Neujahrstag vorausging (Ultra-Märzstil) oder ihm nachfolgte (Märzstil). Die erste Zählweise war der zweiten ein Jahr voraus. Um herauszufinden, welches dieser Systeme in den einzelnen Chroniken gebraucht wurde, ist das Werk von Berezhkov, N. G., Khronologiya russkogo letopisaniya, Moskau 1963, grundlegend.

Im späteren 15. Jahrhundert wurde der Jahresanfang auf den 1. September verlegt. Die Datierung nach der christlichen Zeitrechnung begann am 1. Januar 1700, aber der julianische Kalender blieb bis zum Fall der Monarchie in Gebrauch.

Gemäß der Überlieferung herrschte Oleg in Kiew von 878 bis 913, Igor von 913 bis 945; obige, angenäherte Jahreszahlen sind diejenigen von Taube.
Namen und Titel: Zum Titel eines Großfürsten (*velikii knyaz'*), der zum ersten Mal von Vsevolod III. verwendet wurde, siehe Poppe, A., Harvard Ukrainian Studies 3–4, 1979–1980, 684–689; zu den Titeln eines Zaren und Kaisers siehe Szeftel, M., The Title of the Muscovite Monarch up to the End of the Seventeenth Century, Canadian-American Slavic Studies 13, 1979, 59–81.

Literatur für die russischen Dynastien:
Baumgarten, N. de, Généalogies et mariages occidentaux des Rurikides russes du Xe au XIIIe siècle, Rom 1927 (Orientalia Christiana 9/1).

Ders., Généalogies des branches régnantes des Rurikides du XIIIe au XVIe siècle, Rom 1934 (Orientalia Christiana 35/1)

Fennell, J. L. I., The Crisis of Medieval Russia, 1200–1304, London 1983.

Ders., The Emergence of Moscow, 1304–1359, Berkeley 1968.

Taube, M. de, Nouvelles recherches sur l'histoire politique et religieuse de l'Europe orientale à l'époque de la formation de l'état russe (IXe et Xe siècles), Istina 4, 1957, 9–32, 265–278; 5, 1958, 7–16.

10. Die Kreuzfahrerstaaten

Die Grafschaft Edessa

Das Haus Boulogne

1098–1100 Balduin I. (nahm Edessa ein 1098; König von Jerusalem 1100–1118)

Das Haus Rethel

1100–1118 Balduin II. von Bourcq (Jerusalem 1118–1131)

Das Haus Courtenay

1119–1131 Joscelin I.

1131–1150 Joscelin II. (Sohn; abgesetzt, gestorben 1159)

(Türkische Einnahme von Edessa)

Das Fürstentum Antiochia

Das Haus Hauteville

1099–1111	Bohemund I. (Sohn von Robert Guiscard, Herzog von Apulien; nahm Antiochia ein 1098)
1111–1112	Tankred (Schwestersohn; Regent 1105–1111)
1112–1119	Roger von Salerno (Großneffe von Robert Guiscard)
1119–1126	Balduin II. von Jerusalem
1126–1130	Bohemund II. (Sohn Bohemunds I.)
1130–1163	Konstanze (Tochter; abgesetzt, gestorben 1164?)
1136–1149	Raimund von Poitiers (Sohn Wilhelms IX. von Aquitanien; verheiratet mit Konstanze)
1153–1160	Reginald von Châtillon (zweiter Gatte von Konstanze; abgesetzt, gestorben 1187)

Das Haus Poitiers

1163–1201	Bohemund III., der Stammler (Sohn von Konstanze und Raimund von Poitiers)
1201–1216	Bohemund IV., der Einäugige (Sohn; Graf von Tripolis 1187; abgesetzt)
1216–1219	Raimund Rupen (Neffe; abgesetzt, gestorben 1222)
1219–1233	Bohemund IV. (wiedereingesetzt)
1233–1252	Bohemund V. (Sohn)
1252–1275	Bohemund VI. (Sohn; Einnahme Antiochias durch die Mamelucken 1268)
1275–1287	Bohemund VII. (Sohn)
1288–1289	Luzia (Schwester; abgesetzt)

(Eroberung der verbliebenen christlichen Festungen durch die Mamelucken)

Das Königreich Jerusalem

Das Haus Boulogne

1099–1100 Gottfried von Bouillon (Herzog von Niederlothringen; eroberte Jerusalem 1099; Verteidiger des Heiligen Grabes)
1100–1118 Balduin I. (Bruder; König)

Das Haus Rethel

1118–1131 Balduin II. von Bourcq

Das Haus Anjou

1131–1143 Fulk (Fulco) von Anjou
1131–1152 Melisande (Tochter Balduins II.; heiratete Fulk; abgesetzt, gestorben 1161)
1143–1163 Balduin III. (Sohn)
1163–1174 Amalrich (Bruder)
1174–1185 Balduin IV., der Aussätzige (Sohn)
1185–1186 Balduin V. (Sohn von Sibylle, Tochter Amalrichs, und Wilhelm von Montferrat; Mitregent 1183)
1186–1190 Sibylle (Tochter Amalrichs)
1186–1192 Guy von Lusignan (zweiter Gatte von Sibylle; abgesetzt, gestorben 1194)
1192–1205 Isabella I. (Tochter Amalrichs)
1192 Konrad I. von Montferrat (zweiter Gatte von Isabella I.)
1192–1197 Heinrich I. von Champagne (dritter Gatte von Isabella I.)
1197–1205 Aimerich von Lusignan (Bruder Guys; vierter Gatte von Isabella I.; König von Zypern 1197)

Das Haus Montferrat

1205–1212 Maria (Tochter von Isabella I. und Konrad I.)

Das Haus Brienne

1210–1212 Johann I. (verheiratet mit Maria; Regent 1212–1225; Kaiser von Konstantinopel 1231–1237)
1212–1228 Isabella II. (Tochter)

Das Haus Hohenstaufen

1225–1228 Friedrich (deutscher König 1212–1250; in zweiter Ehe verheiratet mit Isabella II.; Regent 1228–1243)
1228–1254 Konrad II. (Sohn; deutscher König 1250–1254)
1254–1268 Konradin (Sohn)

Das Haus Zypern

1269-1284	Hugo (Enkel mütterlicherseits von Alice, Tochter von Isabella I. und Heinrich I.; König von Zypern 1267)
1284-1285	Johann II. (Sohn; Zypern)
1285-1291	Heinrich II. (Bruder; Zypern 1285–1324)

(Eroberung Palästinas durch die Mamelucken 1291)

Die Grafschaft Tripolis

Das Haus Toulouse

1102–1105	Raimund I. von St. Gilles (Graf von Toulouse als Raimund IV.; eroberte Tortosa 1102)
1105–1109	Wilhelm von Cerdagne (entfertner Cousin)
1109–1112	Bertram (Sohn Raimunds I.; Toulouse 1105; eroberte Tripolis 1109)
1112–1137	Pons (Sohn)
1137–1152	Raimund II. (Sohn)
1152–1187	Raimund III. (Sohn; vermachte Tripolis dem Haus von Antiochia)

Das Königreich Zypern

Das Haus Lusignan

1192–1194	Guy (ehemals König von Jerusalem; Herr von Zypern nach dem Ankauf von den Templern 1192)
1194–1205	Aimerich (Bruder; zum König gekrönt 1197)
1205–1218	Hugo I. (Sohn)
1218–1253	Heinrich I. (Sohn)
1253–1267	Hugo II. (Sohn)

Das Haus Antiochia-Lusignan

1267–1284	Hugo III. (Sohn von Isabella, Tochter Hugos I., und Heinrich, Sohn Bohemunds IV. von Antiochia)
1284–1285	Johann I. (Sohn)
1285–1306	Heinrich II. (Bruder; abgesetzt)
1306–1310	Amalrich (Bruder; nur Statthalter)
1310–1324	Heinrich II. (wiedereingesetzt)
1324–1359	Hugo IV. (Neffe)
1359–1369	Peter I. (Sohn; Mitregent 1358)
1369–1382	Peter II., der Dicke (Sohn)
1382–1398	Jakob I. (Sohn Hugos IV.)
1398–1432	Janus (Sohn)
1432–1458	Johann II. (Sohn)
1458–1464	Charlotte (Tochter; abgesetzt, gestorben 1487)
1464–1473	Jakob II., der Bastard (Bruder)
1473–1474	Jakob III. (Sohn)
1473–1489	Katharina Cornaro (Mutter; dankte ab, gestorben 1510)

(Herrschaft Venedigs über Zypern)

Das lateinische Kaiserreich Konstantinopel

Das Haus Flandern

1204–1205	Balduin I. (Graf von Flandern als Balduin IX.; eroberte Konstantinopel 1204; abgesetzt, gestorben 1206?)
1206–1216	Heinrich (Bruder; Regent 1205–1206)

Das Haus Courtenay

1217	Peter von Courtenay (abgesetzt, gestorben 1218?)
1217–1219	Violante (Schwester Heinrichs; verheiratet mit Peter)
1221–1228	Robert (Sohn)
1231–1237	Johann von Brienne (König von Jerusalem 1210–1212)
1240–1261	Balduin II. (Bruder Roberts; abgesetzt, gestorben 1273)

(Byzantinische Rückeroberung Konstantinopels)

Literatur:

Runciman, S., Geschichte der Kreuzzüge, 3 Bde., München 1957–1960.

Setton, K. M. (Hg.), A History of the Crusades, 5 Bde., Philadelphia und Madison 1958–1985.

VI

Islamische Dynastien
(ohne Indien)

Das Kalifat

Das orthodoxe Kalifat

632–634	Abū Bakr (Schwiegervater des Proheten Muḥammad [Mohammed]; bei dessen Tod 632 zum Nachfolger ausgerufen)
634–644	ʿUmar (Omar) (Schwiegervater Muḥammads)
644–656	ʿUthmān (Othman) (Schwiegersohn Muḥammads)
656–661	ʿAlī (Cousin ersten Grades und Schwiegersohn Muḥammads)

Die Omayyaden

661–680	Muʿāwiya I. (Urenkel Umayyas, eines entfernten Cousins Muḥammads)
680–683	Yazīd I. (Sohn)
683–684	Muʿāwiya II. (Sohn)
684–685	Marwān I. (Urenkel Umayyas)
685–705	ʿAbd al-Malik (Sohn)
705–715	al-Walīd I. (Sohn)
715–717	Sulaimān (Bruder)
717–720	ʿUmar II. (Enkel Marwāns I.)
720–724	Yazīd II. (Sohn ʿAbd al-Maliks)
724–743	Hišām (Bruder)
743–744	al-Walīd II. (Sohn Yazīds II.)
744	Yazīd III. (Sohn al-Walīds I.)
744	Ibrāhīm (Bruder; abgesetzt, gestorben 750)
744–750	Marwān II. (Enkel Marwāns I.)

Die ʿAbbāsiden von Bagdad

750–754	Abū al-ʿAbbās al-Saffāḥ (Vierter in direkter Linie von al-ʿAbbās, Onkel Muḥammads)
754–775	al-Manṣūr (Bruder)
775–785	al-Mahdī (Sohn)
785–786	al-Hādī (Sohn)
786–809	Hārūn al-Rašīd (Bruder)
809–813	al-Amīn (Sohn)
813–833	al-Maʾmūn (Bruder)
833–842	al-Muʿtaṣim (Bruder)
842–847	al-Wāthiq (Sohn)
847–861	al-Mutawakkil (Bruder)
861–862	al-Muntaṣir (Sohn)
862–866	al-Mustaʿīn (Enkel al-Muʿtaṣims; abgesetzt, gestorben 866)
866–869	al-Muʿtazz (Sohn al-Mutawakkils)

869–870	al-Muhtadī (Sohn al-Wāthiqs)
870–892	al-Muʿtamid (Sohn al-Mutawakkils)
892–902	al-Muʿtaḍid (Neffe)
902–908	al-Muktafī (Sohn)
908–932	al-Muqtadir (Bruder)
932–934	al-Qāhir (Bruder; abgesetzt, gestorben 950)
934–940	al-Rāḍī (Sohn al-Muqtadirs)
940–944	al-Muttaqī (Bruder; abgesetzt, gestorben 968)
944–946	al-Mustakfī (Sohn al-Muktafīs; abgesetzt, gestorben 949)
946–974	al-Muṭīʿ (Sohn al-Muqtadirs; abgesetzt, gestorben 974)
974–991	al-Ṭāʾiʿ (Sohn; abgesetzt, gestorben 1003)
991–1031	al-Qādir (Sohn al-Muttaqīs)
1031–1075	al-Qāʾim (Sohn)
1075–1094	al-Muqtadī (Enkel)
1094–1118	al-Mustaẓhir (Sohn)
1118–1135	al-Mustaršid (Sohn)
1135–1136	al-Rāšid (Sohn; abgesetzt, gestorben 1138)
1136–1160	al-Muqtafī (Sohn al-Mustaẓhirs)
1160–1170	al-Mustanjid (Sohn)
1170–1180	al-Mustaḍīʾ (Sohn)
1180–1225	al-Nāṣir (Sohn)
1225–1226	al-Ẓāhir (Sohn)
1226–1242	al-Mustanṣir (Sohn)
1242–1258	al-Mustaʿṣim (Sohn; abgesetzt, gestorben 1258)

(Eroberung des Iraks durch die Mongolen)

Die ʿAbbāsiden von Kairo

1261	al-Mustanṣir (Sohn von al-Ẓāhir; in Kairo zum Kalifen ausgerufen 1261)
1262–1302	al-Ḥakim I. (Vierter in direkter Linie von al-Mustarshid)
1302–1340	al-Mustakfī I. (Sohn)
1340	al-Wāthiq I. (Neffe; abgesetzt)
1340–1352	al-Ḥakim II. (Sohn al-Mustakfīs)
1352–1362	al-Muʿtaḍid I. (Bruder)
1362–1377	al-Mutawakkil I. (Sohn; abgesetzt)
1377	al-Muʿtaṣim (Sohn al-Wāthiqs I.; abgesetzt)
1377–1383	al-Mutawakkil I. (wiedereingesetzt; abgesetzt)
1383–1386	al-Wāthiq II. (Sohn al-Wāthiqs I.)
1386–1389	al-Muʿtaṣim (wiedereingesetzt; abgesetzt, gestorben 1399)
1389–1406	al-Mutawakkil I. (wiedereingesetzt)
1406–1414	al-Mustaʿīn (Sohn; abgesetzt, gestorben 1430)

1414–1441	al-Muʿtaḍid II. (Bruder)
1441–1451	al-Mustakfī II. (Bruder)
1451–1455	al-Qāʾim (Bruder; abgesetzt, gestorben 1458)
1455–1479	al-Mustanjid (Bruder)
1479–1497	al-Mutawakkil II. (Sohn al-Mustaʿīns)
1497–1508	al-Mustamsik (Sohn; abgesetzt)
1508–1516	al-Mutawakkil III. (Sohn; abgesetzt, gestorben 1538)
1516–1517	al-Mustamsik (wiedereingesetzt; abgesetzt, gestorben 1521)

(Türkische Eroberung Ägyptens)

Anmerkungen:
Kalender und Datierung: Das muslimische Jahr ist ein Mondjahr von 354 Tagen mit elf Schalttagen in einem Zyklus von dreißig Jahren. Die Ära der Hedschra begann am Neujahrstag (1. Muḥarram) des Jahres, als der Prophet von Mekka nach Medina auswanderte (*hedschra/hiğra*); das entsprechende julianische Datum ist der 15. oder 16. Juli 622. Umrechnungstabellen, von denen die Vergleichungs-Tabellen von H. F. Wüstenfeld (viele Ausgaben) am häufigsten gebraucht werden, beruhen auf dem zweiten dieser Daten; Grohmann, 9–12.
Namen und Titel: Der Kalif (*khalīfa*, «Nachfolger») war *imām* als Oberhaupt der muslimischen Gemeinschaft; als polititischer Führer war er *amīr al-muʾminīn*, «Beherrscher der Gläubigen». Die ʿAbbāsiden und ihre Rivalen in Spanien und Nordafrika nahmen einen Ehrennamen (*laqab*) an, zum Beispiel *al-Manṣūr*, «unterstützt [von Gott]», oder *al-Muʿtaṣim-billah*, «festhaltend an Gott». Über arabische Namen und Titel siehe die Encyclopaedia of Islam, Artikel. «ism», «laḳab».

Allgemeine Literatur:
Bosworth, C. E., The Islamic Dynasties: a Chronological and Genealogical Handbook, Edinburgh 1967.
Burke's Royal Families of the World, Bd. 2: Africa and the Middle East, London 1980.
Encyclopaedia of Islam, hg. Gibb, H. A. R., u. a., bisher 6 Bde., Leiden 1960–1991.
Freeman-Grenville, G. S. P., The Muslim and Christian Calendars, London 1977².
Grohmann, A., Arabische Chronologie und arabische Papyruskunde, Leiden 1966 (Handbuch der Orientalistik, hg. Spuler, B., Suppl. 2/1).

Das Kalifat von Córdoba

Die Dynastien der Omayyaden und Ḥammūdiden

756–788	ʿAbd al-Raḥmān I. (Enkel von Kalif Hišām; Emir von al-Andalus 756)
788–796	Hišām I. (Sohn)
796–822	al-Ḥakam I. (Sohn)
822–852	ʿAbd al-Raḥmān II. (Sohn)
852–886	Muḥammad I. (Sohn)
886–888	al-Mundhir (Sohn)
888–912	ʿAbd Allāh (Bruder)
912–961	ʿAbd al-Raḥmān III., al-Nāṣir (Enkel; nahm 929 den Titel *amīr al-muʾminīn* an)
961–976	al-Ḥakam II., al-Mustanṣir (Sohn)
976–1009	Hišām II., al-Muʾayyad (Sohn; abgesetzt)
1009	Muḥammad II., al-Mahdī (Urenkel ʿAbd al-Raḥmāns III.; abgesetzt)
1009–1010	Sulaymān al-Mustaʿīn (Urenkel ʿAbd al-Raḥmāns III.; abgesetzt)
1010	Muḥammad II. (wiedereingesetzt)
1010–1013	Hišām II. (wiedereingesetzt)
1013–1016	Sulaymān (wiedereingesetzt)
1016–1018	ʿAlī b. Ḥammūd al-Nāṣir
1018	ʿAbd al-Raḥmān IV., al-Murtaḍā (Urenkel ʿAbd al-Raḥmāns III.)
1018–1021	al-Qāsim al-Maʾmūn (Bruder ʿAlīs; abgesetzt)
1021–1023	Yaḥyā al-Muʿtalī (Sohn ʿAlīs; abgesetzt)
1023	al-Qāsim (wiedereingesetzt; abgesetzt, gestorben 1036)
1023–1024	ʿAbd al-Raḥmān V., al-Mustaẓhir (Bruder Muḥammads II.)
1024–1025	Muḥammad III., al-Mustakfī (Urenkel ʿAbd al-Raḥmāns III.)
1025–1027	Yaḥyā (wiedereingesetzt; abgesetzt, gestorben 1035)
1027–1031	Hišām III. al-Muʿtadd (Bruder ʿAbd al-Raḥmāns IV.; abgesetzt, gestorben 1036)

(Aufsplitterung des Kalifats in kleine Königreiche)

Anmerkungen:
Chronologie: Obige Daten sind diejenigen der Regentschaft in Córdoba; zur Regentschaft der Ḥammūdiden in Málaga und Algeciras vgl. Seco de Lucena.

Literatur:
Lévi-Provençal, E., Histoire de l'Espagne musulmane, 3 Bde., Paris 1950–1967.
Seco de Lucena, L., Los Hammūdies, señores de Málaga y Algeciras, Malaga 1955.

Das Königreich Granada

Die Dynastie der Naṣriden

1232–1273	Muḥammad I. (Sohn Yūsufs b. Naṣr; Sultan 1232; besetzte Granada 1237)
1273–1302	Muḥammad II. (Sohn)
1302–1309	Muḥammad III. (Sohn; abgesetzt, gestorben 1314)
1309–1314	Naṣr (Bruder; abgesetzt, gestorben 1322)
1314–1325	Ismāʿīl I. (Urenkel Yūsufs b. Naṣr)
1325–1333	Muḥammad IV. (Sohn)
1333–1354	Yūsuf I. (Bruder)
1354–1359	Muḥammad V. (Sohn; abgesetzt)
1359–1360	Ismāʿīl II. (Bruder)
1360–1362	Muḥammad VI. (Großneffe Ismāʿīls I.; abgesetzt, gestorben 1362)
1362–1391	Muḥammad V. (wiedereingesetzt)
1391–1392	Yūsuf II. (Sohn)
1392–1408	Muḥammad VII. (Sohn)
1408–1417	Yūsuf III. (Bruder)
1417–1419	Muḥammad VIII. (Sohn; abgesetzt)
1419–1427	Muḥammad IX. (Enkel Muḥammads V.; abgesetzt)
1427–1429	Muḥammad VIII. (wiedereingesetzt; abgesetzt, gestorben 1431)
1429–1431	Muḥammad IX. (wiedereingesetzt; abgesetzt)
1432	Yūsuf IV. (Enkel mütterlicherseits von Muḥammad VI.)
1432–1445	Muḥammad IX (wiedereingesetzt; abgesetzt)
1445	Muḥammad X. (Neffe; abgesetzt)
1445–1446	Yūsuf V. (Enkel Yūsufs II.; abgesetzt)
1446–1448	Muḥammad X. (wiedereingesetzt; abgesetzt)
1448–1453	Muḥammad IX. (wiedereingesetzt)
1453–1455	Muḥammad XI. (Sohn Muḥammads VIII.; abgesetzt)
1455–1462	Saʿd (Enkel Yūsufs II.; abgesetzt)
1462	Yūsuf V. (wiedereingesetzt; abgesetzt)
1462–1464	Saʿd (wiedereingesetzt; abgesetzt, gestorben 1465)
1464–1482	ʿAlī (Sohn; abgesetzt)
1482–1483	Muḥammad XII. (Sohn; abgesetzt)
1483–1485	ʿAlī (wiedereingesetzt; abgesetzt)
1485–1487	Muḥammad XIII. (Bruder; abgesetzt)
1487–1492	Muḥammad XII. (wiedereingesetzt; abgesetzt, gestorben 1494)
	(Kastilische Eroberung von Granada)

Anmerkungen:
Chronologie: Von Muḥammad II. an beziehen sich die Jahreszahlen auf den Besitz der Hauptstadt. Vieles der späteren Geschichte der Naṣriden liegt im dunkeln; zu Muḥammad XI. siehe Livermore, H. V., Al-Andalus 28, 1963, 331–348. Zum Tod Muḥammads XII. siehe Brosselard, M. C., Journal asiatique, siebte Reihe 7, 1876, 174–178.

Literatur:
Arié, R., L'Espagne musulmane au temps des naṣrides (1232–1492), Paris 1973.
Seco de Lucena, L., Más rectificaciones a la historia de los últimos naṣríes, Al-Andalus 24, 1959, 275–295.

Das aghlabidische Königreich

Die Dynastie der Aghlabiden

800–812	Ibrāhīm I. (Sohn al-Aghlabs; Emir von Tunesien unter nominell ʿabbāsidischer Oberherrschaft 800)
812–817	ʿAbd Allāh I. (Sohn)
817–838	Ziyādat Allāh I. (Bruder)
838–841	al-Aghlab (Bruder)
841–856	Muḥammad I. (Sohn)
856–863	Aḥmad (Neffe)
863–864	Ziyādat Allāh II. (Bruder)
864–875	Muḥammad II. (Sohn Aḥmads)
875–902	Ibrāhīm II. (Bruder)
902–903	ʿAbd Allāh II. (Sohn)
903–909	Ziyādat Allāh III. (Sohn; abgesetzt, gestorben 916?)

(Eroberung Tunesiens durch die Fāṭimiden)

Literatur:
Talbi, M., L'émirat aghlabide, 184–296/800–909: histoire politique, Paris 1966.

Das Reich der Almoraviden

Die Dynastie der Tāšufīniden

1071–1106	Yūsuf b. Tāšufīn (unabhängiger Herrscher in Marrakesch 1071; nahm 1073 den Titel *amīr al-muslimīn* an)
1106–1143	ʿAlī (Sohn)
1143–1145	Tāšufīn (Sohn)
1145	Ibrāhīm (Sohn; abgesetzt)
1145–1147	Isḥāq (Sohn ʿAlīs)

(Einnahme Marrakeschs durch die Almohaden 1147)

Anmerkungen:

Namen und Titel: Zum Titel *amīr al-muslimīn*, «Beherrscher der Muslim», siehe Berchem, M. van, Journal asiatique, zehnte Reihe 9, 1907, 270–275, 293–305.

Literatur:

Codera, F., Decadencia y desaparición de los Almorávides en España, Zaragoza 1899.

Huici Miranda, A., La salida de los Almorávides del desierto y el reinado de Yūsuf b. Tāšfīn, Hésperis 46, 1959, 155–182.

Das Reich der Almohaden

1121–1130 Muḥammad b. Tūmart (messianischer Führer im Süden Marokkos 1121)

Die Dynastie der Muʾminiden

1133–1163 ᶜAbd al-Muʾmin (Schüler b. Tūmarts; nahm 1133 den Titel *amīr al-muʾminīn* an)
1163–1184 Yūsuf I. (Sohn; nur Emir 1163–1168)
1184–1199 Yaᶜqūb al-Manṣūr (Sohn)
1199–1213 Muḥammad al-Nāṣir (Sohn)
1213–1224 Yūsuf II., al-Mustanṣir (Sohn)
1224 ᶜAbd al-Wāḥid I. (Sohn Yūsufs I.)
1224–1227 ᶜAbd Allāh al-ᶜĀdil (Sohn Yaᶜqūbs)
1227–1232 Idrīs I., al-Maʾmūn (Bruder)
1232–1242 ᶜAbd al-Wāḥid II., al-Rašīd (Sohn)
1242–1248 ᶜAlī al-Saᶜīd (Bruder)
1248–1266 ᶜUmar al-Murtaḍā (Enkel Yūsufs I.)
1266–1269 Idrīs II., al-Wāthiq (Urenkel ᶜAbd al-Muʾmins)

(Eroberung Marokkos durch die Marīniden 1269)

Literatur:

Bourouiba, R., Chronologie d'Ibn Tumart, Revue d'histoire et de civilisation du Maghreb 3, 1967, 39–47.
Huici Miranda, A., Historia política del imperio almohade, 2 Bde., Tetuán 1956–1957.

Das Königreich der Marīniden

Die Dynastie der Marīniden

1195–1217	ʿAbd al-Ḥaqq I. (Emir der berberischen Dynastie der Banū Marīn im östlichen Marokko 1195)
1217–1240	ʿUthmān I. (Sohn)
1240–1244	Muḥammad I. (Bruder)
1244–1258	Abū Bakr (Bruder)
1258–1259	ʿUmar (Sohn, abgesetzt)
1259–1286	Yaʿqūb (Sohn ʿAbd al-Ḥaqqs I.; nahm 1269 den Titel *amīr al-muslimīn* an)
1286–1307	Yūsuf (Sohn)
1307–1308	ʿĀmir (Enkel)
1308–1310	Sulaymān (Bruder)
1310–1331	ʿUthmān II. (Sohn Yaʿqūbs)
1331–1351	ʿAlī (Sohn)
1351–1358	Fāris (Sohn)
1358–1359	Muḥammad II. (Sohn; abgesetzt)
1359–1361	Ibrāhīm (Sohn ʿAlīs)
1361	Tāšufīn (Bruder; abgesetzt)
1361–1362	ʿAbd al-Ḥalīm (Enkel ʿUthmāns II.; abgesetzt)
1362–1366	Muḥammad III. (Enkel ʿAlīs)
1366–1372	ʿAbd al-ʿAzīz I. (Sohn ʿAlīs)
1372–1374	Muḥammad IV. (Sohn; abgesetzt)
1374–1384	Aḥmad (Sohn Ibrāhīms, abgesetzt)
1384–1386	Mūsā (Sohn von Fāris)
1386	Muḥammad V. (Sohn Aḥmads; abgesetzt)
1386–1387	Muḥammad VI. (Enkel ʿAlīs)
1387–1393	Aḥmad (wiedereingesetzt)
1393–1396	ʿAbd al-ʿAzīz II. (Sohn)
1396–1398	ʿAbd Allāh (Bruder)
1398–1420	ʿUthmān III. (Bruder)
1420–1465	ʿAbd al-Ḥaqq II. (Sohn)

(Interregnum 1465–1471, dann Herrschaft der Waṭṭāsiden)

Literatur:

Hazard, H. W., Numismatic History of Late Medieval North Africa , New York 1952.

Ibn al-Aḥmar, Ismāʿīl b. Yūsuf, Histoire des Benī Merīn, rois de Fās, übers. Bouali, G. / Marçais, G., Paris 1917.

Die Dynastie der ʿAlawīden

Das Sultanat von Marokko

1640–1664	Muḥammad I. (Sohn al-Šarīfs, angeblich Abkömmling Muḥammads; unabhängiger Herrscher im Tāfīlālt 1640)
1664–1672	al-Rašīd (Bruder; zum Sultan ausgerufen 1666)
1672–1727	Ismāʿīl (Bruder)
1727–1728	Aḥmad (Sohn; abgesetzt)
1728	ʿAbd al-Malik (Bruder; abgesetzt, gestorben 1729)
1728–1729	Aḥmad (wiedereingesetzt)
1729–1734	ʿAbd Allāh (Bruder; abgesetzt)
1734–1736	ʿAlī (Bruder; abgesetzt)
1736	ʿAbd Allāh (wiedereingesetzt; abgesetzt)
1736–1738	Muḥammad II. (Bruder; abgesetzt)
1738–1740	al-Mustaḍīʾ (Bruder; abgesetzt)
1740–1741	ʿAbd Allāh (wiedereingesetzt; abgesetzt)
1741	Zayn al-ʿĀbidīn (Bruder; abgesetzt)
1741–1742	ʿAbd Allāh (wiedereingesetzt; abgesetzt)
1742–1743	al-Mustaḍīʾ (wiedereingesetzt; abgesetzt)
1743–1747	ʿAbd Allāh (wiedereingesetzt; abgesetzt)
1747–1748	al-Mustaḍīʾ (wiedereingesetzt; abgesetzt, gestorben 1760)
1748–1757	ʿAbd Allāh (wiedereingesetzt)
1757–1790	Muḥammad III. (Sohn)
1790–1792	Yazīd (Sohn)
1792–1798	Hišām (Bruder; abgesetzt, gestorben 1799)
1798–1822	Sulaymān (Bruder)
1822–1859	ʿAbd al-Raḥmān (Sohn Hišāms)
1859–1873	Muḥammad IV. (Sohn)
1873–1894	al-Ḥasan (Hassan) I. (Sohn)
1894–1908	ʿAbd al-ʿAzīz (Sohn; abgesetzt, gestorben 1943)
1908–1912	ʿAbd al-Ḥāfiẓ (Bruder; abgesetzt, gestorben 1937)

(Französisches Protektorat 1912–1956)

1912–1927	Yūsuf (Bruder)
1927–1953	Muḥammad V. (Sohn; abgesetzt)
1953–1955	Muḥammad VI. (Enkel Muḥammads IV.; abgesetzt, gestorben 1976)

Das Königreich Marokko

1955–1961	Muḥammad V. (wiedereingesetzt; nahm 1957 den Königstitel an)
1961–	al-Ḥasan (Hassan) II. (Sohn)

Literatur:

Abun-Nasr, J. M., A History of the Maghrib in the Islamic Period, Cambridge 1987.

Cigar, N.(Hg.), Muhammad al-Qadiri's Nashr al-Mathani: the Chronicles, London 1981.

Das ḥafṣidische Königreich

Die Dynastie der Ḥafṣiden

1229–1249	Yaḥyā I. (Enkel von ʿAbū Ḥafṣ ʿUmar; unabhängiger Emir von Tunesien1229)
1249–1277	Muḥammad I. (Sohn; nahm den Titel *amīr al-muʾminīn* an 1253)
1277–1279	Yaḥyā II. (Sohn; abgesetzt, gestorben 1280)
1279–1283	Ibrāhīm I. (Sohn Yaḥyās I.; abgesetzt, gestorben 1283)
1283	ʿAbd al-ʿAzīz I. (Sohn)
1283–1284	Aḥmad b. Marzūq (angeblich Sohn Yaḥyās II.)
1284–1295	ʿUmar I (Sohn Yaḥyās I.)
1295–1309	Muḥammad II. (Sohn Yaḥyās II.)
1309	Abū Bakr I. (Urenkel Yaḥyās I.)
1309–1311	Khālid I (Enkel Ibrāhīms I.; abgesetzt, gestorben 1313)
1311–1317	Zakariyāʾ I. (Großneffe Yaḥyās I.; abgesetzt, gestorben 1326)
1317–1318	Muḥammad III. (Sohn; abgesetzt)
1318–1346	Abū Bakr II. (Bruder Khālids I.)
1346–1347	Aḥmad I. (Sohn)
1347	ʿUmar II. (Bruder)
	(Herrschaft der Marīniden 1347–1350)
1350	al-Faḍl (Bruder)
1350–1369	Ibrāhīm II. (Bruder)
1369–1370	Khālid II. (Sohn; abgesetzt, gestorben 1370)
1370–1394	Aḥmad II. (Enkel von Abū Bakr II.)
1394–1434	ʿAbd al-ʿAzīz II. (Sohn)
1434–1435	Muḥammad IV (Enkel)
1435–1488	ʿUthmān (Bruder)
1488–1489	Yaḥyā III. (Enkel)
1489–1490	ʿAbd al-Muʾmin (Enkel ʿUthmāns; abgesetzt)
1490–1494	Zakariyāʾ II. (Sohn Yaḥyās III.)
1494–1526	Muḥammad V. (Neffe Yaḥyās III.)
1526–1542	Muḥammad VI. (Sohn; abgesetzt)
1542–1569	Aḥmad III. (Sohn; abgesetzt)
	(Türkische Herrschaft 1569–1573)
1573–1574	Muḥammad VII. (Bruder; abgesetzt)
	(Türkische Eroberung Tunesiens)

Anmerkungen:

Namen und Titel: Obwohl die ḥafṣidischen Monarchen offiziell Kalifen gewesen sind, waren sie allgemein als Sultane bekannt. Zu den Titeln siehe Brunschvig, Bd. 2, 7–17.

Literatur:

Brunschvig, R., La Berbérie orientale sous les Ḥafṣides des origines à la fin du XVe siècle, 2 Bde., Paris 1940–1947.

Hazard, H. W., Numismatic History of Late Medieval North Africa, New York 1952.

Der Beylik Tunesien

Die Dynastie der Husainidenbeys

1705–1735	Ḥusain (Hussein) I. (*bey* von Tunesien unter türkischer Oberherrschaft 1705; abgesetzt, died 1740)
1735–1756	ʿAlī I. (Neffe)
1756–1759	Muḥammad I (Sohn Ḥusains I.)
1759–1782	ʿAlī II. (Bruder)
1782–1814	Ḥamūda (Sohn)
1814	ʿUthmān (Bruder)
1814–1824	Maḥmud (Sohn Muḥammads I.)
1824–1835	Ḥusain (Hussein) II. (Sohn)
1835–1837	Muṣṭafā (Bruder)
1837–1855	Aḥmad I (Sohn)
1855–1859	Muḥammad II. (Sohn Ḥusains II.)
1859–1882	Muḥammad III., al-Ṣādiq (Bruder)
	(Französisches Protektorat 1881–1956)
1882–1902	ʿAlī III. (Bruder)
1902–1906	Muḥammad IV., al-Hādī (Sohn)
1906–1922	Muḥammad V., al-Nāṣir (Sohn Muḥammads II.)
1922–1929	Muḥammad VI., al-Ḥabīb (Enkel Ḥusains II.)
1929–1942	Aḥmad II. (Sohn ʿAlīs III.)
1942–1943	Muḥammad VII., al-Munṣif (Sohn Muḥammads V.; abgesetzt, gestorben 1948)
1943–1957	Muḥammad VIII., al-Amīn (Sohn Muḥammads VI.; abgesetzt, gestorben 1962)
	(Republik Tunesien)

Literatur:

Brown, L. C., The Tunisia of Ahmad Bey, 1837–1855, Princeton 1974.

Grandchamp, P., Tableau généalogique des beys husseinites (1705–1944), Cahiers de Tunisie 13, 1965, 132–133.

Das Königreich Libyen

Die Dynastie der Sanūsī

1837–1859	Muḥammad al-Sanūsī (Gründer der religiösen Bruderschaft der Sanūsijja 1837; residierte in Cyrenaica 1841)
1859–1902	Muḥammad al-Mahdī (Sohn)
1902–1916	Aḥmad al-Šarīf (Neffe; legte die politische Amtsgewalt nieder, gestorben 1933)

Das Königreich Libyen

1916–1969	Muḥammad Idrīs (Sohn al-Mahdīs; Emir von Cyrenaica 1949; König als Idrīs I. 1951; abgesetzt, gestorben 1983)

(Arabische Republik Libyens)

Literatur:

Evans-Pritchard, E. E., The Sanusi of Cyrenaica, Oxford 1963.
Wright, J., Libya, New York 1969.

Das islamische Ägypten

Die Dynastie der Ṭūlūniden

868–884 Aḥmad b. Ṭūlūn (Gouverneur von Ägypten unter nominell ʿabbāsidischer Oberherrschaft 868)
884–896 Ḫumārawayh (Sohn)
896 Ǧayš (Sohn)
896–904 Hārūn (Bruder)
904–905 Šaybān (Sohn Ahmads; abgesetzt)

(Direkte ʿabbāsidische Herrschaft 905–935)

Die Dynastie der Iḫšīdiden

935–946 Muḥammad b. Ṭuġǧ (Gouverneur von Ägypten 935; erhielt den Titel *al-Iḫšīd* vom Kalifen 939)
946–960 Unūǧūr (Sohn)
960–966 ʿAlī (Bruder)
966–968 Kāfūr (Sklave Muḥammads)
968–969 Aḥmad (Sohn ʿAlīs; abgesetzt, gestorben 987)

(Eroberung Ägyptens durch die Fāṭimiden)

Die Dynastie der Fāṭimiden

910–934 ʿUbayd Allāh al-Mahdī (angeblicher Abkommling von Fāṭima, Tochter Muḥammads; Imam und Kalif in Tunesien 910)
934–946 al-Qāʾim (Sohn?)
946–953 al-Manṣūr (Sohn)
953–975 al-Muʿizz (Sohn)
975–996 al-ʿAzīz (Sohn)
996–1021 al-Ḥākim (Sohn)
1021–1036 al-Ẓāhir (Sohn)
1036–1094 al-Mustanṣir (Sohn)
1094–1101 al-Mustaʿlī (Sohn)
1101–1130 al-Āmir (Sohn)
1132–1149 al-Ḥāfiẓ (Enkel al-Mustanṣirs; Regent 1130–1132)
1149–1154 al-Ẓāfir (Sohn)
1154–1160 al-Fāʾiz (Sohn)
1160–1171 al-ʿĀḍid (Enkel von al-Ḥāfiẓ)

(Nominell ʿabbāsidische Herrschaft 1171–1175)

Die Dynastie der Ayyūbiden

1175–1193	al-Nāṣir Yūsuf (Saladin) (Sohn Ayyūbs; vom Kalifen mit Ägypten und Syrien ausgestattet 1175)
1193–1198	al-ᶜAzīz ᶜUthmān (Sohn)
1198–1200	al-Manṣūr Muḥammad I. (Sohn; abgesetzt)
1200–1218	al-ᶜĀdil Abū Bakr I. (Sohn Ayyūbs)
1218–1238	al-Kāmil Muḥammad II. (Sohn)
1238–1240	al-ᶜĀdil Abū Bakr II. (Sohn; abgesetzt, gestorben 1248)
1240–1249	al-Ṣāliḥ Ayyūb (Bruder)
1249–1250	al-Muᶜaẓẓam Tūrānšāh (Sohn)
1250	Šağar al-Durr (Witwe von al-Ṣāliḥ Ayyūb; dankte ab, gestorben 1257)
1250–1254	al-Ašraf Mūsā (Enkel von al-Kāmil Muḥammad II.; Mitregent von Aybak, dem ersten Baḥrī-Mamelucken; abgesetzt)

Die Dynastie der Bahrī-Mamelucken (Mamlūken)

1250–1257	al-Muᶜizz Aybak (verheiratet mit Šağar al-Durr, Witwe von al-Ṣāliḥ Ayyūb)
1257–1259	al-Manṣūr ᶜAlī (Sohn; abgesetzt)
1259–1260	al-Muẓaffar Quṭuz
1260–1277	al-Ẓāhir Baybars I.
1277–1279	al-Saᶜīd Baraka Khan (Sohn; abgesetzt)
1279	al-ᶜĀdil Salāmiš (Bruder; abgesetzt)
1279–1290	al-Manṣūr Qalāʾūn
1290–1293	al-Ašraf Khalīl (Sohn)
1293–1294	al-Nāṣir Muḥammad I. (Bruder; abgesetzt)
1294–1296	al-ᶜĀdil Kitbughā (abgesetzt, gestorben 1303)
1296–1299	al-Manṣūr Lağīn
1299–1309	al-Nāṣir Muḥammad I. (wiedereingesetzt; dankte ab)
1309–1310	al-Muẓaffar Baybars II.
1310–1341	al-Nāṣir Muḥammad I. (erneut)
1341	al-Manṣūr Abū Bakr (Sohn)
1341–1342	al-Ašraf Kūğūk (Bruder; abgesetzt)
1342	al-Nāṣir Aḥmad I. (Bruder; abgesetzt, gestorben 1344)
1342–1345	al-Ṣāliḥ Ismāᶜīl (Bruder)
1345–1346	al-Kāmil Šaᶜbān I. (Bruder)
1346–1347	al-Muẓaffar Ḥāğī I. (Bruder)
1347–1351	al-Nāṣir al-Ḥasan (Bruder; abgesetzt)
1351–1354	al-Ṣāliḥ Ṣāliḥ (Bruder; abgesetzt)
1354–1361	al-Nāṣir al-Ḥasan (wiedereingesetzt)
1361–1363	al-Manṣūr Muḥammad II. (Sohn Ḥāğīs I.; abgesetzt)

1363–1377	al-Ašraf Šaʿbān II. (Enkel Muḥammads I.)
1377–1381	al-Manṣūr ʿAlī II. (Sohn)
1381–1382	al-Ṣāliḥ Ḥāǧī II. (Bruder; abgesetzt)
1382–1389	al-Ẓāhir Barqūq [Burǧī] (abgesetzt)
1389–1390	al-Muẓaffar Ḥāǧī II. (wiedereingesetzt mit neuen Ehrennamen; abgesetzt, gestorben 1412)

Die Dynastie der Burǧı-Mamelucken (Mamlūken)

1390–1399	al-Ẓāhir Barqūq (wiedereingesetzt)
1399 1405	al-Nāṣir Faraǧ (Sohn; abgesetzt)
1405	al-Manṣūr ʿAbd al-ʿAzīz (Bruder; abgesetzt, gestorben 1406)
1405–1412	al-Nāṣir Faraǧ (wiedereingesetzt)
1412	al-ʿĀdil al-Mustaʿīn (ʿabbāsidischer Kalif in Kairo; abgesetzt, gestorben 1430)
1412–1421	al-Muʾayyad Šaykh
1421	al-Muẓaffar Aḥmad II. (Sohn; abgesetzt, gestorben 1430)
1421	al-Ẓāhir Ṭaṭār
1421–1422	al-Ṣāliḥ Muḥammad III. (Sohn; abgesetzt, gestorben 1430)
1422–1438	al-Ašraf Barsbay
1438	al-ʿAzīz Yūsuf (Sohn; abgesetzt)
1438 –1453	al-Ẓāhir Ǧaqmaq
1453	al-Manṣūr ʿUthmān (Sohn; abgesetzt)
1453–1461	al-Ašraf Ināl
1461	al-Muʿayyad Aḥmad III. (Sohn; abgesetzt)
1461–1467	al-Ẓāhir Khūšqadam
1467	al-Ẓāhir Bilbay (abgesetzt, gestorben 1468)
1467-1468	al-Ẓāhir Timurbughā (abgesetzt, gestorben 1475)
1468-1496	al-Ašraf Qāʾitbay
1496-1498	al-Nāṣir Muḥammad IV. (Sohn)
1498-1500	al-Ẓāhir Qānṣūḥ I. (abgesetzt)
1500–1501	al-Ašraf Ǧānbalāt (abgesetzt, gestorben 1 501)
1501	al-ʿĀdil Tūmānbay I. (abgesetzt)
1501-1516	al-Ašraf Qānṣūḥ II., al Ghawrī
1516-1517	al-Ašraf Tūmānbay II. (abgesetzt, gestorben 1517)

(Direkte türkische Herrschaft 1517–1805)

Die Dynastie Muḥammad ʿAlīs

1805–1848	Muḥammad ʿAlī (Vizekönig von Ägypten unter türkischer Oberherrschaft 1805; erblicher Vizekönig 1841; abgesetzt, gestorben 1849)
1848	Ibrāhīm (Sohn)

1848–1854	ʿAbbās I. Ḥilmī (Neffe)
1854–1863	Saʿīd (Sohn Muḥammad ʿAlīs)
1863–1879	Ismāʿīl (Sohn Ibrāhīms; *khedive* 1867; abgesetzt, gestorben 1895)
1879–1892	Tawfīq (Sohn)
	(Britische Besetzung Ägyptens 1882–1922)
1892–1914	ʿAbbās II. Ḥilmī (Sohn; abgesetzt, gestorben 1944)
1914–1917	Ḥusain Kāmil (Sohn Ismāʿīls; Sultan)
1917–1936	Aḥmad Fuʾād (Bruder; König als Fuʾād I. 1922)
1936–1952	Farūq (Sohn; abgesetzt, gestorben 1965)
1952–1953	Fuʾād II. (Sohn; nomineller König; abgesetzt)
	(Arabische Republik Ägypten)

Anmerkungen:
Namen und Titel: Zum Sultantitel, der von al-Ṣāliḥ Ayyūb (1249) an offiziell verwendet wurde, siehe Humphreys, 365–369.

Literatur:

Bacharach, J. L., The Career of Muḥammad ibn Ṭughj al-Ikhshīd, a Tenth Century Governor of Egypt, Speculum 50, 1975, 586–612.

Hassan, Z. M., Les Tulunides: étude de l'Égypte musulmane à la fin du IXe siècle, 868–905, Paris 1933.

Holt, P. M., Egypt and the Fertile Crescent, 1516–1922: a Political History, Ithaca 1966.

Humphreys, R. S., From Saladin to the Mongols: the Ayyubids of Damascus, 1193–1260, Albany 1977.

Wiet, G., L'Égypte arabe, Paris 1937 (Histoire de la nation égyptienne, hg. Hanotaux, G., Bd. 4).

Das Osmanische Reich

Die Dynastie der Osmanen

1280–1324	Osman I. (Sohn von Ertuğrul; turkmenischer Stammeshäuptling in Westanatolien um 1280)
1324–1362	Orhan (Sohn)
1362–1389	Murad I. (Sohn)
1389–1402	Bayezid I., Yıldırım (Blitz) (Sohn; abgesetzt, gestorben 1403)
1402–1403	Isa (Sohn; beanspruchte Anatolien)
1402–1411	Süleyman (Bruder; beanspruchte Rumelien)
1409–1413	Musa (Bruder; beanspruchte Rumelien)
1413–1421	Mehmed I. (Bruder; beanspruchte Anatolien 1402–1413)
1421–1451	Murad II. (Sohn; dankte ab zu Gunsten von Mehmed II. 1444–1446)
1451–1481	Mehmed II., der Eroberer (Sohn)
1481–1512	Bayezid II. (Sohn abgesetzt, gestorben 1512)
1512–1520	Selim I., der Grimmige (Sohn)
1520–1566	Süleyman I., der Prächtige (Sohn)
1566–1574	Selim II., der Säufer (Sohn)
1574–1595	Murad III. (Sohn)
1595–1603	Mehmed III. (Sohn)
1603–1617	Ahmed I. (Sohn)
1617–1618	Mustafa I. (Bruder; abgesetzt)
1618–1622	Osman II. (Sohn Ahmeds I.)
1622–1623	Mustafa I. (wiedereingesetzt; abgesetzt, gestorben 1639)
1623–1640	Murad IV. (Sohn Ahmeds I.)
1640–1648	Ibrahim (Bruder; abgesetzt, gestorben 1648)
1648–1687	Mehmed IV. (Sohn; abgesetzt, gestorben 1693)
1687–1691	Süleyman II. (Bruder)
1691–1695	Ahmed II. (Bruder)
1695–1703	Mustafa II. (Sohn Mehmeds IV.; abgesetzt, gestorben 1703)
1703–1730	Ahmed III. (Bruder; abgesetzt, gestorben 1736)
1730–1754	Mahmud I. (Sohn Mustafas II.)
1754–1757	Osman III. (Bruder)
1757–1774	Mustafa III. (Sohn Ahmeds III.)
1774–1789	Abdülhamid I. (Bruder)
1789–1807	Selim III. (Sohn Mustafas III.; abgesetzt, gestorben 1808)
1807–1808	Mustafa IV. (Sohn Abdülhamids I.; abgesetzt, gestorben 1808)
1808–1839	Mahmud II. (Bruder)
1839–1861	Abdülmecid I. (Sohn)

1861–1876	Abdülaziz (Bruder; abgesetzt, gestorben 1876)
1876	Murad V. (Sohn Abdülmecids I.; abgesetzt, gestorben 1904)
1876–1909	Abdülhamid II. (Bruder; abgesetzt, gestorben 1918)
1909–1918	Mehmed V. Reşad (Bruder)
1918–1922	Mehmed VI. Vahidüddin (Bruder; abgesetzt, gestorben 1926)
1922–1924	Abdülmecid II. (Sohn von Abdülaziz; nur Kalif; abgesetzt, gestorben 1944)

(Republik Türkei 1923)

Anmerkungen:
Chronologie: Osman I. starb 1323 oder 1324 (Alderson, 164, Anm. 5), Orhan im März 1362 (P. Charanis, Byzantion 13, 1938, 349–351).
Namen und Titel: Der Sultantitel war von Orhans Herrschaft an in Gebrauch; vgl. Atiya, A. S., The Crusade of Nicopolis , London 1934, 157-60.

Literatur:
Alderson, A. D., The Structure of the Ottoman Dynasty, Oxford 1956.

Die Dynastie der Haschemiten (Hāšimiten)

Das Königreich Hedschas (Ḥiǧāz)

1916–1924	Ḥusain (Hussein) (Abkömmling von Hāšim, Urgroßvater Muḥammads; dankte ab, gestorben 1931)
1924–1925	ʿAlī (Sohn; abgesetzt, gestorben 1935)

(Eroberung des Hedschas durch die Saudi)

Das Königreich Irak

1921–1933	Fayṣal I. (Bruder; König von Syrien 1920; König von Irak unter Britischem Mandat 1921–1932)
1933–1939	Ghāzī (Sohn)
1939–1958	Fayṣal II. (Sohn)

(Republik Irak 1958)

Das Königreich Jordanien

1921–1951	ʿAbd Allāh (Sohn Ḥusains; Emir von Transjordanien unter Britischem Mandat 1921–1946; König 1946; Haschemitisches Königreich Jordanien 1949)
1951–1952	Ṭalāl (Sohn; abgesetzt, gestorben 1972)
1952–	Ḥusain (Hussein) (Sohn)

Literatur:

Morris, J., The Hashemite Kings, New York 1959.
Patai, R., The Kingdom of Jordan, Princeton 1958.

Das Königreich Jemen

Die Dynastie der Qāsimī

1597–1620	al-Qāsim I., al-Manṣūr (Abkömmling von Muḥammad; zum Imam ausgerufen 1597)
1620–1644	Muḥammad I., al-Muʿayyad (Sohn)
1644–1676	Ismāʿīl al-Mutawakkil (Bruder)
1676–1681	Aḥmad I., al-Mahdī (Neffe)
1681–1686	Muḥammad II., al-Muʾayyad (Sohn Ismāʿīls)
1686–1718	Muḥammad III. , al-Mahdī (Sohn Aḥmads I.)
1718–1727	al-Qāsim II., al-Mutawakkil (Neffe)
1727–1748	Ḥusain al-Manṣūr (Sohn)
1748–1775	ʿAbbās I., al-Mahdī (Sohn)
1775–1809	ʿAlī I., al-Manṣūr (Sohn)
1809–1816	Aḥmad II., al-Mutawakkil (Sohn)
1816–1835	ʿAbd Allāh I., al-Mahdī (Sohn)
1835–1837	ʿAlī II., al-Manṣūr (Sohn; abgesetzt)
1837–1840	ʿAbd Allāh II., al-Nāṣir (Urenkel von ʿAbbās I.)
1840–1844	Muḥammad IV, al-Hādī (Sohn Aḥmads II.)
1844–1845	ʿAlī II. (wiedereingesetzt; abgesetzt)
1845–1849	Muḥammad V., al-Mutawakkil (Enkel ʿAlīs I.)
1849–1850	ʿAlī II. (wiedereingesetzt; abgesetzt)
1850	ʿAbbās II., al-Muʿayyad (Sechster in direkter Linie von Ismāʿīl; abgesetzt)
1851–1857	Ghālib al-Hādī (Sohn Muḥammads V.; abgesetzt)
1857	ʿAlī II. (wiedereingesetzt; abgesetzt)
	(Periode von Wirren; türkische Herrschaft 1872–1918)
1890–1904	Muḥammad VI., al-Manṣūr (Achter in direkter Linie von al-Qāsim I.)

Das Königreich Jemen

1904–1948	Yaḥyā al-Mutawakkil (Sohn; Mutawakkilitisches Königreich Jemen 1918)
1948	ʿAbd Allāh al-Hādī (Usurpator; abgesetzt, gestorben 1948)
1948–1962	Aḥmad al-Nāṣir (Sohn Yaḥyas)
1962	Muḥammad al-Manṣūr (Sohn; abgesetzt)
	(Arabische Republik Jemen)

Anmerkungen:
Chronologie: Das Imamat war nie streng erblich, und es gab zahlreiche Prätendenten und rivalisierende Herrschaftsanwärter von den Qāsimī und anderen Familien der ʿAliden. Die Daten für die späteren Qāsimī beziehen sich auf den Besitz der Hauptstadt Ṣanʿāʾ.

Literatur:
Stookey, R. W., Yemen, Boulder 1978.
Wenner, M. W., Modern Yemen, 1918–1966, Baltimore 1967.

Die Dynastie der Saudi (Saᶜūdī)

Das Imamat von Nağd

1744–1765	Muḥammad (Sohn Saᶜūds; Imam des Wahhābītenstaates im Nağd 1744)
1765–1803	ᶜAbd al-ᶜAzīz (Sohn)
1803–1814	Saᶜūd I., der Große (Sohn)
1814–1818	ᶜAbd Allāh I. (Sohn; abgesetzt, gestorben 1818)

(Türkische Herrschaft 1818–1824)

1824–1834	Turkī (Enkel Muḥammads)
1834–1837	Fayṣal (Sohn; abgesetzt)
1837–1841	Khālid (Sohn von Saᶜūd I.; abgesetzt, gestorben 1861)
1841–1843	ᶜAbd Allāh II. (Vierter in direkter Linie von Saᶜūd; abgesetzt, gestorben 1843)
1843–1865	Fayṣal (wiedereingesetzt)
1865–1871	ᶜAbd Allāh III. (Sohn; abgesetzt)
1871	Saᶜūd II. (Bruder; abgesetzt)
1871–1873	ᶜAbd Allāh III. (wiedereingesetzt; abgesetzt)
1873–1875	Saᶜūd II. (wiedereingesetzt)
1875–1876	ᶜAbd al-Raḥmān (Bruder; dankte ab)
1876–1887	ᶜAbd Allāh III. (wiedereingesetzt; abgesetzt, gestorben 1889)
1887–1891	ᶜAbd al-Raḥmān (erneut; abgesetzt, gestorben 1928)

(Herrschaft der Rašīdī 1891–1902)

Das Königreich Saudi-Arabien

1902–1953	ᶜAbd al-ᶜAzīz (Ibn Saud) (Sohn ᶜAbd al-Raḥmāns; König im Ḥiğāz 1926; im Nağd 1927; von Saudi-Arabien 1932)
1953–1964	Saᶜūd (Sohn; abgesetzt, gestorben 1969)
1964–1975	Fayṣal (Bruder)
1975-1982	Khālid (Bruder)
1982-	Fahd (Bruder)

Literatur:

Philby, H. St. J. B., Saᶜudi Arabia, Beirut 1968.
Winder, R. B., Saudi Arabia in the Nineteenth Century, New York 1965.

Das Emirat Kuwait

Die Āl-Ṣabāḥ-Dynastie

1752–1764	Ṣabāḥ I. (Sohn von Ǧābir; gewählter Scheich von Kuwait um 1752)
1764–1814	ʿAbd Allāh I. (Sohn)
1814–1859	Ǧābir I. (Sohn)
1859–1866	Ṣabāḥ II. (Sohn)
1866–1892	ʿAbd Allāh II. (Sohn)
1892–1896	Muḥammad (Bruder)
1896–1915	Mubārak der Große (Bruder)
	(Britisches Protektorat 1899–1961)
1915–1917	Ǧābir II. (Sohn)
1917–1921	Sālim (Bruder)
1921–1950	Aḥmad (Sohn Ǧābirs II.)
1950–1965	ʿAbd Allāh III. (Sohn Sālims; nahm 1961 den Titel eines Emirs an)
1965–1977	Ṣabāḥ III. (Bruder)
1977–	Ǧābir III. (Sohn Aḥmads)
	(Irakische Herrschaft 1990–1991)

Anmerkungen:
Chronologie: Die Jahreszahlen bis 1764 sind angenähert.

Literatur:

Abu-Hakima, A. M., The Modern History of Kuwait, 1750–1965, London 1983.
Hewins, R., A Golden Dream: the Miracle of Kuwait, London 1963.

Das sāmānidische Königreich

Die Dynastie der Sāmāniden

864–892	Naṣr I. (Urenkel von Sāmān; Gouverneur von Samarkand 864; unabhängiger Emir von Transoxianien 875)
892–907	Ismāʿīl (Bruder; eroberte Chorāsān 900)
907–914	Aḥmad (Sohn)
914–942	Naṣr II. (Sohn; abgesetzt, gestorben 943)
942–954	Nūḥ I. (Sohn)
954–961	ʿAbd al-Malik I (Sohn)
961–976	Manṣūr I (Bruder)
976–997	Nūḥ II. (Sohn)
997–999	Manṣūr II. (Sohn; abgesetzt)
999	ʿAbd al-Malik II. (Bruder; abgesetzt)

(Eroberung von Chorāsān durch die Ghaznaviden)

Literatur:

Barthold, V. V., Turkestan down to the Mongol Invasion, London 1968[3].

Cambridge History of Iran, hg. Frye, R. N., Bd. 4, Cambridge 1975.

Das Reich der Ghaznaviden

Die Dynastie der Ghaznaviden (Gasnawiden)

977–997	Sebüktigin (Gouverneur von Ghazna im östlichen Afghanistan 977)
997–998	Ismāʿīl (Sohn; abgesetzt)
998–1030	Maḥmūd (Bruder; eroberte Chorāsān und das nördliche Indien)
1030	Muḥammad (Sohn, abgesetzt)
1030–1040	Masʿūd I. (Bruder; abgesetzt, gestorben 1041)
1040–1041	Muḥammad (wiedereingesetzt)
1041–1048	Maudūd (Sohn Masʿūds I.)
1048	Masʿūd II. (Sohn; abgesetzt)
1048–1049	ʿAlī (Sohn Masʿūds I.; abgesetzt)
1049–1051	ʿAbd al-Rašīd (Sohn Maḥmūds)
1051–1052	Toghrïl (Usurpator)
1052–1059	Farrukhzād (Sohn Masʿūds I.)
1059–1099	Ibrāhīm (Bruder)
1099–1115	Masʿūd III. (Sohn)
1115–1116	Šīrzād (Sohn; abgesetzt, gestorben 1116)
1116–1117	Arslanšah (Arslanschah) (Bruder; abgesetzt, gestorben 1118)
1117–1157	Bahrāmšāh (Bahramschah) (Bruder)
1157–1160	Chosraušāh (Chosrauschah) (Sohn)
1160–1186	Chosrau Malik (Sohn; abgesetzt, gestorben 1191)
	(Eroberung Nord-Indiens durch die Ghūriden)

Anmerkungen:
Namen und Titel: Der Sultantitel war von der Regentschaft Farrukhzāds an in Gebrauch. Bosworth, Later Ghaznavids, 55–56.

Literatur:

Bosworth, C. E., The Ghaznavids: their Empire in Afghanistan and Eastern Iran, 994–1040, Beirut 1973[2].

Ders., The Later Ghaznavids: Splendour and Decay, 1040–1186, New York 1977.

Die Seldschuken (Selǧuken)

Das großseldschukische Sultanat

1038–1063	Toghrïl Beg (Enkel von Selǧuq; Sultan 1038; eroberte Chorāsān, Irak und das westliche Persien)
1063–1072	Alp Arslan (Neffe)
1072–1092	Melikšāh (Melikschah) I. (Sohn)
1092–1094	Maḥmūd I. (Sohn)
1094–1104	Berkyaruq (Bruder)
1104–1105	Melikšāh II. (Sohn; abgesetzt)
1105–1118	Muḥammad I. (Sohn Melikšāhs I.)
1118–1157	Sanǧar (Bruder; herrschte über Chorāsān)

(Vorherrschaft der Oghuzen in Chorāsān 1157)

Irak und das westliche Persien

1118–1131	Maḥmūd II. (Sohn Muḥammads I.)
1131–1134	Toghrïl II. (Bruder)
1134–1152	Masʿūd (Bruder)
1152–1153	Melikšāh III. (Sohn Maḥmūds II.; abgesetzt, gestorben 1160)
1153–1159	Muḥammad II. (Bruder)
1160	Sulaymān (Sohn Muḥammads I.; abgesetzt, gestorben 1161)
1160–1175	Arslan (Sohn Toghrïls II.)
1175–1194	Toghrïl III. (Sohn)

(Choresmische Eroberung des westlichen Persiens 1194)

Anmerkungen:
Namen und Titel: Zum Sultantitel (*al-sulṭān*), der zum ersten Mal von Toghrïl Beg verwendet wurde, vgl. die Encyclopaedia of Islam, Bd. 1, 20.

Literatur:
Cambridge History of Iran, hg. Boyle, J. A., Bd. 5, Cambridge 1968.
Köymen, M. A., Selçuklu devri Türk tarihi, Ankara 1963.

Das Reich der Ghūriden

Die Šansabanī-Dynastie

1117–1146	ʿIzz al-Dīn Ḥusain I. (angeblicher Abkömmling von Šansab; Emir von Ghūr in Zentral-Afghanistan 1117)
1146–1149	Sayf al-Dīn Sūrī (Sohn)
1149	Bahāʾ al-Dīn Sām I. (Bruder)
1149–1161	ʿAlāʾ al-Dīn Ḥusain II. (Bruder; eroberte Ghazna und nahm den Titel eines Sultans an 1149)
1161–1163	Sayf al-Dīn Muḥammad I. (Sohn)
1163–1203	Ghiyāth al-Dīn Muḥammad II. (Sohn Sāms I.)
1203–1206	Muʿizz al-Dīn Muḥammad III. (Bruder; Ghazna 1174)
1206–1210	Ghiyāth al-Dīn Maḥmūd (Sohn von Muḥammad II.)
1210	Bahāʾ al-Dīn Sām II. (Sohn; abgesetzt)
1210–1214	ʿAlāʾ al-Dīn Atsïz (Sohn Ḥusains II.)
1214–1215	ʿAlāʾ al-Dīn Muḥammad IV. (Enkel Ḥusains I.; abgesetzt)

(Choresmische Eroberung des Reichs der Ghūriden)

Anmerkungen:

Chronologie: Die Jahreszahlen folgen Abdul Ghafur; diejenigen des ersten Herrschers sind angenähert.

Literatur:

Abdul Ghafur, M., The Gōrids: History, Culture and Administration, Diss. Univ. Hamburg 1960.

Cambridge History of Iran, hg. Boyle, J. A., Bd. 5, Cambridge 1968.

Das Reich von Choresm (Ḫwārazm)

Die Dynastie von Anūštigin

1098–1128	Quṭb al-Dīn Muḥammad I. (Sohn Anūštigīns; Statthalter in Choresm mit dem Titel eines Choresm-Schah 1098)
1128–1156	ʿAlāʾ al-Dīn Atsïz (Sohn)
1156–1172	Tāj al-Dunja Il Arslan (Sohn; nahm den Titel eines Sultans an 1166)
1172–1193	Jalāl al-Dunjā Sulṭānšāh (Sohn; Chorāsān)
1172–1200	ʿAlāʾ al-Dīn Tekiš (Bruder; Choresm, später Chorāsān; Sultan 1187)
1200–1220	ʿAlāʾ al-Dīn Muḥammad II. (Sohn)
1220–1231	Jalāl al-Dīn Mingburnu (Sohn)

(Mongolische Eroberung des Reichs von Choresm 1231)

Anmerkungen:

Namen und Titel: Zur Form Mingburnu, die unsicher ist, siehe die Encyclopaedia of Islam, Bd. 2, 392; zu Titeln vgl. Richter-Bernburg, L., Zur Titulatur der Ḫwārezm-Šāhe aus der Dynastie Anūštegīns, Archäologische Mitteilungen aus Iran, neue Reihe 9, 1976, 179–205.

Literatur:

Barthold, V. V., Turkestan down to the Mongol Invasion, London 1968^{3}..

Kafesoğlu, Harezmşahlar devleti tarihi (485–617/1092–1229), Ankara 1956.

Die Ilchane Persiens

Die Dynastie der Dschingisiden

1256–1265	Hülegü (Enkel von Dschingis Chan; eroberte Persien und den Irak 1256–1258)
1265–1282	Abaqa (Sohn)
1282–1284	Tegüder (Aḥmad) (Bruder)
1284–1291	Arghun (Sohn Abaqas)
1291–1295	Gaichatu (Bruder)
1295	Baidu (Enkel Hülegüs)
1295–1304	Ghazan (Maḥmūd) (Sohn Arghuns)
1304–1316	Öljeitü (Muḥammad) (Bruder)
1316–1335	Abū Saʿid (Sohn)
1335–1336	Arpa (Sechster in direkter Linie von Dschingis)
1336–1337	Mūsā (Enkel Baidus)
1336–1338	Muḥammad (Fünfter in direkter Linie von Hülegü)
1338–1339	Sati Beg (Tochter Öljeitüs; abgesetzt)
1339–1340	Ǧahān Temür (Enkel Gaichatus; abgesetzt)
1339–1343	Sulaimān (Vierter in direkter Linie von Hülegü; abgesetzt)

(Aufsplitterung des Staates der Ilchane in kleine Königreiche)

Anmerkungen:

Namen und Titel: Der Titel eines Ilchan oder untergebenen Chan bezeichnete Unterordnung unter den Groß-Chan in der Mongolei (später China); beginnend mit Tegüder führten zum Islam Bekehrte den Sultantitel (Cambridge History of Iran, 345, 365).

Literatur:

Cambridge History of Iran, hg. Boyle, J. A., Bd. 5, Cambridge 1968.

Spuler, B., Die Mongolen in Iran: Politik, Verwaltung und Kultur der Ilchanzeit, 1220–1350, Berlin 1968[3].

Die Goldene Horde

Die Dynastie der Dschingisiden

1237–1255	Batu (Enkel von Dschingis; eroberte den Süden Rußlands und die Ukraine 1237–1240)
1255–1256	Sartaq (Sohn)
1256–1257	Ulaghchï
1257–1267	Berke (Bruder Batus)
1267–1280	Möngke Temür (Enkel Batus)
1280–1287	Töde Möngke (Bruder; dankte ab)
1287–1291	Töle Buqa (Neffe)
1291–1312	Toqta (Sohn von Möngke Temür)
1312–1341	Özbeg (Neffe)
1341–1342	Tïnï Beg (Sohn)
1342–1357	Ǧanï Beg (Bruder)
1357–1359	Berdi Beg (Sohn)
1359–1360	Qulpa (Bruder)
1360	Nevrūz (Bruder)
1360–1361	Chiḍr (Sechster in direkter Linie von Dschingis)
1361	Temür Qoğa (Sohn)
	(Periode von Wirren 1361–1374)
1374–1375	Urus (Neunter in direkter Linie von Dschingis)
1375	Toqtaqiya (Sohn)
1375–1377	Temür Melik (Bruder)
1377–1395	Toqtamïš (Neffe von Urus; abgesetzt, gestorben 1406)
1395–1401	Temür Qutlugh (Sohn von Temür Melik)
1401–1407	Šādī Beg (Bruder; abgesetzt, gestorben 1412)
	(Periode von Wirren, dann Zerfall der Goldenen Horde)

Anmerkungen:
Chronologie: Einige Jahreszahlen können um ein Jahr variieren.
Namen und Titel: Der ursprüngliche Titel war Chan; jener des Sultans war in Gebrauch ab 1310, vgl. Spuler, 260–261.

Literatur:
Pelliot, P., Notes sur l'histoire de la horde d'or, Paris 1950.
Spuler, B., Die Goldene Horde, Wiesbaden 1965[2].

Das Reich der Tīmūriden

Die Dynastie der Tīmūriden

1370–1405	Tīmūr der Lahme (Tamerlane) (Emir von Transoxanien 1370; eroberte Irak, Persien und Afghanistan)
1405–1408	Mīranšāh (Miranschah) (Sohn; westliches Persien)
1405–1409	Khalīl (Sohn; Transoxanien; westliches Persien 1409–11)
1405–1447	Šāhrukh (Schahruch) (Sohn Tīmūrs; Chorāsān; Transoxanien 1409)
1447–1449	Ulugh Beg (Sohn)

Transoxanien

1449–1450	ᶜAbd al-Laṭīf (Sohn)
1450–1451	ᶜAbd Allāh (Enkel Šāhrukhs)
1451–1469	Abū Saᶜīd (Neffe Khalīls)
1469–1494	Aḥmad (Sohn)
1494–1495	Maḥmūd (Bruder)
1495–1497	Bāysunqur (Sohn; abgesetzt, gestorben 1499)
1497–1498	Bābur (Enkel von Abū Saᶜīd; abgesetzt)
1498–1500	ᶜAlī (Sohn Maḥmūds)
1500–1501	Bābur (wiedereingesetzt; abgesetzt, gestorben 1530)

(Eroberung Transoxaniens durch Özbeg)

Chorāsān

1449–1457	Bābur (Enkel Šāhrukhs)
1457–1459	Maḥmūd (Sohn)
1459–1469	Abū Saᶜīd (Neffe Khalīls; Transoxianien 1451)
1469–1506	Ḥusain Bāyqarā (Vierter in direkter Linie von Tīmūr)
1506–1507	Badīᶜ al-Zamān (Sohn; abgesetzt, gestorben 1517)

(Eroberung von Chorāsān durch Özbeg)

Anmerkungen:
Namen und Titel: Der Sultantitel war von der Herrschaft Šāhrukhs an in Gebrauch.

Literatur:

Barthold, V. V., Ulugh-beg, Leiden 1958 (Four Studies on the History of Central Asia, Bd. 2).

Savory, R. M., The Struggle for Supremacy in Persia after the Death of Tīmūr, Islam 40, 1964–1965, 35–65.

Das moderne Persien (Iran)

Die Dynastie der Ṣafawiden

1501–1524	Ismāᶜīl I. (Sechster in direkter Linie von Ṣafī al-Dīn; zum Schah ausgerufen 1501)
1524–1576	Ṭahmāsp I. (Sohn)
1576–1577	Ismāᶜīl II. (Sohn)
1577–1587	Sulṭān Muḥammad (Bruder; abgesetzt, gestorben 1595)
1587–1629	ᶜAbbās I., der Große (Sohn)
1629–1642	Ṣafī I. (Enkel)
1642–1666	ᶜAbbās II. (Sohn)
1666–1694	Ṣafī II. (Sohn; wiedergekrönt als Sulaimān I. 1668)
1694–1722	Sulṭān Ḥusain (Sohn; abgesetzt, gestorben 1726)

Die Ghalzay-Dynastie

1722–1725	Maḥmūd
1725–1729	Ašraf (Cousin ersten Grades; abgesetzt, gestorben 1730)

Die Dynastie der Ṣafawiden

1729–1732	Ṭamāsp II. (Sohn von Sulṭān Ḥusain; abgesetzt, gestorben 1740)
1732–1736	ᶜAbbās III. (Sohn; abgesetzt, gestorben 1740)

Die Dynastie der Afšāriden

1736–1747	Nādir (Regent 1732–1736)
1747–1748	ᶜĀdil (Neffe; abgesetzt, gestorben 1749)
1748–1749	Ibrāhīm (Bruder)
1748–1749	Šāhrukh (Schahruch) (Enkel von Nādir; rivalisierender Anwärter; abgesetzt)

Die Dynastie der Ṣafawiden

1749–1750	Sulaimān II. (Enkel mütterlicherseits von Ṣafī II ; abgesetzt, gestorben 1763)
1750–1773	Ismāʿīl III. (Enkel mütterlicherseits von Sulṭān Ḥusain; nur nomineller Herrscher, im westlichen Persien)

Die Dynastie der Afšāriden

1750–1796	Šāhrukh (Schahruch) (wiedereingesetzt; nur nomineller Herrscher in Chorāsān; abgesetzt, gestorben 1796)

Die Dynastie der Kadscharen

1796–1797	Āghā Muḥammad
1797–1834	Fatḥ ʿAlī (Neffe)
1834–1848	Muḥammad (Enkel)
1848–1896	Nāṣir al-Dīn (Sohn)
1896–1907	Muẓaffar al-Dīn (Sohn)
1907–1909	Muḥammad ʿAlī (Sohn; abgesetzt, gestorben 1925)
1909–1925	Aḥmad (Sohn; abgesetzt, gestorben 1930)

Die Dynastie der Pahlavī

1925–1941	Riżā (Resa) (dankte ab, gestorben 1944)
1941–1979	Muḥammad Riża (Sohn; abgesetzt, gestorben 1980)

(Islamische Republik Iran)

Anmerkungen:
Chronologie: Zu chronologischen Probleme in einer wichtigen ṣafawidischen Quelle und zur Thronbesteigung von ʿAbbās I. spät im Jahre 1587 siehe McChesney, R. D., A Note on Iskandar Beg's Chronology, Journal of Near Eastern Studies 39, 1980, 53–63.
Namen und Titel: Karīm Khan Zand und seine Dynastie, welche im westlichen Persien von 1751 bis 1794 an der Macht waren, nahmen den königlichen Titel eines *shāhānshāh* nicht an; siehe Perry, J. R., Karim Khan Zand, Chicago 1979, 214–217.

Literatur:
Perry, J. R., The Last Ṣafavids, 1722–1773, Iran 9, 1971, 59–69.
Rabino, H. L., Coins, Medals and Seals of the Shahs of Iran (1500–1941), Hertford 1945.

Das Königreich Afghanistan

	Die Dynastie der Durrānī
1747–1772	Aḥmad (nahm den Titel Schah und den Beinamen Durrān an 1747)
1772–1793	Tīmūr (Sohn)
1793–1801	Zamān (Sohn; abgesetzt, gestorben 1844)
1801–1803	Maḥmūd (Bruder; abgesetzt)
1803–1809	Šuǧāᶜ (Bruder; abgesetzt)
1809–1818	Maḥmūd (wiedereingesetzt; abgesetzt, gestorben 1829)
	(Periode von Wirren 1818–1826)
	Die Dynastie der Bārakzay
1826–1839	Dūst Muḥammad (nahm den Titel eines Emirs an 1834; abgesetzt)
1839–1842	Šuǧāᶜ (wiedereingesetzt)
1842–1863	Dūst Muḥammad (wiedereingesetzt)
1863–1866	Šīr ᶜAlī (Sohn; abgesetzt)
1866–1867	Muḥammad Afḍal (Bruder)
1867–1868	Muḥammad Aᶜẓam (Bruder; abgesetzt, gestorben 1869)
1868–1879	Šīr ᶜAlī (wiedereingesetzt)
1879	Muḥammad Yaᶜqūb (Sohn; dankte ab, gestorben 1923)
1880–1901	ᶜAbd al-Raḥmān (Sohn von Muḥammad Afḍal)
1901–1919	Ḥabīb Allāh (Sohn)
1919	Naṣr Allāh (Bruder; abgesetzt, gestorben 1920)
	Die Schahs von Afghanistan
1919–1929	Amān Allāh (Sohn von Ḥabīb Allāh; Schah 1926; abgesetzt, gestorben 1960)
1929	ᶜInāyat Allāh (Bruder; abgesetzt, gestorben 1946)
1929–1933	Muḥammad Nādir (Urgroßneffe von Dūst Muḥammad)
1933–1973	Muḥammad Ẓāhir (Sohn; abgesetzt)
	(Republik Afghanistan)

Literatur:

Dupree, L., Afghanistan, Princeton 1973.

Gregorian, V., The Emergence of Modern Afghanistan, Stanford 1969.

VII

Indien

Das Maurja-Reich

Die Maurja-Dynastie

321–297	Chandragupta Maurja (Begründer der ersten indischen Reichs-Dynastie um 321 v. Chr.)
297–272	Bindusāra (Sohn)
	(Interregnum 272–268)
268–232	Aśoka (Aschoka) (Sohn)
232–224	Daśaratha (Enkel)
224–215	Samprati (Bruder?)
215–202	Śāliśuka
202–195	Devavarman
195–187	Śatadhanvan
187–180	Bṛihadratha (gestürzt durch Pushyamitra, den Begründer der Śunga-Dynastie um 180 v. Chr.)

Anmerkungen:

Chronologie: Die Maurja-Chronologie ist von Aśoka abhängig. Quellen aus Ceylon datieren seine Krönung 218 Jahre nach dem Tod von Buddha (486 oder 483 v. Chr.); eine Fisternis im Jahre 249, die in einer seiner Inschriften erwähnt wird, legt 269/268 als Jahr seiner Thronbesteigung nahe. Die – angenäherten – Jahreszahlen sind diejenigen von Thapar, Kap. 1.

Literatur:

Eggermont, P. H. L., The Chronology of the Reign of Asoka Moriya, Leiden 1956 (Besprechung von Basham, A. L., Studies in Indian History and Culture, Kalcutta 1964, 88–98).

Thapar, R., Aśoka and the Decline of the Mauryas, Oxford 1963.

Das Gupta-Reich

Die Gupta-Dynastie

275–300	Gupta (lokaler Herrscher im Gangesgebiet um 275 oder später)
300–320	Ghaṭotkacha (Sohn)
320–350	Chandragupta I. (Sohn; Begründer des Gupta-Reichs)
350–376	Samudragupta (Sohn)
376–415	Chandragupta II. (Sohn)
415–455	Kumāragupta I. (Sohn)
455–470	Skandagupta (Sohn)
470–475	Kumāragupta II. (Sohn)
475–500	Budhagupta (Enkel von Kumāragupta I.)
500–515	Vainyagupta (Bruder)
515–530	Narasimhagupta (Bruder)
530–540	Kumāragupta III. (Sohn)
540–550	Vishṇugupta (Sohn)

(Aufsplitterung des Reichs in kleine Königreiche um 550 oder später)

Anmerkungen:
Chronologie und Datierung: Jahreszahlen sind angenähert, und ein oder zwei Verwandtschaftsverhältnisse sind unsicher; ungenügend belegte Herrscher werden nicht aufgeführt. Zu Skandagupta vgl. Basham, A. L., Studies in Indian History and Culture, Kalkutta 1964, 141–145.

Das Anfangsjahr der Gupta-Ära lief vom März 319 bis Februar 320; die Thronbesteigung oder Krönung von Chandragupta I. fand wahrscheinlich am Anfang des folgenden (ersten) Jahres statt, vgl. Sengupta, P. C., The Gupta Era, Journal of the Royal Asiatic Society of Bengal, Letters 8, 1942, 41–56.
Namen und Titel: Die ersten beiden Herrscher wurden «Großer König» (*mahārāja*) genannt; der spätere Kaisertitel war «Großer König der Könige» (*mahārājādhirāja*).

Literatur:
Goyal, S. R., History of the Imperial Guptas, Allahabad 1967.
Gupta, P. L., The Imperial Guptas, Benares 1974.

Das Tschola-Reich

Die Vijayālaya-Dynastie

850–871	Vijayālaya (lokaler Herrscher von Tschola (Chōḷa)-Land in Südindien um 850)
871–907	Āditya (Sohn)
907–955	Parāntaka I. (Sohn)
955–957	Gaṇḍarāditya (Sohn)
957	Ariñjaya (Bruder)
957–973	Parāntaka II. (Sohn)
973–985	Uttamachōḷa (Sohn von Gaṇḍarāditya)
985–1014	Rājarāja I., der Große (Sohn Parāntakas II.; Begründer des Tschoḷa-Reichs)
1014–1044	Rājēndra I. (Sohn)
1044–1054	Rājādhirāja I. (Sohn)
1054–1064	Rājēndra II. (Bruder)
1064–1070	Vīrarājēndra (Bruder)
1070	Adhirājēndra (Sohn)
1070–1122	Kulōttunga I. (Enkel mütterlicherseits von Rājēndra I.)
1122–1135	Vikramachōḷa (Sohn)
1135–1150	Kulōttunga II. (Sohn)
1150–1173	Rājarāja II. (Sohn)
1173–1182	Rājādhirāja II. (Enkel mütterlicherseits von Vikramachōḷa)
1182–1218	Kulōttunga III.
1218–1260	Rājarāja III. (Sohn?)
1260–1279	Rājēndra III. (Sohn?)

(Eroberung des Tschola-Reichs durch die Paṇḍja um 1279)

Anmerkungen:

Chronologie: Die meisten Daten sind angenähert, doch wurden einige exakt bestimmt auf der Basis astronomischen Beweismaterials (Cōḷas, 9). Regierungsjahre wurden gezählt ab der Ernennung zum *yuvarāja* oder Kronprinzen.

Literatur:

Nilakanta Sastri, K. A., The Cōḷas, Madras 1955[2].
Ders., A History of South India, Madras 1975[4].

Das Sultanat von Delhi

Die Muʿizzī-Dynastie

1206–1210	Aybak Leutnant von Muʿizz al-Dīn Muḥammad von Ghūr; eroberte Delhi 1193; de facto Sultan 1206)
1210–1211	Ārām Šāh (Schah)
1211–1236	Iltutmisch (Iletmisch) (Schwiegersohn Aibaks)
1236	Fīrūz I. (Sohn)
1236–1240	Raḍiyya (Schwester; abgesetzt, gestorben 1240)
1240–1242	Bahrām (Bruder; abgesetzt, gestorben 1242)
1242–1246	Masʿūd (Sohn von Fīrūz I.)
1246–1266	Maḥmūd I. (Sohn von Iltutmisch)
1266–1287	Balban
1287–1290	Kayqubādh (Enkel)
1290	Kayūmarth (Sohn; abgesetzt)

Die Ḫalǧī-Dynastie

1290–1296	Fīrūz II.
1296	Ibrāhīm I. (Sohn; abgesetzt)
1296–1316	Muḥammad I (Neffe von Fīrūz II.)
1316	ʿUmar (Sohn; abgesetzt)
1316–1320	Mubārak I. (Bruder)
1320	Chosrau

Die Dynastie der Tughluqs

1320–1325	Tughluq I.
1325–1351	Muḥammad II. (Sohn)
1351–1388	Fīrūz III. (Neffe von Tughluq I.)
1387–1388	Muḥammad III. (Sohn; Mitregent; abgesetzt)
1388–1389	Tughluq II. (Neffe)
1389–1390	Abū Bakr (Enkel von Fīrūz III.; abgesetzt)
1390–1394	Muḥammad III. (wiedereingesetzt)
1394	Sikandar I. (Sohn)
1394–1413	Maḥmūd II. (Bruder)
1413–1414	Daulat Chan Lōdī (abgesetzt)

Die Sajjid-Dynastie

1414–1421	Chiḍr Chan
1421–1434	Mubārak II. (Sohn)
1434–1445	Muḥammad IV. (Neffe)
1445–1451	ʿĀlam Šāh (Schah) (Sohn; abgesetzt, gestorben 1478)

Die Lōdī-Dynastie

1451–1489	Bahlūl Lōdī
1489–1517	Sikandar II. (Sohn)
1517–1526	Ibrāhīm II. (Sohn)

(Mogulische Eroberung des Sultanats von Delhi 1526)

Anmerkungen:
Namen und Titel: Iltutmisch, nicht Iletmisch: Digby, S., Iran 8, 1970, 57–64.

Literatur:

ʿAzīz Aḥmad, M., Political History and Institutions of the Early Turkish Empire of Delhi (AD 1206–1290), New Delhi 1972.

Habib, M. / Nizami, K. A. (Hg.), The Delhi Sultanate (AD 1206–1526), New Delhi 1970 (Comprehensive History of India, Bd. 5).

Das Königreich der Bahmanīs auf dem Dekkhan

Die Dynastie der Bahmanīden

1347–1359	Ḥasan Bahman Šāh (Schah) (rebellierte gegen die Herrschaft durch Delhi; zum Sultan ausgerufen 1347)
1359–1375	Muḥammad I. (Sohn)
1375–1378	Mujāhid (Sohn)
1378	Dāwūd I. (Enkel von Bahman Šāh)
1378–1397	Muḥammad II. (Bruder)
1397	Tahamtan (Sohn; abgesetzt)
1397	Dāwūd II. (Bruder; abgesetzt, gestorben 1413)
1397–1422	Fīrūz (Enkel von Bahman Šāh; dankte ab, gestorben 1422)
1422–1436	Aḥmad I. (Bruder)
1436–1458	Aḥmad II. (Sohn)
1458–1461	Humāyūn (Sohn)
1461–1463	Aḥmad III. (Sohn)
1463–1482	Muḥammad III. (Bruder)
1482–1518	Maḥmūd (Sohn)
1518–1520	Aḥmad IV (Sohn)
1520–1523	ʿAlāʾ al-Dīn (Sohn; abgesetzt)
1523–1526	Walī Allāh (Sohn von Maḥmūd)
1526–1538	Kalīm Allāh (Bruder)

(Aufsplitterung des Reichs in kleine Königreiche 1538)

Literatur:

Husaini, S. A. Q., Bahman Shāh, Kalkutta,1960.
Sherwani, H. K., The Bahmanis of the Deccan, New Delhi 1985[2].

Das Vijayanagar-Reich

	Die Sangama-Dynastie
1336–1356	Harihara I. (Sohn von Sangama; gründete Vijayanagar; zum König gekrönt 1336)
1356–1377	Bukka I. (Bruder)
1377–1404	Harihara II. (Sohn)
1404–1405	Virupāksha I. (Sohn)
1405–1406	Bukka II. (Bruder)
1406–1422	Devarāya I. (Bruder)
1422	Rāmachandra (Sohn)
1422–1426	Vīravijaya I. (Bruder)
1426–1446	Devarāya II. (Sohn)
1446–1447	Vīravijaya II. (Bruder; abgesetzt)
1447–1465	Mallikārjuna (Sohn Devarāyas II.)
1465–1485	Virupāksha II. (Son Vīravijayas II.)
	Die Sāluva-Dynastie
1485–1491	Sāluva Narasimha
1491	Thimmabhupāla (Sohn)
1491–1505	Immaḍi Narasimha (Bruder)
	Die Tuluva-Dynastie
1505–1509	Vīra Narasimha
1509–1529	Krishṇadeva (Bruder)
1529–1542	Achyuta (Bruder)
1542–1543	Venkata I. (Sohn)
1543–1569	Sadāśiva (Neffe Achyutas; abgesetzt, gestorben 1576)
	Die Aravīḍu-Dynastie
1569–1572	Tirumala
1572–1586	Śrīranga I. (Sohn)
1586–1614	Venkata II. (Bruder)
1614–1615	Śrīranga II. (Neffe)
1615–1633	Rāmadeva (Sohn)
1633–1642	Venkata III. (Großneffe Tirumalas)
1642–1659	Śrīranga III. (Neffe; abgesetzt, gestorben 1679)
	(Muslimische Eroberung des Reiches)

Anmerkungen:
Chronologie: Einige Daten können um ein oder mehrere Jahre variieren.

Literatur:

Nilakanta Sastri, K. A. / Venkataramanayya, N., Further Sources of Vijayanagara History, 3 Bde., Madras 1946.
Rama Sharma, M. H., History of the Vijayanagar Empire, 2 Bde., Bombay 1978–1980.

Das Mogulreich

	Die Mogul-Dynastie
1526–1530	Bābur (Tīmūridenherrscher von Transoxianien 1497–1498 und 1500–1501; eroberte Delhi 1526)
1530–1540	Humāyūn (Sohn; abgesetzt)
	Die Sūrī-Dynastie
1540–1545	Šīr Šāh (Schirschah) Sūr
1545–1553	Islām Šāh (Sohn)
1553–1555	Muḥammad ʿĀdil (Neffe vonŠīr Šāh; abgesetzt, gestorben 1557)
1555	Ibrāhīm III. (Cousin ersten Grades von Šīr Šāh; abgesetzt, gestorben 1568)
1555	Sikandar III. (Cousin ersten Grades; abgesetzt, gestorben 1559)
	Die Mogul-Dynastie
1555–1556	Humāyūn (wiedereingesetzt)
1556–1605	Akbar I., der Große (Sohn)
1605–1627	Ǧahāngīr (Sohn)
1628–1658	Šāh Ǧahān (Schadschahan) I. (Sohn; abgesetzt, gestorben 1666)
1658–1707	Aurangzīb (Aurangseb) ʿĀlamgīr I. (Sohn)
1707–1712	Bahādur Šāh I. (Šāh ʿĀlam I.) (Sohn)
1712–1713	Ǧahāndār Šāh (Sohn; abgesetzt, gestorben 1713)
1713–1719	Farrukhsiyar (Neffe; abgesetzt, gestorben 1719)
1719	Rafīʿ al-Daraǧāt (Enkel von Bahādur Šāh I.; abgesetzt, gestorben 1719)
1719	Šāh Ǧahān (Schadschahan) II. (Rafīʿ al-Daula) (Bruder)
1719–1748	Muḥammad Šāh (Enkel von Bahādur Šāh I.)
1748–1754	Aḥmad Šāh (Sohn; abgesetzt, gestorben 1774)
1754–1759	ʿĀlamgīr II. (Sohn von Ǧahāndār Šāh)
1759–1806	Šāh ʿĀlam II. (Sohn)
1806–1837	Akbar II. (Sohn)
1837–1858	Bahādur Šāh II. (Sohn; abgesetzt, gestorben 1862)
	(Direkte Britische Herrschaft in Indien)

Anmerkungen:

Chronologie: Für eine detailliertere Chronologie der Mogul-Regentschaften, einschließlich aller Prätendenten und Thronanwärterrivalen, siehe Hodivala, Kap. 21.

Namen und Titel: Der Kaisertitel, der Name und Ehrennamen nachfolgte, war *Pādišāh-i-Ghāzī*; der letzte Teil bedeutete «Sieger in einem heiligen Krieg»; siehe Hodivala, Kap. 22.

Literatur:

Hodivala, S. H., Historical Studies in Mughal Numismatics, Kalkutta 1923.

Majumdar, R. C. (Hg.), The Mughul Empire, Bombay 1974 (History and Culture of the Indian People, Bd. 7).

Das Königreich Nepal

	Die Schah-Dynastie
1769–1775	Prithvi Narayan Schah (König des Gurkha-Staates 1743; vereinigte Nepal 1769)
1775–1777	Pratap Singh (Sohn)
1777–1799	Rana Bahadur (Sohn; dankte ab, gestorben 1806)
1799–1816	Girvan Juddha (Sohn)
1816–1847	Rağendra (Sohn; abgesetzt, gestorben 1881)
1847–1881	Surendra (Sohn)
1881–1911	Prithvi (Enkel)
1911–1950	Tribhuvan (Sohn; abgesetzt)
1950–1951	Gyanendra (Enkel; abgesetzt)
1951–1955	Tribhuvan (wiedereingesetzt)
1955–1972	Mahendra (Vater von Gyanendra)
1972–	Birendra (Sohn)

Anmerkungen:

Datierung:

Die Zeitrechnung von Nepal oder Bokram Sambat beginnt 57 v. Chr.

Literatur:

Shaha, R., Modern Nepal: a Political History, 1769–1955, 2 Bde., New Delhi 1990.

Stiller, L. F., The Rise of the House of Gorkha: a Study in the Unification of Nepal, 1768–1816, New Delhi 1973.

VIII

Der Ferne Osten

China

Die Ch'in-Dynastie

221–210	Shih Huang Ti (Chao Chêng) (König des Feudalstaates von Ch'in 247 v. Chr.; nahm 221 den Titel eines Ersten Kaisers an)
210–207	Êrh Shih Huang Ti (Sohn)
207	Ch'in Wang (Neffe; abgesetzt, gestorben 206)

Die westliche Han-Dynastie

207–195	Kao Ti (Liu Chi) (207–202 nur König)
195–188	Hui Ti (Sohn)
188–180	Lü Hou (Mutter; Regentin)
180–157	Wên Ti (Sohn von Kao Ti)
157–141	Ching Ti (Sohn)
141–87	Wu Ti (Sohn)
87–74	Chao Ti (Sohn)
74–48	Hsüan Ti (Urenkel von Wu Ti)
48–33	Yüan Ti (Sohn)
33–7	Ch'êng Ti (Sohn)
7–1	Ai Ti (Neffe)
1–6 n. Chr.	P'ing Ti (Enkel von Yüan Ti)
6–9	Ju-tzŭ Ying (Vierter in direkter Linie von Hsüan Ti; abgesetzt, gestorben 25)

Die Hsin-Dynastie

9–23	Chia Huang Ti (Wang Mang) (Regent und amtierender Kaiser 6–9)
23–25	Huai-yang Wang (Liu Hsüan) (abgesetzt, gestorben 26)

Die östliche Han-Dynastie

25–57	Kuang Wu Ti (Liu Hsiu) (Sechster in direkter Linie von Ching Ti der westlichen Han-Dynastie)
57–75	Ming Ti (Sohn)
75–88	Chang Ti (Sohn)
88–106	Ho Ti (Sohn)
106	Shang Ti (Sohn)
106–125	An Ti (Enkel von Chang Ti)
125–144	Shun Ti (Sohn)
144–145	Ch'ung Ti (Sohn)
145–146	Chih Ti (Vierter in direkter Linie von Chang Ti)

146–168	Huan Ti (Urenkel von Chang Ti)
168–189	Ling Ti (Vierter in direlter Linie von Chang Ti)
189	Shao Ti (Sohn; abgesetzt, gestorben 190)
189–220	Hsien Ti (Bruder; abgesetzt, gestorben 234)

Die Drei Königreiche

Die Wei-Dynastie

220–226	Wên Ti (Ts'ao P'ei)
226–239	Ming Ti (Sohn)
239–254	Fei Ti (Adoptivsohn; abgesetzt, gestorben 274)
254–260	Shao Ti (Enkel von Wên Ti)
260–266	Yüan Ti (Neffe von Wên Ti; abgesetzt, gestorben 302)

Die kleine Han-Dynastie

221–223	Chao Lieh Ti (Liu Pei)
223–263	Hou Chu (Sohn; abgesetzt, gestorben 271)

(Eroberung durch die Wu)

Die Wu-Dynastie

222–252	Ta Ti (Sun Ch'üan) (nur König 222–229)
252–258	Fei Ti (Sohn; abgesetzt, gestorben 260)
258–264	Ching Ti (Bruder)
264–280	Mo Ti (Neffe; abgesetzt, gestorben 281)

(Eroberung durch die westlichen Chin))

Die westliche Chin-Dynastie

266–290	Wu Ti (Ssŭ-ma Yen)
290–307	Hui Ti (Sohn)
307–311	Huai Ti (Bruder; abgesetzt, gestorben 313)

(Interregnum 311–313)

313–316	Min Ti (Neffe; abgesetzt, gestorben 318)

(Eroberung durch die Hsiung-nu)

Die südlichen Dynastien

Die östliche Chin-Dynastie

317–323	Yüan Ti (Ssŭ-ma Jui) (nur König 317–318)
323–325	Ming Ti (Sohn)
325–342	Ch'êng Ti (Sohn)
342–344	K'ang Ti (Bruder)
344–361	Mu Ti (Sohn)
361–365	Ai Ti (Sohn von Ch'êng Ti)
365–372	Hai-hsi Kung (Bruder; abgesetzt, gestorben 386)
372	Chien Wên Ti (Sohn von Yüan Ti)
372–396	Hsiao Wu Ti (Sohn)
396–419	An Ti (Sohn)
419–420	Kung Ti (Bruder; abgesetzt, gestorben 421)

Die Liu Sung-Dynastie

420–422	Wu Ti (Liu Yü)
422–424	Shao Ti (Sohn)
424–453	Wên Ti (Bruder)
453–464	Hsiao Wu Ti (Sohn)
464–466	Ch'ien Fei Ti (Sohn)
466–472	Ming Ti (Sohn von Wên Ti)
472–477	Hou Fei Ti (Sohn)
477–479	Shun Ti (Bruder; abgesetzt, gestorben 479)

Die südliche Ch'i-Dynastie

479–482	Kao Ti (Hsiao Tao-ch'êng)
482–493	Wu Ti (Sohn)
493–494	Yü-lin Wang (Enkel)
494	Hai-ling Wang (Bruder; abgesetzt, gestorben 494)
494–498	Ming Ti (Neffe von Kao Ti)
498–501	Tung-hun Hou (Sohn; abgesetzt, gestorben 501)
501–502	Ho Ti (Bruder; abgesetzt, gestorben 502)

Die Liang-Dynastie

502–549	Wu Ti (Hsiao Yen)
549–551	Chien Wên Ti (Sohn; abgesetzt, gestorben 551)
551	Yü-chang Wang (Urenkel von Wu Ti; abgesetzt, gestorben 552)
552–555	Yüan Ti (Sohn von Wu Ti)
555–557	Ching Ti (Sohn; abgesetzt, gestorben 558)

Die Ch'ên-Dynastie

557–559 Wu Ti (Ch'ên Pa-hsien)
559–566 Wên Ti (Neffe)
566–568 Lin-hai Wang (Sohn; abgesetzt, gestorben 570)
569–582 Hsüan Ti (Bruder von Wên Ti)
582–589 Hou Chu (Sohn; abgesetzt, gestorben 604)

(Eroberung durch die Sui)

Die nördlichen Dynastien

Die nördliche Wei-Dynastie (Hsien-pei)

386–409 Tao Wu Ti (T'o-pa Kuei) (nur König 386–396)
409–423 Ming Yuan Ti (Sohn)
423–452 T'ai Wu Ti (Sohn)
452 Nan-an Wang (Sohn)
452–465 Wên Ch'êng Ti (Neffe)
465–471 Hsien Wên Ti (Sohn; dankte ab, gestorben 476)
471–499 Hsiao Wên Ti (Sohn)
499–515 Hsüan Wu Ti (Sohn)
515–528 Hsiao Ming Ti (Sohn)
528 Lin-t'ao Wang (Urenkel von Hsiao Wên Ti)
528–530 Hsiao Chuang Ti (Enkel von Hsien Wên Ti; abgesetzt, gestorben 531)
530–531 Tung-hai Wang (Vierter in direkter Linie von T'ai Wu Ti; abgesetzt, gestorben 532)
531–532 Chieh Min Ti (Enkel von Hsien Wên Ti)
531–532 An-ting Wang (Fünfter in direkter Linie von T'ai Wu Ti; rivalisierender Anwärter; abgesetzt, gestorben 532)
532–535 Hsiao Wu Ti (Enkel von Hsiao Wên Ti)

Die östliche Wei-Dynastie (Hsien-pei)

534–550 Hsiao Ching Ti (T'o-pa Shan-chien) (Urenkel von Hsiao Wên Ti der nördlichen Wei-Dynastie; abgesetzt, gestorben 552)

Die nördliche Ch'i-Dynastie

550–559 Wên Hsüan Ti (Kao Yang)
559–560 Fei Ti (Sohn; abgesetzt, gestorben 561)
560–561 Hsiao Chao Ti (Bruder von Wên Hsüan Ti)
561–565 Wu Ch'êng Ti (Bruder; dankte ab, gestorben 569)

565–577	Hou Chu (Sohn; dankte ab, gestorben 577)
577	Yu Chu (Sohn)
	(Eroberung durch die nördlichen Chou 577)

Die westliche Wei-Dynastie (Hsien-pei)

535–551	Wên Ti (T'o-pa Pao-chü) (Enkel von Hsiao Wên Ti der nördlichen Wei-Dynastie)
551–554	Fei Ti (Sohn)
554–557	Kung Ti (Bruder)

Die nördliche Chou-Dynastie (Hsien-pei)

557	Hsiao Min Ti (Yü-wên Chüeh)
557–560	Ming Ti (Bruder)
560–578	Wu Ti (Bruder)
578–579	Hsüan Ti (Sohn; dankte ab, gestorben 580)
579–581	Ching Ti (Sohn; abgesetzt, gestorben 581)

Die Sui-Dynastie

581–604	Wên Ti (Yang Chien)
604–617	Yang Ti (Sohn; abgesetzt, gestorben 618)
617–618	Kung Ti (Enkel; abgesetzt, gestorben 619)

Die T'ang-Dynastie

618–626	Kao Tsu (Li Yüan) (dankte ab, gestorben 635)
626–649	T'ai Tsung (Sohn)
649–683	Kao Tsung (Sohn)
684	Chung Tsung (Sohn; abgesetzt)
684–690	Jui Tsung (Bruder; abgesetzt)
690–705	Wu Hou (Mutter; Chou-Dynastie; abgesetzt, gestorben 705)
705–710	Chung Tsung (wiedereingesetzt)
710–712	Jui Tsung (wiedereingesetzt; dankte ab; Regent 712–713; gestorben 716)
712–756	Hsüan Tsung (Sohn; abgesetzt, gestorben 762)
756–762	Su Tsung (Sohn)
762–779	Tai Tsung (Sohn)
779–805	Tê Tsung (Sohn)
805	Shun Tsung (Sohn; dankte ab, gestorben 806)
805–820	Hsien Tsung (Sohn)
820–824	Mu Tsung (Sohn)
824–827	Ching Tsung (Sohn)
827–840	Wên Tsung (Bruder)

840–846	Wu Tsung (Bruder)
846–859	Hsiuan Tsung (Sohn von Hsien Tsung)
859–873	I Tsung (Sohn)
873–888	Hsi Tsung (Sohn)
888–904	Chao Tsung (Bruder)
904–907	Ai Ti (Sohn; abgesetzt, gestorben 908)

Die Fünf Dynastien

Die spätere Liang-Dynastie

907–912	T'ai Tsu (Chu Wên)
912–913	Ying Wang (Sohn)
913–923	Mo Ti (Bruder)

Die spätere T'ang-Dynastie (Türken)

923–926	Chuang Tsung (Li Ts'un-hsü)
926–933	Ming Tsung (Adoptivbruder)
933–934	Min Ti (Sohn)
934–937	Fei Ti (Adoptivbruder)

Die spätere Chin-Dynastie (Türken)

937–942	Kao Tsu (Shih Ching t'ang)
942–947	Ch'u Ti (Neffe; abgesetzt, gestorben 964)

Die spätere Han-Dynastie (Türken)

947–948	Kao Tsu (Liu Chih-yüan)
948–951	Yin Ti (Sohn)

Die spätere Chou-Dynastie

951–954	T'ai Tsu (Kuo Wei)
954–959	Shih Tsung (Adoptivsohn)
959–960	Kung Ti (Sohn; abgesetzt, gestorben 973)

Die Grenzreiche

Die Liao-Dynastie (K'itan)

907–926	T'ai Tsu (Yeh-lü A-pao-chi)
927–947	T'ai Tsung (Sohn)
947–951	Shih Tsung (Neffe)
951–969	Mu Tsung (Sohn von T'ai Tsung)

969–982	Ching Tsung (Sohn von Shih Tsung)
982–1031	Shêng Tsung (Sohn)
1031–1055	Hsing Tsung (Sohn)
1055–1101	Tao Tsung (Sohn)
1101–1125	T'ien-tso Ti (Enkel; abgesetzt, gestorben 1128)

(Eroberung durch die Chin)

Die Chin-Dynastie (Dschurdschen)

1115–1123	T'ai Tsu (Wan-yen A-ku-ta)
1123–1135	T'ai Tsung (Bruder)
1135–1150	Hsi Tsung (Neffe)
1150–1161	Hai-ling Wang (Enkel von T'ai Tsu)
1161–1189	Shih Tsung (Enkel von T'ai Tsu)
1189–1208	Chang Tsung (Enkel)
1208–1213	Wei shao Wang (Sohn von Shih Tsung)
1213–1224	Hsüan Tsung (Bruder von Chang Tsung)
1224–1234	Ai Tsung (Sohn; dankte ab, gestorben 1234)
1234	Mo Ti

(Eroberung durch die Yüan 1234)

Die nördliche Sung-Dynastie

960–976	T'ai Tsu (Chao K'uang-yin)
976–997	T'ai Tsung (Bruder)
997–1022	Chên Tsung (Sohn)
1022–1063	Jên Tsung (Sohn)
1063–1067	Ying Tsung (Urenkel von T'ai Tsung)
1067–1085	Shên Tsung (Sohn)
1085–1100	Chê Tsung (Sohn)
1100–1126	Hui Tsung (Bruder; dankte ab, gestorben 1135)
1126–1127	Ch'in Tsung (Sohn; abgesetzt, gestorben 1161)

Die südliche Sung-Dynastie

1127–1162	Kao Tsung (Bruder; dankte ab, gestorben 1187)
1162–1189	Hsiao Tsung (Siebter in direkter Linie von T'ai Tsu; dankte ab, gestorben 1194)
1189–1194	Kuang Tsung (Sohn; dankte ab, gestorben 1200)
1194–1224	Ning Tsung (Sohn)
1224–1264	Li Tsung (Zehnter in direkter Linie von T'ai Tsu)
1264–1274	Tu Tsung (Neffe)
1274–1276	Kung Ti (Sohn; abgesetzt, gestorben 1323)

1276–1278	Tuan Tsung (Bruder)
1278–1279	Ti Ping (Bruder)
	(Eroberung durch dieYüan 1279)

Die Yüan-Dynastie (Mongolen)

1206–1227	T'ai Tsu (Dschingis)
	(Interregnum 1227–1229)
1229–1241	T'ai Tsung (Ögödei) (Sohn)
	(Interregnum 1241–1246)
1246–1248	Ting Tsung (Güyük) (Sohn)
	(Interregnum 1248–1251)
1251–1259	Hsien Tsung (Möngke) (Enkel von T'ai Tsu)
1260–1294	Shih Tsu (Qubilai) (Bruder)
1294–1307	Ch'êng Tsung (Temür) (Enkel)
1307–1311	Wu Tsung (Qaishan) (Neffe)
1311–1320	Jên Tsung (Ayurbarwada) (Bruder)
1320–1323	Ying Tsung (Shidebala) (Sohn)
1323–1328	T'ai-ting Ti (Yesün Temür) (Neffe von Ch'êng Tsung)
1328–1329	Wên Tsung (Tugh Temür) (Sohn von Wu Tsung; dankte ab)
1329	Ming Tsung (Qoshila) (Bruder)
1329–1332	Wên Tsung (Tugh Temür) (erneut)
1332	Ning Tsung (Irinjibal) (Sohn von Ming Tsung)
1333–1368	Shun Ti (Toghon Temür) (Bruder; abgesetzt, gestorben 1370)

Die Ming-Dynastie

1368–1398	Hung Wu (T'ai Tsu) (Chu Yüan-chang)
1398–1402	Chien Wên (Hui Ti) (Enkel)
1402–1424	Yung Lo (Ch'êng Tsu) (Sohn von T'ai Tsu)
1424–1425	Hung Hsi (Jên Tsung) (Sohn)
1425–1435	Hsüan Tê (Hsüan Tsung) (Sohn)
1435–1449	Chêng T'ung (Ying Tsung) (Sohn; abgesetzt)
1449–1457	Ching T'ai (Ching Ti) (Bruder; abgesetzt, gestorben 1457)
1457–1464	T'ien Shun (Ying Tsung) (wiedereingesetzt)
1464–1487	Ch'êng Hua (Hsien Tsung) (Sohn)
1487–1505	Hung Chih (Hsiao Tsung) (Sohn)

1505–1521	Chêng Tê (Wu Tsung) (Sohn)
1521–1567	Chia Ching (Shih Tsung) (Enkel von Hsien Tsung)
1567–1572	Lung Ch'ing (Mu Tsung) (Sohn)
1572–1620	Wan Li (Shên Tsung) (Sohn)
1620	T'ai Ch'ang (Kuang Tsung) (Sohn)
1620–1627	T'ien Ch'i (Hsi Tsung) (Sohn)
1627–1644	Ch'ung Chên (Chuang-lieh Ti) (Bruder)

Die Ch'ing-Dynastie (Mandschu)

1644–1661	Shun Chih (Shih Tsu) (Aisin-gioro Fu-lin)
1661–1722	K'ang Hsi (Shêng Tsu) (Sohn)
1722–1735	Yung Chêng (Shih Tsung) (Sohn)
1735–1796	Ch'ien Lung (Kao Tsung) (Sohn; dankte ab, gestorben 1799)
1796–1820	Chia Ch'ing (Jên Tsung) (Sohn)
1820–1850	Tao Kuang (Hsüan Tsung) (Sohn)
1850–1861	Hsien Fêng (Wên Tsung) (Sohn)
1861–1875	T'ung Chih (Mu Tsung) (Sohn)
1875–1908	Kuang Hsü (Tê Tsung) (Enkel von Hsüan Tsung)
1908–1912	Hsüan T'ung (Neffe; abgesetzt, gestorben 1967)

(Republik China)

(Regentschaft der Kaiserinwitwe T'zŭ Hsi, Mutter von Mu Tsung, 1861–1873, 1875–1889 und 1898–1908)

Anmerkungen:
Chronologie: In fast allen Fällen sind die Dynastien gemäß deren eigenen Behauptungen, so wie sie in den offiziellen Annalen dargelegt sind, datiert (Kennedy, 285). Sich überschneidende Jahreszahlen weisen auf Rivalenanspüche hin; unbedeutendere Dynastien und solche, die nicht über ganz China herrschten, sind kursiv gesetzt. Regentschaften beginnen mit der Thronbesteigung oder der Inthronisierung. Chinesische Jahreszahlen für die westliche Liao-Dynastie (hier weggelassen) sind unzuverlässig; siehe Pelliot, Bd. 1, 221–224.
Namen und Titel: Der Kaisertitel eines *huang ti* (Erhabener Herrscher) wurde vom König von Ch'in nach seiner Einigung Chinas angenommen. Beginnend mit der westlichen Han-Dynastie waren Kaiser entweder durch einen postumen Gedenktitel (*shih*), der sich aus *chu* (Herr), *hou* (Markgraf), *kung* (Herzog), *wang* (König), *ti* oder *huang ti* zusammensetzte, bekannt oder durch einen postumen Tempeltitel (*miao hao*), gebildet mit *tsu* (Stammvater) oder *tsung* (Vorfahr). Der Tempeltitel ordnete den Monarchen in seine Ahnenreihe ein (Dubs, 31); die Bezeichnung *tsu* war normalerweise für den Gründer einer Dynastie oder einer neuen Linie derselben reserviert, wie er zum Beispiel beim dritten Ming-Kaiser

der Fall ist (Goodrich / Fang, Bd. 1, 317). Das letzte Mitglied einer Dynastie bekam kein Tempelgedenken, ebensowenig Herrscher wie etwa Kung Ti der südlichen Sung-Dynastie, der in Gefangenschaft starb (Franke, 16/3, Art. «Ti Hsien»).

Zusätzlich wurden Regentschaften von der westlichen Han-Dynastie an mittels einer Abfolge von Jahrestiteln (*nien hao*) gekennzeichnet. Diese umfaßten ein oder mehrere ganze Kalenderjahre; das erste einer jeden Herrschaft begann am Neujahrstag nach der Thronbesteigung (Kennedy, 285). Die Ming- und Ch'ing-Kaiser werden durch einen Jahrestitel bezeichnet, da jede Regentschaft nur einen hatte.

In der obigen Liste wird der persönliche Name eines Dynastiegründers nach seinem (bzw. seinen) Titel (bzw. Titeln) aufgeführt; die ethnische Herkunft, falls nicht chinesisch, folgt dem Namen der Dynastie nach. Mongolische Personennamen der Yüan-Kaiser folgen Dardess, J. W., Conquerors and Confucians, New York 1973.

Literatur:

Boodberg, P. A., Marginalia to the Histories of the Northern Dynasties, Harvard Journal of Asiatic Studies 3, 1938, 223–253; 4, 1939, 230–283.

Dubs, H. H., Chinese Imperial Designations, Journal of the American Oriental Society 65, 1945, 26–33.

Franke, H. (Hg.), Sung Biographies, 4 Bde., Wiesbaden 1976 (Münchener ostasiatische Studien, hg. Bauer W. / Franke, H., 16/1–3, 17).

Goodrich, L. C. / Fang, C. (Hg.), Dictionary of Ming Biography, 1368–1644, 2 Bde., New York 1976.

Kennedy, G. A., Dating of Chinese Dynasties and Reigns, Journal of the American Oriental Society 61, 1941, 285–286.

Moule, A. C. / Yetts, W. P., The Rulers of China, 221 BC–AD 1949, London 1957.

Pelliot, P., Notes on Marco Polo, 3 Bde., Paris 1959–1973.

Wittfogel, K. A. / Fêng Chia-shêng, History of Chinese Society: Liao (907–1125), Philadelphia 1949.

Japan

	Die Yamato-Periode: um 40 v. Chr.–710 n. Chr.
40–10 v. Chr.	Jimmu (traditioneller, halblegendärer Gründer eines japanischen Herrscherhauses)
10–20 n. Chr.	Suizei (Sohn)
20–50	Annei (Sohn)
50–80	Itoku (Sohn)
80–110	Kōshō (Sohn)
110–140	Kōan (Sohn)
140–170	Kōrei (Sohn)
170–200	Kōgen (Sohn)
200–230	Kaika (Sohn)
230–258	Sujin (Sohn)
258–290	Suinin (Sohn)
290–322	Keikō (Sohn)
322–355	Seimu (Sohn)
355–362	Chūai (Neffe)
362–394	Ōjin (Sohn)
394–427	Nintoku (Sohn)
427–432	Richū (Sohn)
432–437	Hanzei (Bruder)
437–454	Ingyō (Bruder)
454–457	Ankō (Sohn)
457–489	Yūryaku (Bruder)
489–494	Seinei (Sohn)
494–497	Kenzō (Enkel von Richū)
497–504	Ninken (Bruder)
504–510	Buretsu (Sohn)
510–527	Keitai (Fünfter in direkter Linie von Ōjin)
527–535	Ankan (Sohn)
535–539	Senka (Bruder)
539–571	Kimmei (Bruder)
572–585	Bidatsu (Sohn)
585–587	Yōmei (Bruder)
587–592	Sushun (Bruder)
593–628	Suiko (Schwester)
629–641	Jomei (Enkel von Bidatsu)
642–645	Kōgyoku (Nichte; dankte ab)
645–654	Kōtoku (Bruder)
655–661	Saimei (ex-Kaiserin Kōgyoku, erneut)

661–672	Tenji (Sohn von Jomei)
672	Kōbun (Sohn)
672–686	Temmu (Sohn von Jomei)
686–697	Jitō (Tochter von Tenji; dankte ab, gestorben 703)
697–707	Mommu (Enkel von Temmu)
	Die Nara-Periode: 710–784
707–715	Gemmei (Tochter von Tenji; dankte ab, gestorben 721)
715–724	Genshō (Schwester von Mommu; dankte ab, gestorben 748)
724–749	Shōmu (Sohn von Mommu; dankte ab, gestorben 756)
749–758	Kōken (Tochter; dankte ab)
758–764	Junnin (Enkel von Temmu; abgesetzt, gestorben 765)
764–770	Shōtoku (ex-Kaiserin Kōken, erneut)
770–781	Kōnin (Enkel von Tenji; dankte ab, gestorben 782)
	Die Heian-Periode: 794–1185
781–806	Kammu (Sohn)
806–809	Heizei (Sohn; dankte ab, gestorben 824)
809–823	Saga (Bruder; dankte ab, gestorben 842)
823–833	Junna (Bruder; dankte ab, gestorben 840)
833–850	Nimmyō (Sohn von Saga)
850–858	Montoku (Sohn)
858–876	Seiwa (Sohn; dankte ab, gestorben 881)
876–884	Yōzei (Sohn; abgesetzt, gestorben 949)
884–887	Kōkō (Sohn von Nimmyō)
887–897	Uda (Sohn; dankte ab, gestorben 931)
897–930	Daigo (Sohn; dankte ab, gestorben 930)
930–946	Suzaku (Sohn; dankte ab, gestorben 952)
946–967	Murakami (Bruder)
967–969	Reizei (Sohn; dankte ab, gestorben 1011)
969–984	En'yū (Bruder; dankte ab, gestorben 991)
984–986	Kazan (Sohn von Reizei; dankte ab, gestorben 1008)
986–1011	Ichijō (Sohn von En'yū; dankte ab, gestorben 1011)
1011–1016	Sanjō (Sohn von Reizei; dankte ab, gestorben 1017)
1016–1036	Go-Ichijō (Sohn von Ichijō)
1036–1045	Go-Suzaku (Bruder; dankte ab, gestorben 1045)
1045–1068	Go-Reizei (Sohn)
1068–1073	Go-Sanjō (Bruder; dankte ab, gestorben 1073)
1073–1087	Shirakawa (Sohn; dankte ab, gestorben 1129)
1087–1107	Horikawa (Sohn)
1107–1123	Toba (Sohn; dankte ab, gestorben 1156)
1123–1142	Sutoku (Sohn; dankte ab, gestorben 1164)

1142–1155 Konoe (Bruder)
1155–1158 Go-Shirakawa (Bruder; dankte ab, gestorben 1192)
1158–1165 Nijō (Sohn; dankte ab, gestorben 1165)
1165–1168 Rokujō (Sohn; dankte ab, gestorben 1176)
1168–1180 Takakura (Sohn von Go-Shirakawa; dankte ab, gestorben 1181)
1180–1185 Antoku (Sohn)

Die Kamakura-Periode: 1185–1333

1183–1198 Go-Toba (Bruder; dankte ab, gestorben 1239)
1198–1210 Tsuchimikado (Sohn; dankte ab, gestorben 1231)
1210–1221 Juntoku (Bruder; dankte ab, gestorben 1242)
1221 Chūkyō (Sohn; abgesetzt, gestorben 1234)
1221–1232 Go-Horikawa (Enkel von Takakura; dankte ab, gestorben 1234)
1232–1242 Shijō (Sohn)
1242–1246 Go-Saga (Sohn von Tsuchimikado; dankte ab, gestorben 1272)
1246–1260 Go-Fukakusa (Sohn; dankte ab, gestorben 1304)
1260–1274 Kameyama (Bruder; dankte ab, gestorben 1305)
1274–1287 Go-Uda (Sohn; dankte ab, gestorben 1324)
1287–1298 Fushimi (Sohn von Go-Fukakusa; dankte ab, gestorben 1317)
1298–1301 Go-Fushimi (Sohn; dankte ab, gestorben 1336)
1301–1308 Go-Nijō (Sohn von Go-Uda)
1308–1318 Hanazono (Sohn von Fushimi; dankte ab, gestorben 1348)

Der südliche Hof: 1336–1392

1318–1339 Go-Daigo (Sohn von Go-Uda)
1339–1368 Go-Murakami (Sohn)
1368–1383 Chōkei (Sohn; dankte ab, gestorben 1394)
1383–1392 Go-Kameyama (Bruder; dankte ab, gestorben 1424)

Der nördliche Hof: 1336–1392

1331–1333 Kōgon (Sohn von Go-Fushimi; abgesetzt, gestorben 1364)
1336–1348 Kōmyō (Bruder; dankte ab, gestorben 1380)
1348–1351 Sukō (Sohn von Kōgon; dankte ab, gestorben 1398)
1352–1371 Go-Kōgon (Bruder; dankte ab, gestorben 1374)
1371–1382 Go-En'yū (Sohn; dankte ab, gestorben 1393)

Die Muromachi-Periode: 1392–1573

1382–1412 Go-Komatsu (Sohn; dankte ab, gestorben 1433)
1412–1428 Shōkō (Sohn)

1428–1464	Go-Hanazono (Urenkel von Sukō; dankte ab, gestorben 1471)
1464–1500	Go-Tsuchimikado (Sohn)
1500–1526	Go-Kashiwabara (Sohn)
1526–1557	Go-Nara (Sohn)
1557–1586	Ōgimachi (Sohn; dankte ab, gestorben 1593)

Die Tokugawa-Periode: 1600–1868

1586–1611	Go-Yōzei (Enkel; dankte ab, gestorben 1617)
1611–1629	Go-Mizunoo (Sohn; dankte ab, gestorben 1680)
1629–1643	Meishō (Tochter; dankte ab, gestorben 1696)
1643–1654	Go-Kōmyō (Bruder)
1655–1663	Go-Sai (Bruder; dankte ab, gestorben 1685)
1663–1687	Reigen (Bruder; dankte ab, gestorben 1732)
1687–1709	Higashiyama (Sohn; dankte ab, gestorben 1710)
1709–1735	Nakamikado (Sohn; dankte ab, gestorben 1737)
1735–1747	Sakuramachi (Sohn; dankte ab, gestorben 1750)
1747–1762	Momozono (Sohn)
1762–1771	Go-Sakuramachi (Schwester; dankte ab, gestorben 1813)
1771–1779	Go-Momozono (Sohn von Momozono)
1780–1817	Kōkaku (Urenkel Higashiyamas; dankte ab, gestorben 1840)
1817–1846	Ninkō (Sohn)
1846–1867	Kōmei (Sohn)
1867–1912	Meiji (Sohn)
1912–1926	Taishō (Sohn)
1926–1989	Shōwa (Sohn; Regent 1921–1926)
1989–	Akihito (Sohn)

Das Kamakura-Schogunat

1192–1195	Minamoto Yoritomo (ernannt zum *seii-taishōgun* oder Kronfeldherrn 1192; dankte ab, gestorben 1199)
1202–1203	Yoriie (Sohn; abgesetzt, gestorben 1204)
1203–1219	Sanetomo (Bruder)
1226–1244	Kujō Yoritsune (abgesetzt, gestorben 1256)
1244–1252	Yoritsugu (Sohn; abgesetzt, gestorben 1256)
1252–1266	Munetaka (Sohn von Kaiser Go-Saga; abgesetzt, gestorben 1274)
1266–1289	Koreyasu (Sohn; abgesetzt, gestorben 1326)
1289–1308	Hisaaki (Sohn von Kaiser Go-Fukakusa; abgesetzt, gestorben 1328)
1308–1333	Morikuni (Sohn; dankte ab, gestorben 1333)

(Suspendierung des Schogunats)

Die Hōjō-Regentschaft

1203–1205	Hōjō Tokimasa (ernannt zum *shikken* oder Schogunatsregenten 1203; abgesetzt, gestorben 1215)
1205–1224	Yoshitoki (Sohn)
1224–1242	Yasutoki (Sohn)
1242–1246	Tsunetoki (Enkel)
1246–1256	Tokiyori (Bruder; dankte ab, gestorben 1263)
1256–1264	Nagatoki (Enkel von Yoshitoki)
1264–1268	Masamura (Sohn von Yoshitoki; dankte ab, gestorben 1273)
1268–1284	Tokimune (Sohn von Tokiyori)
1284–1301	Sadatoki (Sohn; dankte ab, gestorben 1311)
1301–1311	Morotoki (Enkel von Tokiyori)
1311–1312	Munenobu (Vierter in direkter Linie von Tokimasa)
1312–1315	Hirotoki (Urenkel von Masamura)
1316–1326	Takatoki (Sohn von Sadatoki; dankte ab, gestorben 1333)
1327–1333	Moritoki (Urenkel von Nagatoki)

(Ende der Hōjō-Regentschaft 1333)

Das Ashikaga-Schogunat

1338–1358	Ashikaga Takauji (ernannt zum *seii-taishōgun* oder Kronfeldherrn 1338)
1359–1367	Yoshiakira (Sohn)
1369–1395	Yoshimitsu (Sohn; dankte ab, gestorben 1408)
1395–1423	Yoshimochi (Sohn; dankte ab, gestorben 1428)
1423–1425	Yoshikazu (Sohn)
1429–1441	Yoshinori (Sohn von Yoshimitsu)
1442–1443	Yoshikatsu (Sohn)
1449–1474	Yoshimasa (Bruder; dankte ab, gestorben 1490)
1474–1489	Yoshihisa (Sohn)
1490–1493	Yoshitane (Neffe von Yoshimasa; abgesetzt)
1495–1508	Yoshizumi (Neffe von Yoshimasa; abgesetzt, gestorben 1511)
1508–1522	Yoshitane (wiedereingesetzt; abgesetzt, gestorben 1523)
1522–1547	Yoshiharu (Sohn von Yoshizumi; dankte ab, gestorben 1550)
1547–1565	Yoshiteru (Sohn)
1568	Yoshihide (Neffe von Yoshiharu)
1568–1573	Yoshiaki (Sohn von Yoshiharu; abgesetzt, gestorben 1597)

(Suspendierung des Schogunats)

Das Tokugawa-Schogunat

1603–1605	Tokugawa Ieyasu (ernannt zum *seii-taishōgun* 1603; dankte ab, gestorben 1616)
1605–1623	Hidetada (Sohn; dankte ab, gestorben 1632)
1623–1651	Iemitsu (Sohn)
1651–1680	Ietsuna (Sohn)
1680–1709	Tsunayoshi (Bruder)
1709–1712	Ienobu (Neffe)
1713–1716	Ietsugu (Sohn)
1716–1745	Yoshimune (Urenkel von Ieyasu; dankte ab, gestorben 1751)
1745–1760	Ieshige (Sohn; dankte ab, gestorben 1761)
1760–1786	Ieharu (Sohn)
1787–1837	Ienari (Urenkel von Yoshimune; dankte ab, gestorben 1841)
1837–1853	Ieyoshi (Sohn)
1853–1858	Iesada (Sohn)
1858–1866	Iemochi (Enkel von Ienari)
1867–1868	Yoshinobu (Keiki) (Zehnter in direkter Linie von Ieyasu; dankte ab, gestorben 1913)
	(Ende des Schogunats)

Anmerkungen:

Chronologie: Frühe Jahreszahlen und traditionelle Verwandtschaftsbeziehungen sind diejenigen von Reischauer. Indem er neuerer japanischer Forschung folgt, macht Kiley Richu zum ersten gänzlich historischen Yamato-Herrscher und Keitai zum Begründer des jetzigen Kaiserhauses. Die Jahreszahlen von ca. 427 bis 539 sind angenähert.

Kalender und Datierung: Seit 701 wurden Jahreszahlen in Form einer Abfolge von Zeitaltern (*nengō*) ausgedrückt, wobei jedes ein einziges oder mehrere ganze Kalenderjahre umfaßte. Vom Anfang der Meiji-Ära (1868) an deckt sich der *nengō* zeitlich mit der Regentschaft; siehe Webb, H., Research in Japanese Sources: a Guide, New York 1965, Kap. 2. Für eine Liste der *nengō* und der entsprechenden julianischen Jahreszahlen, siehe Tsuchihashi, P.Y., Japanese Chronological Tables from 601 to 1872 AD, Tokyo 1952. Der gregorianische Kalender ersetzte am 1. Januar 1873 einen Mondkalender chinesischen Ursprungs.

Namen und Titel: Vom frühen siebten Jahrhundert an war der Titel *tennō* (Souverän, auf deutsch Kaiser oder Kaiserin) in Gebrauch. Ein zurückgetretener Herrscher führte den Titel *dajō-tennō* (zurückgetretener Souverän) oder, falls er der buddhistischen Geistlichkeit angehörte, den eines *dajō-hōō* (priesterlicher, zurückgetretener Souverän).

Im 8. Jahrhundert nahm Japan die chinesische Praxis an, den Herrschern postume Namen (*okurina*) zu geben; denjenigen von Jimmu bis Jitō wurden sie rückwirkend verliehen. Mit dem Beginn der Meiji-Ära (1868) wird der Name des Zeitalters (*nengō*) zum postumen Herrschernamen; vgl. Reischauer.

Literatur:

Dokushi sōran (Handbuch der japanischen Geschichte), hg. Obata, A., u. a., Tokyo 1966.

Kiley, C. J., State and Dynasty in Archaic Yamato, Journal of Asian Studies 33, 1973, 25–49.

Kodansha Encyclopedia of Japan, 9 Bde., Tokyo 1983.

Reischauer, R. K., Early Japanese History (c. 40 BC–AD 1167), 2 Bde., Princeton 1937.

Das Königreich Korea

Die Yi-Dynastie

1392–1398	T'aejo (Yi Sŏnggye) (de facto Herrscher 1388; König 1392; dankte ab, gestorben 1408)
1398–1400	Chŏngjong (Sohn; dankte ab, gestorben 1419)
1400–1418	T'aejong (Bruder; dankte ab, gestorben 1422)
1418–1450	Sejong (Sohn)
1450–1452	Munjong (Sohn)
1452–1455	Tanjong (Sohn; abgesetzt, gestorben 1457)
1455–1468	Sejo (Sohn von Sejong)
1468–1469	Yejong (Sohn)
1469–1494	Sŏngjong (Neffe)
1494–1506	Yŏnsan-gun (Sohn; abgesetzt, gestorben 1506)
1506–1544	Chungjong (Bruder)
1544–1545	Injong (Sohn)
1545–1567	Myŏngjong (Bruder)
1567–1608	Sŏnjo (Neffe)
1608–1623	Kwanghae-gun (Sohn; abgesetzt, gestorben 1641)
1623–1649	Injo (Neffe)
1649–1659	Hyojong (Sohn)
1659–1674	Hyŏnjong (Sohn)
1674–1720	Sukchong (Sohn)
1720–1724	Kyŏngjong (Sohn)
1724–1776	Yŏngjo (Bruder)
1776–1800	Chŏngjo (Enkel)
1800–1834	Sunjo (Sohn)
1834–1849	Hŏnjong (Enkel)
1849–1864	Ch'ŏlchong (Großneffe von Chŏngjo)
1864–1907	Kojong (Urgroßneffe von Chŏngjo; Kaiser 1897; Japanisches Protektorat 1905; abgesetzt, gestorben 1919)
1907–1910	Sunjong (Sohn; abgesetzt, gestorben 1926)

(Japanische Annexion von Korea)

Anmerkungen:
Namen und Titel: Die Herrscher bekamen postume Titel nach chinesischer Art, normalerweise gebildet mit *jo* (Stammvater) oder *jong* (Vorfahre); der Gründer der Yi-Dynastie war der «Große Stammvater» (Han, 170). Der königliche Titel war das chinesische *wang*.

Literatur:
Han Woo-keun, The History of Korea, Honolulu 1971.
Hatada, T., A History of Korea, Santa Barbara 1969.

Das Königreich Burma

Die Konbaung-Dynastie

1752–1760	Alaungpaya (nahm den Königstitel an 1752; vereinigte Burma 1752–1757)
1760–1763	Naungdawgyi (Sohn)
1763–1776	Hsinbyushin (Bruder)
1776–1782	Singu (Sohn; abgesetzt, gestorben 1782)
1782	Maung Maung (Sohn von Naungdawgyi)
1782–1819	Bodawpaya (Sohn von Alaungpaya)
1819–1837	Bagyidaw (Enkel; abgesetzt, gestorben 1846)
1837–1846	Tharrawaddy (Bruder)
1846–1853	Pagan (Sohn; abgesetzt, gestorben 1880)
1853–1878	Mindon (Bruder)
1878–1885	Thibaw (Sohn; abgesetzt, gestorben 1916)

Vereinigung Burmas mit Britisch-Indien 1886)

Literatur:
Encyclopedia of Asian History, hg. Embree, A. T., 4 Bde., New York 1988.
Koenig, W. J., The Burmese Polity, 1752–1819, Ann Arbor 1990.

Das Königreich Thailand

Die Chakri-Dynastie

1782–1809	Rama I. (Chaophraya Chakri) (Minister und Armeeführer; zum König ausgerufen 1782)
1809–1824	Rama II. (Itsarasunthon) (Sohn)
1824–1851	Rama III. (Chetsadabodin) (Sohn)
1851–1868	Rama IV. (Mongkut) (Bruder)
1868–1910	Rama V. (Chulalongkorn) (Sohn)
1910–1925	Rama VI. (Vajiravudh) (Sohn)
1925–1935	Rama VII. (Prajadhipok) (Bruder; dankte ab, gestorben 1941)
1935–1946	Rama VIII. (Ananda Mahidol) (Neffe)
1946–	Rama IX. (Bhumibol Adulyadej) (Bruder)

Literatur:

Terwiel, B. J., A History of Modern Thailand, 1767–1942, St. Lucia 1983.

Wyatt, David K., Thailand: a Short History, New Haven 1984.

Das Königreich Laos

Das Königreich von Luang Prabang

1707–1713	Kingkitsarat (folgte in Luang Prabang nach der Teilung von Laos um 1707)
1713–1723	Ong Nok (Cousin; abgesetzt, gestorben 1759)
1723–1749	Inthasom (Bruder von Kingkitsarat)
1749–1750	Inthaphon (Sohn; dankte ab)
1750–1771	Sotikakuman (Bruder; dankte ab)
1771–1791	Suriyavong (Bruder)
1791–1816	Anuruttha (Bruder)
1816–1837	Mangthaturat (Sohn)
1837–1850	Suksoem (Sohn)
1850–1870	Chantharat (Bruder)
1870–1891	Un Kham (Bruder; abgesetzt, gestorben 1895)
1891–1904	Sakkarin (Sohn)

(Französisches Protektorat über Laos 1893/1896–1949)

Das Königreich Laos

1904–1959	Sisavangvong (Sohn; abgesetzt 1945–1946; König des vereinigten Laos 1946)
1959–1975	Savangvatthana (Sohn; abgesetzt, gestorben 1978)

(Demokratische Volksrepublik)

Anmerkungen:
Chronologie: Die Jahreszahlen folgen den Lao-Chroniken; vor 1791 sind sie unsicher. Savangvatthana starb im Mai 1978; vgl. Bangkok Post, 13. Dezember 1987, 8–9.

Literatur:

Le Boulanger, P., Histoire du Laos français, Paris 1931.
Viravong, M. S., History of Laos, New York 1964.

Das Khmer-Reich

Das Königreich von Chenla

550–600	Bhavavarman I. (lokaler Herrscher im Tal des Mekong um 550 oder später)
600–611	Mahendravarman (Bruder)
611–635	Īśānavarman I. (Sohn)
635–650	Bhavavarman II.
650–690	Jayavarman I.
690–713	Jayadevī (Tochter)

(Aufteilung Kambodschas bis gegen 800)

Das Königreich von Angkor

802–834	Jayavarman II. (vereinigte die lokalen Fürstentümer Kambodschas von ca. 770 bis 802)
834–877	Jayavarman III. (Sohn)
877–889	Indravarman I.
889–910	Yaśovarman I. (Sohn)
910–922	Harshavarman I. (Sohn)
922–928	Īśānavarman II. (Bruder)
928–941	Jayavarman IV. (Enkel mütterlicherseits von Indravarman I.)
941–944	Harshavarman II. (Sohn)
944–968	Rājendravarman (Bruder von Jayavarman IV.)
968–1001	Jayavarman V. (Sohn)
1001–1002	Udayādityavarman I. (Neffe)
1002–1006	Jayavīravarman
1002–1050	Sūryavarman I. (Gegenkönig)
1050–1066	Udayādityavarman II. (Sohn)
1066–1080	Harshavarman III. (Bruder)
1080–1107	Jayavarman VI.
1107–1113	Dharaṇīndravarman I. (Bruder)
1113–1150	Sūryavarman II. (Großneffe)
1150–1160	Dharaṇīndravarman II. (Cousin)
1160–1165	Yaśovarman II. (Sohn)
1165–1177	Tribhuvanādityavarman

(Interregnum 1177–1181)

1181–1218	Jayavarman VII. (Sohn von Dharaṇīndravarman II.)
1218–1243	Indravarman II.

1243–1295	Jayavarman VIII.
1295–1307	Indravarman III. (Schwiegersohn)
1307–1327	Indrajayavarman
1327–1353	Jayavarman IX. (letzter in Inschriften bezeugter König)

(Aufgabe von Angkor um 1445)

Anmerkungen:
Chronologie und Datierung: Die meisten Jahreszahlen sind angenähert, speziell für Chenla. Einige Verwandtschaftsverhältnisse sind unsicher, und einige folgen der weiblichen Linie. Überarbeitete Daten folgen Jacques, C., Bulletin de l'école française d'extrême-orient 58, 1971, 163–176; 59, 1972, 193–220. Inschriften sind datiert nach der Śaka-Ära, welche 79 n. Chr. begann.

Literatur:
Briggs, L. P., The Ancient Khmer Empire, Philadelphia 1951.
Coedès, G., The Indianized States of Southeast Asia, Honolulu 1968.

Das moderne Kambodscha

Das Königreich Kambodscha

1779–1797	Eng (König von Kambodscha als Vasall von Thailand; im Exil 1783–1794)
1797–1835	Chan (Sohn)
1835–1847	Mei (Tochter; abgesetzt, gestorben 1874)
1847–1860	Duang (Sohn von Eng)
1860–1904	Norodom (Sohn)

(Französisches Protektorat über Kambodscha 1863–1953)

1904–1927	Sisowath (Bruder)
1927–1941	Monivong (Sohn)
1941–1955	Norodom Sihanouk (Enkel der weiblichen Linie; dankte ab)
1955–1960	Norodom Suramarit (Vater; Enkel Norodoms)
1960–1970	Norodom Sihanouk (nur Staatschef; abgesetzt)

(Republik Khmer 1970–1975)

Literatur:
Chandler, D. P., History of Cambodia, Boulder 1983).
Leclère, A., Histoire du Cambodge, Paris 1914.

Das moderne Vietnam

Die Nguyên-Dynastie

1802–1820	Gia Long (Nguyên Phúc-Anh) (König von Cochin-China, Tonking und Annam ab 1802; Kaiser 1806)
1820–1841	Minh Mang (Sohn)
1841–1847	Thiêu Tri (Sohn)
1847–1883	Tu Dúc (Sohn)
	(Französische Eroberung von Cochin-China 1867)
1883	Duc Dúc (Neffe; abgesetzt, gestorben 1883)
1883	Hiêp Hoà (Sohn von Thiêu Tri)
1883–1884	Kiên Phúc (Neffe)
	(Französisches Protektorat über Tonking und Annam 1883–1945)
1884–1885	Hàm Nghi (Bruder; abgesetzt, gestorben 1944)
1885–1889	Dông Khánh (Bruder)
1889–1907	Thành Thái (Sohn von Duc Dúc; abgesetzt, gestorben 1954)
1907–1916	Duy Tân (Sohn; abgesetzt, gestorben 1945)
1916–1925	Khai Dinh (Sohn von Dông Khánh)
1926–1945	Bao Dai (Sohn; dankte ab; Staatschef von Vietnam 1949–1955; abgesetzt)

Anmerkungen:

Namen und Titel: Kaiser sind unter ihrem Herrschaftstitel (*niên hiêu*) bekannt; derjenige von Gia Long begann im Juni 1802. Nguyên Phúc-Anh forderte den Titel eines Königs seit 1780; den eines Kaisers (*hoàng dê*) nahm er in der Mitte des Jahres 1806 an. Die Bezeichnung Viêt-Nam wurde 1804 angenommen; siehe Maybon, 349, 377.

Literatur:

Bùi Quang Tung, Tables synoptiques de chronologie viêtnamienne, Bulletin de l'école française d'extrême-orient 51, 1963, 1–78.

Maybon, C. B., Histoire moderne du pays d'Annam (1592–1820), Paris 1919.

IX

Afrika

Das Äthiopische Kaiserreich

Die salomonische Dynastie

1270–1285	Jekuno 'Amlak (Begründer oder gemäß Legende Wiederhersteller einer Dynastie, die sich von Salomo herleitet)
1285–1294	Jagbe'a Sejon (Sohn)
	(Periode von Wirren 1294–1299)
1299–1314	Wedem Ra'ad (Bruder)
1314–1344	'Amda Sejon I. (Sohn)
1344–1371	Newaja Krestos (Sohn)
1371–1380	Newaja Marjam (Sohn)
1380–1412	David I. (Bruder)
1412–1413	Theodor I. (Sohn)
1413–1430	Isaak (Bruder)
1430	Andreas (Sohn)
1430–1433	Takla Marjam (Sohn Davids I.)
1433	Sarwe Ijasus (Sohn)
1433–1434	'Amda Ijasus (Bruder)
1434–1468	Zar'a Ja'qob (Sohn Davids I.)
1468–1478	Ba'eda Marjam I. (Sohn)
1478–1494	Alexander (Sohn)
1494	'Amda Sejon II. (Sohn)
1494–1508	Na'od (Sohn von Ba'eda Marjam I.)
1508–1540	Lebna Dengel (David II.) (Sohn)
1540–1559	Claudius (Sohn)
1559–1563	Minas (Bruder)
1563–1597	Sarsa Dengel (Sohn)
1597–1603	Jakob (Sohn; abgesetzt)
1603–1604	Za Dengel (Enkel von Minas)
1604–1607	Jakob (widereingesetzt)
1607–1632	Susenjos (Urenkel von Lebna Dengel; dankte ab, gestorben 1632)
1632–1667	Fasiladas (Sohn)
1667–1682	Johannes I. (Sohn)
1682–1706	Ijasu I., der Große (Sohn; abgesetzt, gestorben 1706)
1706–1708	Takla Hajmanot I. (Sohn)
1708–1711	Theophilos (Sohn von Johannes I.)
1711–1716	Justus (Enkel mütterlicherseits von 'Amlakawit, Tochter von Johannes I.; abgesetzt, gestorben 1716)

1716–1721	David III. (Sohn von Ijasu I.)
1721–1730	'Asma Gijorgis (Bruder)
1730–1755	Ijasu II., der Kleine (Sohn)
1755–1769	Ijo'as I (Sohn; abgesetzt, gestorben 1769)
1769	Johannes II. (Sohn von Ijasu I.)
1769–1777	Takla Hajmanot II. (Sohn; abgesetzt, gestorben 1777)
	(Periode von Wirren und geteilter Herrschaft 1777–1855)
	Das moderne Äthiopien
1855–1868	Theodor II. (Kasa) (Gouverneur von Kwara; nur König 1854–1855)
1868–1871	Takla Gijorgis II. (Gobaze) (abgesetzt, gestorben 1872)
1872–1889	Johannes IV. (Kasa)
1889–1913	Menelik II. (Sohn von Haile Malakot, König von Shoa)
1913–1916	Lij Ijasu (Ijasu V.) (Enkel der weiblichen Linie; abgesetzt, gestorben 1935)
1916–1930	Zawditu (Tochter von Menelik II.)
1930–1974	Haile Selassie I. (Enkel der Schwester von Haile Malakot; Regent 1916–1930; König 1928; abgesetzt, gestorben 1975)
1974–1975	Asfa Wossen (Sohn; nur König; abgesetzt)
	(Provisorische Militärregierung)

Anmerkungen:

Chronologie und Kalender: Die Jahreszahlen bis zur Mitte des 15. Jahrhunderts können um etwa ein Jahr variieren; zu David I. und seinen Söhnen siehe Tamrat, 279–280.

Das äthiopische bürgerliche Jahr war julianisch und begann am 29. August; Zeitrechnungen begannen mit der Erschaffung der Welt, mit der Geburt Christi und mit dem Jahr 284 n. Chr., dem Jahr der Thronbesteigung Diokletians (Märtyrerära); vgl. Buxton, D., The Abyssinians, London 1970, 182–188.

Namen und Titel: Der amharische Königstitel war *negus*; der Kaisertitel «König der Könige» (*negusa nagast*).

Literatur:

Budge, E. A. W., A Hstory of Ethiopia, Nubia and Abyssinia, 2 Bde., London 1928.
Chaine, M., La chronologie des temps chrétiens de l'Egypte et de l'Ethiopie, Paris 1925.
Tamrat, T., Church and State in Ethiopia, 1270–1527, Oxford 1972.

Das Königreich Madagaskar

Die Dynastie der Merina (Andriana)

1710–1735	Andriantsimitoviaminandriana (König von Ambohimanga in Zentral-Madagaskar um 1710)
1735–1760	Andriambelomasina (entfernter Cousin)
1760–1783	Andrianjafy (Sohn)
1783–1809	Andrianampoinimerina (Schwestersohn)
1809–1828	Radama I. (Sohn)
1828–1861	Ranavalona I. (Witwe, Großnichte von Andrianjafy)
1861–1863	Radama II. (Sohn)
1863–1868	Rasoherina (Witwe; Schwestertochter von Ranavalona I.)
1868–1883	Ranavalona II. (Schwestertochter von Ranavalona I.)
1883–1896	Ranavalona III. (entfernter Cousin; abgesetzt, gestorben 1917)

(Französisches Protektorat 1895; Vereinigung mit dem Französischen Reich)

Anmerkungen:
Chronologie: Die Jahreszahlen vor Andrianampoinimerina sind spekulativ; die obigen folgen Delivré, Kap. 5. Die Dynastie herrschte bis Radama I. nicht über ganz Madagaskar.

Literatur:
Brown, M., Madagascar Rediscovered: a History from Early Times to Independence, Hamden 1979.

Delivré, A., L'histoire des rois d'Imerina: interprétation d'une tradition orale, Paris 1974.

Das Königreich der Zulu

1781–1816	Senzangakona (Stammeshäuptling der Zulu im Gebiet der heute südafrikanischen Provinz Natal um 1781)
1816	Sigujana (Sohn)
1816–1828	Chaka (Bruder)
1828–1840	Dingane (Bruder)
1840–1872	Mpande (Bruder)
1872–1884	Cetshwayo (Sohn; im Exil 1879–1883)
1884–1887	Dinuzulu (Sohn; abgesetzt, gestorben 1913)

(Britische Annexion von Zululand)

Anmerkungen:
Chronologie: Die Jahreszahlen bis 1816 sind angenähert.

Literatur:

Binns, C. T., The Last Zulu King: the Life und Death of Cetshwayo, London 1963.
Roberts, B., The Zulu Kings, New York 1974.

Das Königreich Swasiland

1815–1839	Sobhuza I. (König der Ngwane im südlichen Swasiland um 1815; vereinigte die Stämme im Norden)
1839–1865	Mswati II. (Sohn)
1865–1874	Ludvonga (Sohn)
1874–1889	Mbandzeni (Bruder)
1889–1899	Bunu (Sohn; südafrikanisches Protektorat 1894–1899)
1921–1982	Sobhuza II. (Sohn; Regentschaft 1899–1921; Britisches Protektorat 1903–1968)
1986–	Mswati III. (Sohn; Regentschaft 1982–1986)

Anmerkungen:
Chronologie: Für die Diskussion der Jahreszahlen bis 1874 siehe Bonner.

Literatur:

Bonner, P., Kings, Commoners and Concessionaires: the Evolution and Dissolution of the Nineteenth-Century Swazi State, Cambridge 1983.
Matsebula, J. S. M., A History of Swaziland, Kapstadt 1972.

Das Königreich Lesotho

Die Dynastie der Koena

1828–1870	Moshoeshoe I. (Oberhäuptling von Basutoland um 1828; dankte ab, gestorben 1870; Britisches Protektorat 1868–1966)
1870–1891	Letsie I. (Sohn)
1891–1905	Lerotholi (Sohn)
1905–1913	Letsie II. (Sohn)
1913–1939	Griffith (Bruder)
1939–1940	Seeiso (Sohn)
1960–1990	Moshoeshoe II. (Sohn; Regentschaft 1940–1960; Königreich Lesotho 1966; abgesetzt)
1990–	Letsie III. (Sohn)

Literatur:

Haliburton, G., Historical Dictionary of Lesotho, Metuchen 1977.

Sanders, P., Moshoeshoe, Chief of the Sotho, London 1975.

Das Zentralafrikanische Kaiserreich

Das Haus Bokassa

1976–1979	Bokassa I. (Jean-Bédel Bokassa) (Präsident der Zentralafrikanischen Republik 1966; Kaiser 1976; abgesetzt)
	(Wiedererrichtung der Republik)

Literatur:

Kalck, P., Historical Dictionary of the Central African Republic, Metuchen 1980.

X

Die Neue Welt

Das Reich der Inka

	Das Königreich von Cuzco
um 1200?	Manco Capac (traditioneller Begründer von Cuzco und des königlichen Hauses der Inka)
	Sinchi Roca (Sohn)
	Lloque Yupanqui (Sohn)
	Mayta Capac (Sohn)
	Capac Yupanqui (Sohn)
	Inka Roca (Sohn)
	Yahuar Huacac (Sohn)
	Viracocha Inka (Sohn)
	Das Reich
1438–1471	Pachacuti (Sohn; dankte ab, gestorben 1472)
1471–1493	Topa Inka (Sohn)
1493–1524	Huayna Capac (Sohn)
1524–1532	Huascar (Sohn; abgesetzt, gestorben 1532)
1532	Atauhualpa (Bruder; abgesetzt, gestorben 1533)
	(Spanische Eroberung des Inkareichs)
	Der Staat von Vilcabamba
1533	Topa Hualpa (Bruder)
1533--1545	Manco Inca (Bruder)
1545–1560	Sayri Tupac (Sohn)
1560–1571	Titu Cusi Yupanqui (Bruder)
1571–1572	Tupac Amaru (Bruder; abgesetzt, gestorben 1572)
	(Spanische Eroberung des Staates von Vilcabamba)

Anmerkungen:
Chronologie: Nach Zuidemas Meinung sind die Pachacuti vorausgehenden Inka-Herrscher fiktiv, wobei zeitgenössische Häuptlinge von Cuzco von späteren Chronisten als Monarchen in einer Dynastie dargestellt werden. Glaubhafte Daten für die in den Chroniken aufgeführten Herrscher sind bis zur Thronbesteigung von Pachacuti (ca. 1438) nicht zu finden; Zuidema, 52–53, 122–123, 227–235.

Die Jahreszahlen bis zu Huayana Capac sind angenähert; zu seinem Tod im Jahre 1524 siehe Brundage, B. C., Lords of Cuzco, Norman 1967, 373.

Literatur:

Brundage, B. C., Empire of the Inca, Norman 1963.

Zuidema, R. T., The Ceque System of Cuzco: the Social Organization of the Capital of the Inca, Leiden 1964.

Das Reich der Azteken

1372–1391	Acamapichtli (Aztekenhäuptling in Tenochtitlán; traditioneller Begründer des aztekischen Königshauses)
1391–1416	Huitzilihuitl (Sohn)
1416–1427	Chimalpopoca (Sohn)
1427–1440	Itzcoatl (Sohn von Acamapichtli)
1440–1468	Moctezuma I., Ilhuicamina (Sohn von Huitzilihuitl)
1468–1481	Axayacatl (Enkel von Itzcoatl)
1481–1486	Tizoc (Bruder)
1486–1502	Ahuitzotl (Bruder)
1502–1520	Moctezuma II., Xocoyotzin (Sohn von Axayacatl)
1520	Cuitlahuac (Bruder)
1520–1521	Cuauhtemoc (Sohn von Ahuitzotl; abgesetzt, gestorben 1525)
	(Spanische Eroberung des Aztekenreichs)

Anmerkungen:

Chronologie und Kalender: Die Jahreszahlen bis 1468 sind angenähert; die obigen folgen Davies. Zu Acamapichtli vgl. Ders., 200–205.

Die Azteken bezeichneten jedes Sonnenjahr mit einer Zahl von 1 bis 13 und mit einem von vier Namen, wobei die Jahre in Zyklen von 52 (13 mal 4) gezählt wurden. Obwohl die Abfolge der Jahre innerhalb des Zyklus bestimmt war, variierte ihr Anfangsjahr gemäß den verschiedenen Zählweisen, die im Tal Mexikos in Gebrauch waren; Jahreszahlen in einer einzelnen Quelle können bis zu sieben verschiedenen Zählweisen folgen; siehe Davies, 193–197, mit einer Korrelation der Zählweisen in Tabelle A.

Literatur:

Brundage, B. C., A Rain of Darts: the Mexica Aztecs, Austin 1972.

Davies, C. N., Los Mexicas: primeros pasos hacia el imperio, México 1973.

Haiti

Das Haus Dessalines

1804–1806 Jacques I. (zum Kaiser ausgerufen nach der Unabhängigkeit Haitis)

(Teilung Haitis 1807)

Das Haus Christophe

1811–1820 Henri I. (Präsident des nördlichen Haiti 1807; zum König ausgerufen 1811)

(Wiedervereinigung Haitis 1820)

Das Haus Soulouque

1849–1859 Faustin I. (Präsident von Haiti 1847; Kaiser 1849; abgesetzt, gestorben 1867)

(Republik Haiti)

Literatur:

Heinl, R. D., Jr. / Heinl, N. G., Written in Blood: the Story of the Haitian People, 1492–1971, Boston 1978.

Mexiko und Brasilien

Das Haus Iturbide – Kaiserreich Mexiko

1822–1823 Agustín I. (zum Kaiser ausgerufen nach der Unabhängigkeit Mexikos 1821; dankte ab, gestorben 1824)

Das Haus Habsburg-Lothringen

1864–1867 Maximilian I. (Bruder von Franz Joseph I., Kaiser von Österreich)

(Republik 1867)

Das Haus Braganza – Kaiserreich Brasilien

1822–1831 Pedro I. (zum Kaiser ausgerufen nach der Unabhängigkeit Brasiliens; König von Portugal 1826–1828; dankte ab, gestorben 1834)

1831–1889 Pedro II. (Sohn; abgesetzt, gestorben 1891)

(Proklamation der Republik)

Literatur:

Haring, C. H., Empire in Brazil: a New World Experiment with Monarchy, Cambridge 1969.

Meyer, M. C. / Sherman, W. L., The Course of Mexican History, New York 1987[3].

Das Königreich Hawaii

1795–1819	Kamehameha I. (König eines Teils von Hawaii 1782; von ganz Hawaii 1791; von allen Inseln außer Kauai 1795)
1819–1824	Kamehameha II. (Liholiho) (Sohn)
1825–1854	Kamehameha III. (Kauikeaouli) (Bruder)
1854–1863	Kamehameha IV. (Alexander Liholiho) (Schwestersohn)
1863–1872	Kamehameha V. (Lot Kamehameha) (Bruder)
1873–1874	Lunalilo (William C. Lunalilo)
1874–1891	Kalakaua (David Kalakaua)
1891–1893	Liliuokalani (Schwester; abgesetzt, gestorben 1917)

(Republik Hawaii 1894)

Literatur:

Kuykendall, R. S., The Hawaiian Kingdom, 3 Bde., Honolulu 1938–1967.

Das Königreich Tonga

Die Tupou-Dynastie

1845–1893	Georg Tupou I. (Häuptling der Ha'apai 1820, vereinigte die Inselgruppe von Tonga; König 1845)
1893–1918	Georg Tupou II. (Sohn von Fatafehi, Enkel mütterlicherseits von Georg Tupou I.)

(Britisches Protektorat 1900–1970)

1918–1965	Sālote Tupou III. (Tochter)
1965–	Tāufa'āhau Tupou IV. (Sohn von Sālote Tupou III. und Tungī, Prinzgemahl 1918–1941)

Literatur:

Rutherford, N. (Hg.), Friendly Islands: a History of Tonga, Melbourne 1977.
Wood, A. H., A History and Geography of Tonga, Nuku'alofa, Tonga, 1932.

XI

Register

Das Register enthält Einträge zu den Haupt- und Unterabschnitten des Werks (halbfett), zu den namentlich erwähnten Dynastien oder Häusern sowie zu den Namen aller europäischen Herrscher seit der Antike (bei Mehrfachnennungen unter Angabe des Hauses und des Herrschaftsbereichs).

A

ʿAbbāsiden, Dynastie
Kalifat, Bagdad, 243
Kalifat, Kairo, 244
Abel, 204
Acfrid, 117
Achämeniden, Dynastie (Persien), 47
Adalbert
Babenberger, Österreich, 178
Châtenois, Lothringen, 176
Italien, 138
Adaloald, 91
Adda, 92
Adherbal, 72
Adolf
Nassau, Heiliges Römisches Reich, 170
Nassau, Luxemburg, 137
Adolf Friedrich
Holstein-Gottorp, Schweden, 209
Adoptivkaiser (Rom), 67
Áed Allán, 108
Áed Findliath, 109
Áed Oirdnide, 109
Áed Sláine, 108
Áed Uaridnac, 108
Áed, 103, 108
Ælfwald, 93
Ælfweard, 99
Ælfwyn, 94
Ælle, 93, 94
Aemilian, 68
Aëropos, 51
Æscwine, 95
Æthelbald
Mercien, Angelsachsen, 94
Wessex, England, 99
Æthelberht, 92
Æthelbert, 99
Æthelflaed, 94
Æthelfrith, 93
Æthelheard, 95
Æthelred
Northumbrien, Angelsachsen, 93, 94
Wessex, England, 99
Æthelric, 93
Æthelstan, 99
Æthelwald, 93
Æthelwulf, 99
Afghanistan, Königreich, 280
Afghanistan, Schahs, 280
Afrika (vgl. Inhaltsverzeichnis), 319
Afšāriden, Dynastie (Persien), 278, 279
Agathokles, 53
Aghlabiden, Dynastie, 249
Aghlabidisches Königreich, 249
Agila, 85
Agilulf, 91
Agnes von Poitiers, 175
Agrippa, 73
Ägypten
Altes, 19
Islamisches, 259
Ptolemäisches Königreich, 55
Ailill Molt, 108
Aimerich
Anjou, Jerusalem, 236
Lusignan, Zypern, 238
Ainmir, 108
Aistulf, 91
Akkad, Dynastie (Mesopotamien), 30
Alan
Cornouaille, Bretagne, 119
Nantes, Bretagne, 119
Rennes, Bretagne, 119
AlarichVisigoten, 85
ʿAlawiden, Dynastie, 253
Albanien, Königreich, 228
Albert, 125
Albertiner, Linie
Österreich, 178
Wettiner, 188
Alberto, 146
Alboin, 91

Albrecht
Albertiner, Österreich, 178, 179
Albertiner, Wettiner, 188
Bayern, Holland, 130
Bayern, Wittelsbacher, 191, 192
Bevern, Braunschweig-Lüneburg, 182
Braunschweig-Lüneburg, 180
Habsburg
Böhmen, 214
Heiliges Römisches Reich, 170, 171
Luxemburg, 131, 132
Österreich, 178
Ungarn, 220
Mecklenburg, Schweden, 208
Niederbayern-Straubing, Wittelsbacher, 191
Oberbayern-München, Wittelsbacher, 191
Preußen, Hohenzollern, 186
Sachsen, Wettiner, 189
Steiermark, Österreich, 179
Albrecht Achilles 186
Albrecht Friedrich, 186
Albret, Haus (Navarra), 160
Aldfrith, 93
Aldobrandino, 146
Aldred, 94
Alessandro
Farnese, Parma, 153
Medici, Florenz, 151
Alexander
Battenberg, Bulgarien, 227
Dänemark, Griechenland, 226
Dunkeld, Schottland, 104
Hasmonäer, 63
Holstein-Gottorp-Romanow, Rußland, 232
Karadjordjevic
Jugoslawien, 225
Serbien, 225
Kassander, Makedonien, 51
Litauen, Polen, 217
Liutauras, Litauen, 223
Makedonier, Byzanz, 77
Rurikiden, Vladimir, 230
Schottland, 103
Seleukiden, 57
Temeniden, Makedonien, 51
Alexander Johann, 227
Alexandra, 63
Alexios
Angelos, Byzanz, 78
Komnenen, Byzanz, 78
Komnenen,Trapezunt, 82
Alexis, 231
Alfons
Aragón, Sizilien und Neapel, 144
Avis, Portugal, 167
Barcelona
Aragón, 163
Provence, 123
Bourbon, Spanien, 165
Braganza, Portugal, 167
Burgund, León und Kastilien, 157
Este
Ferrara, 146
Modena, 146
Frankreich, Toulouse, 124
Jimeno, Navarra, 159
León und Kastilien, 156
Navarra
Aragón, 163
León und Kastilien, 157
Portugal, 167
Trastámara, Aragón, 163
Urgell, Barcelona, 161
Alfons Jordan, 124
Alfred, 99
Algirdas, 223
Alhred, 93
Alix, 119
Alketas, 51
Almohaden, Reich, 251
Almoraviden, Reich, 250
Aloys, 199
Alpin, Haus, 103
Āl-Ṣabāḥ-Dynastie (Kuwait), 269
Alter Naher Osten (vgl. Inhaltsverzeichnis), 17
Altes Ägypten (vgl. Inhaltsverzeichnis), 19
Altes Mesopotamien, 30
Amadeus
Savoyen,
Savoyen, 154
Spanien, 165
Amalarich, 85
Amalasuintha, 90
Amaler, Haus (Ostgoten), 90
Amalrich
Anjou, Jerusalem, 236
Antiochia-Lusignan, Zypern, 238
Amorier, Dynastie (Byzanz), 77
Amoriten, Dynastie (Babylon), 37
Amyntas, 51
Anarawd, 106
Anastasio(u)s

Herakleaner, Byzanz, 76
Leon, Byzanz, 76
Andreas, 219
Andrej, 230
Andriana (Merina), Dynastie (Madagaskar), 323
Andronikos
Dukas, Byzanz, 78
Komnenen, Trapezunt, 82
Palaiologen, Byzanz, 78, 79
Angelos, Dynastie
Byzanz, 78
Thessalonike, 81
Angelsächsische Königreiche, 92
Angkor, Königreich (Khmer), 316
Angoulême, Haus (Frankreich), 112
Anjou, Grafschaft/Herzogtum, 115
Anjou, Haus
Frankreich, 115
Jerusalem, 236
Lothringen, 176
Neapel, 143
Normandie, 122
Polen, 217
Ungarn, 220
Anna
Komnenen, Trapezunt, 82
Montfort, Bretagne, 120
Romanow, Rußland, 231
Stuart, England, 101
Ansprand, 91
Anthemius, 70
Antigoniden, Dynastie (Makedonien), 52
Antigonos
Antigoniden, Makedonien, 51, 52
Hasmonäer, 63
Antiochia, Fürstentum, 235
Antiochia-Lusignan, Haus (Zypern), 238
Antiochos, 57
Antipater
Antigoniden, Makedonien, 52
Herodeer, 73
Kassander, Makedonien, 51
Antoine
Bourbon, Navarra, 160
Burgund, Brabant, 134
Monaco, 125
Vaudémont, Lothringen, 176
Anton
Sachsen, Wettiner, 188
Anton Florian, 199
Anton Ulrich, 182
Antoninus Pius, 67
Antonio
Farnese, Parma, 153
Montefeltro, Urbino, 148
Anund, 207
Anūštigīn, Dynastie (Choresm), 274
Apulien, Herzöge, 143
Aquitanien, Herzogtum, 117
Aragón, Haus
Sizilien und Neapel, 144
León und Kastilien, 157
Mallorca, 164
Navarra, 160
Aragón, Königreich, 163
Aravīḍu, Dynastie (Vijayanagar), 289
Arcadius, 76
Archelaos, 51
Argaios, 51
Argeaden, Dynastie (Makedonien), 51
Arioald, 91
Ariobarzanes, 59
Aripert, 91
Aristobulos, 63
Armenien, Königreich, 80
Arnulf
Flandern, 128
Flandern, Hennegau, 133
Holland, 130
Karolinger, Heiliges Römisches Reich, 169
Liutpoldinger, Bayern, 174
Árpád, 219
Árpáden, Haus (Ungarn), 219
Arsakes, 61
Arsakiden, 61
Artabanos, 61
Artabasdos, 77
Arthur
Dreux, Bretagne, 119
Montfort, Bretagne, 120
Plantagenet, Bretagne, 119
Artois, Grafschaft, 135
Aschot (Ašot), 80
Asdingi, Haus (Vandalen), 87
Asen, 211
Asen, Haus (Bulgarien), 211
Ashikaga-Schogunat (Japan), 309
Asparuch, 210
Assyrien, 33
Asturien, Könige, 156
Athalarich, 90
Athanagild, 85
Athaulf, 85

Äthiopien, modernes, 322
Äthiopisches Kaiserreich, 321
Attaliden, Dynastie (Pergamon), 60
Attalos, 60
Attila, 210
August
Braunschweig, 182
Braunschweig-Lüneburg, 181
Sachsen
Polen, 218
Wettiner, 188
August Georg, 198
August Wilhelm, 182
Augustine, 125
Augustus, 67
Aurelian, 68
Aurelio, 156
Authari, 91
Autun, Haus (Burgund), 126
Auvergne, Haus (Frankreich), 117
Avesnes, Haus (Hennegau), 133
Avis, Haus (Portugal), 167
Avitus, 70
Aymon, 154
Ayyūbiden, Dynastie (Ägypten), 260
Azteken, Reich, 330
Azzo, 146
Azzone, 149

B

Babenberger, Haus (Österreich), 178
Babylon, erste Dynastie (Babylonien), 37
Babylonien, 37
Baden (Zähringer), 197
Großherzöge, Zähringer, 198
Zähringer, 197
Markgrafen, Zähringer, 197
Badoer, 139
Báetán, 108
Bagratuni, Dynastie (Armenien), 80
Bahmaniden, Dynastie (Bahmanis), 288
Bahmanis, Königreich, 288
Baḥrī-Mamelucken, Dynastie (Ägypten), 260
Balbinus, 68
Baldred, 92
Balduin
Anjou, Jerusalem, 236
Boulogne
Edessa, 234
Jerusalem, 236
Courtenay, Konstantinopel, 239
Flandern
Flandern, 128
Hennegau, 133
Konstantinopel, 239
Hauteville, Antiochia, 235
Hennegau, Flandern, 128
Rethel
Edessa, 234
Jerusalem, 236
Balliol, Haus (Schottland), 104
Bārakzay, Dynastie (Afghanistan), 280
Barbarischer Westen (vgl. Inhaltsverzeichnis), 83
Barbarigo, 140
Barcelona, Grafschaft, 161
Barcelona, Haus
Aragón, 163
Provence, 123
Basileios
Komnenen, Trapezunt, 82
Makedonier, Byzanz, 77
Basiliscus (-iskos), 76
Bathory, Haus (Polen), 217
Battenberg, Haus (Bulgarien), 227
Baudouin, 137
Bayern, Haus
Griechenland, 226
Holland, 130
Ungarn, 219
Bayern, Herzogtum, 174
Bayern
Herzöge (Wittelsbacher), 190, 191
Könige (Wittelsbacher), 192
Kurfürsten (Wittelsbacher), 192
Bazi, Dynastie (Babylon), 38
Beatrice, 123
Beatrix, 136
Béla, 219
Belgien, Königreich, 137
Bembo, 141
Beornred, 94
Beornwulf, 94
Berengar, 138
Berengar Raimund
Barcelona, Provence, 123
Urgell, Barcelona, 161
Berenguela, 157
Berhtric, 95
Berhtwulf, 94
Bernabò, 149
Bernadotte, Haus (Schweden), 209

Bernhard
Baden, Zähringer, 197
Braunschweig-Lüneburg, 180, 181
Durlach, Zähringer, 198
Rouergue, Toulouse, 124
Plantapilosa, 117
Bernicia, Königreich, 92
Berthold
Liutpoldinger, Bayern, 174
Bertram
Rouergue, Toulouse, 124
Toulouse, Tripolis, 237
Bevern, Linie (Braunschweig-Lüneburg), 182
Birger, 207
Bithynien und Pontos, 59
Blanca, 160
Blathmac, 108
Blois, Haus
Champagne, 121
England, 100
Normandie, 122
Blot-Sven, 207
Bohemund
Hauteville, Antiochia, 235
Poitiers, Antiochia, 235
Böhmen, Haus
Polen, 217
Ungarn, 219
Könige, 214
Böhmen, Königreich, 213
Bokassa, Haus (Zentralafrika), 325
Boleslav, 213
Bolesław
Krakau, Polen, 216
Piasten, Polen, 216
Bonaparte, Haus
Florenz, 152
Frankreich, 113
Neapel, 144
Niederlande, 136
Spanien, 165
Westphalen, 200
Bonifaz
Montferrat, Thessalonike, 81
Savoyen, 154
Boril, 211
Boris
Godunow, Rußland, 231
Krum, Bulgarien, 210
Sachsen-Coburg-Gotha, Bulgarien, 227
Borrell, 161
Borso, 146
Bořivoj, 213
Boulogne, Haus
Edessa, 234
Jerusalem, 236
Niederlothringen, 132
Bourbon, Haus
Bourbonnais, 118
Florenz, 152
Frankreich, 112, 113
Navarra, 160
Neapel und Sizilien, 144, 145
Parma, 153
Spanien, 165, 166
Bourbonnais, Herzogtum (Frankreich), 118
Brabant, 131
Brabant, Herzogtum, 134
Braganza, Haus
Brasilien, 332
Portugal, 167
Brandenburg, Kurfürsten (Hohenzollern), 186
Branković, Haus (Serbien), 222
Brasilien, 332
Brasilien, Kaiserreich, 332
Braunschweig-Lüneburg, Haus, 180
alte Linie, 180
mittlere Linie, 181
neue Linie, 181
Bretagne, Herzogtum, 119
Brian Bóruma, 109
Brienne, Haus (Jerusalem), 236
Britische Inseln (vgl. Inhaltsverzeichnis), 99
Bruce, Haus (Schottland), 104
Břetislav, 213
Bubastiten, Dynastie (Altes Ägypten), 25
Bulgarien, Mittelalterliches, 210
Bulgarisches Reich, Erstes, 210
Bulgarisches Reich, Zweites, 211
Bulgarien, Modernes, 227
Buonconte, 148
Burgred, 94
Burgund (Hochburgund), Königreich, 173
Burgund, Haus
Artois, 135
Brabant, 134
León und Kastilien, 157
Portugal, 167
Burgund, Herzogtum, 126
Burgund und die Niederlande (vgl. Inhaltsverzeichnis), 126
Burgunder, Königreich, 86

Burği-Mamelucken, Dynastie (Ägypten), 261
Burma, Königreich, 313
Byzanz (Oströmisches Reich), 76

C

Cadwallon, 106
Caedwalla, 95
Caesar, 67
Calenberg, Linie (Braunschweig-Lüneburg), 181
Caligula, 67
Candiano, 139
Caracalla, 67
Carignano, Linie (Savoyen), 155
Carinus, 68
Carlo, 150
Carol, 227
Carus, 68
Ceawlin, 95
Cellach, 108
Celsi, 140
Cennfáelad, 108
Cenred, 93, 94
Centránico, 139
Centwine, 95
Cenwalh, 95
Cenwulf, 94
Ceol, 95
Ceolred, 94
Ceolwulf
  Northumbrien, Angelsachsen, 93
  Mercien, Angelsachsen, 94, 95
Cerdic, 95
Cesare, 146
Ch'ên-Dynastie (China), 298
Ch'i-Dynastie,
  nördliche (Nördliche Dynastien, China), 298
  südliche (Südliche Dynastien, China), 297
Ch'in-Dynastie (China), 295
Ch'ing-Dynastie (China), 303
Chakri-Dynastie (Thailand), 314
Champagne (Troyes), Grafschaft, 121
Champagne, Haus (Navarra), 159
Charibert, 88
Charles, siehe Karl
Charlotte
  Antiochia-Lusignan, Zypern, 238
  Nassau, Luxemburg, 137
Châtenois, Haus (Lothringen), 176
Chenla, Königreich (Khmer), 316
Childebert, 88
Childerich, 88, 89
Chilperich, 88
Chin-Dynastie (Grenzreiche, China), 301
Chin-Dynastie,
  östliche (Südliche Dynastien, China), 297
  spätere (Fünf Dynastien, China), 300
  westliche (Drei Königreiche), China, 296
China, 295
Chindaswinth, 85
Chintila, 85
Chlodomer, 88
Chlodwig (Clovis), 88
Chlothar, 88
Chorāsān (Tīmūriden), 277
Choresm (Ḫwārazm), Reich, 274
Chou-Dynastie,
  spätere (Fünf Dynastien, China), 300
  nördliche (Nördliche Dynastien, China), 299
Christian
  Braunschweig-Lüneburg, 181
  Dänemark, Schweden, 208
  Glücksburg, Dänemark, 205
  Oldenburg, Dänemark, 205
  Sachsen, Wettiner, 188
Christian Friedrich, 202
Christian Ludwig, 181
Christina, 208
Christoph
  Baden, Zähringer, 197
  Pfalz, Dänemark, 205
  Svend Estridsen, Dänemark, 204
  Württemberg, 195
Christophe, Haus (Haiti), 331
Christophoros, 77
Cicogna, 141
Cináed, 108
Claudius, 67, 68
Cleph, 91
Colmán Rímid, 108
Commodus, 67
Conall Cáel, 108
Conan
  Cornouaille, Bretagne, 119
  Rennes, Bretagne, 119
Conchobar, 109
Congal Cennmagair, 108
Congalach Cnogba, 109
Constans, 69
Constantius
  Konstantin, Rom, 69
  Westrom, Rom, 70

Contarini, 139, 140, 141
Córdoba, Kalifat, 246
Cornaro, 140, 141
Cornouaille, Haus (Bretagne), 119
Cosimo, 151
Courtenay, Haus
  Edessa, 234
  Konstantinopel, 239
Cromwell, Oliver, 101
Cromwell, Richard, 101
Culén, 103
Cuthred, 92, 95
Cuza, Haus (Rumänien), 227
Cuzco, Königreich (Inka), 329
Cynan, 106
Cynegils, 95
Cynewulf, 95
Cynrich, 95
Čaka, 211

D

Dagobert, 88, 89
Dalberg, Haus (Frankfurt), 200
Dampierre, Haus (Flandern), 128
Dandolo, 140
Dänemark, Haus
  England, 99
  Erstes Haus, 204
  Flandern, 128
  Griechenland, 226
  Norwegen, 202
  Schweden, 208
Dänemark, Königreich, 204
Daniil, 231
Danilo, 224
Darmstadt, Linie (Hessen), 185
David
  Bruce, Schottland, 104
  Gwynedd, Wales, 106
  Komnenen, Trapezunt, 82
  Lori, Armenien, 80
Decius, 68
Deheubarth, 106
Deinomenes, 53
Deira, Königreich, 93
Dekkhan (Bahmanis), 288
Delhi, Sultanat, 286
Della Rovere, Haus (Urbino), 148
Demetrios
  Angelos, Thessalonike, 81
  Antigoniden, Makedonien, 52
  Montferrat, Thessalonike, 81
  Seleukiden, 57
Desiderius, 91
Dessalines, Haus (Haiti), 331
Deutsche Kaiser (Hohenzollern), 186
Deutschsprachige Gebiete (vgl. Inhaltsverzeichnis), 169
Diadumenian, 68
Diarmai, 108
Diarmait, 108
Didius Julianus, 67
Dietrich
  Châtenois, Lothringen, 176
  Lothringen, Flandern, 128
  Mosel, Lothringen, 176
Dinis, 167
Diodato, 139
Diokletian, 69
Dion, 53
Dionysios, 53
Dirk, 130
Ditseng, 210
Dmitrij
  Godunow, Rußland, 231
  Rurikiden, Moskau-Vladimir, 231
  Rurikiden, Vladimir, 230
Dogen (Venedig), 139
Dolfin, 140
Domitian, 67
Domnall Ilchelgach, 108
Domnall Midi, 108
Domnall ua Lochlainn, 109
Domnall ua Néill, 109
Domnall, 108
Donald
  Alpin, Schottland, 103
  Dunkeld, Schottland, 103
Donato, 141
Donnchad Donn, 109
Donnchad Midi, 109
Drei Königreich (China), 296
Dreux, Haus (Bretagne), 119
Drogo, 119
Dschingisiden, Dynastie
  Goldene Horde, 276
  Ilchane Persiens, 275
Duarte, siehe Eduard
Duf, 103
Dukas, Dynastie (Byzanz), 78
Dukum, 210
Dulo, Haus (Bulgarien), 210

Duncan, 103
Dunkeld, Haus (Schottland), 103
Durlach, Linie (Baden, Zähringer), 198
Durrānī, Dynastie (Afghanistan), 280

E

Eadbald, 92
Eadberht
  Kent, Angelsachsen, 92
  Northumbrien, Angelsachsen, 93
Eadred, 99
Eadric, 92
Eadwig, 99
Eadwulf, 93, 94
Ealhmund, 92
Eanfrith, 93
Eanred, 93
Earconbert, 92
Eardwulf, 93
Ebalus, 117
Eberhard
  Liutpoldinger, Bayern, 174
  Stuttgart, Württemberg, 195
  Württemberg, 195
Eberhard Ludwig, 195
Ecgfrith
  Mercien, Angelsachsen, 94
  Northumbrien, Angelsachsen, 93
Edessa, Grafschaft, 234
Edgar
  Dunkeld, Schottland, 103
  Wessex, England, 99
Edmund, 99
Eduard
  Avis, Portugal, 167
  Balliol, Schottland)3, 104
  Plantagenet, England, 100
  Sachsen-Coburg-Gotha, England, 101
  Savoyen, 154
  Tudor, England, 100
  Wessex, England, 99
  York, England, 100
Eduard Fortunatus, 198
Edwin, 93
Egbert
  Kent, Angelsachsen, 92
  Northumbrien, Angelsachsen, 94
  Wessex
    Angelsachsen, 95
    England, 99
Egica, 85
Eirik, siehe Erich
Elagabal, 68
Elam, Dynastie (Babylon), 38
Eleonore
  Aragón, Navarra, 160
  Poitiers, Aquitanien, 117
Elisabeth
  Romanow, Rußland, 232
  Sachsen-Coburg-Gotha, England, 102
  Tudor, England, 101
Emerich, 219
Emmanuel Philibert, 154
Emund, 207
England, Königreich, 99
Eochaid, 108
Eoppa, 92
Eormenrich, 92
Erarich, 90
Ercole
  Este, Ferrara, 146
  Este, Modena, 147
Erich
  Calenberg, Braunschweig-Lüneburg, 181
  Folkunger, Schweden, 208
  Norwegen, 104
  Pommern, Dänemark, 205
  Svend Estridsen, Dänemark, 204
  Sverker und Erich, Schweden, 207
  Vasa, Schweden, 208
  Westfold, Norwegen, 201, 202
  Yngelinger, Schweden, 207
Erik, siehe Erich
Erizzo, 141
Ermesind, 131
Ernestiner, Linie (Wettiner), 188
Ernst
  Babenberger, Österreich, 178
  Braunschweig-Lüneburg, 180
  Durlach, Zähringer, 198
  Ernestiner, Wettiner, 188
  Oberbayern-München, Wittelsbacher, 191
  Steiermark, Österreich, 179
Ernst August
  Hannover
    Hannover, 101
    Braunschweig-Lüneburg, 182
Ernst Friedrich, 198
Ernst Jakob, 198
Ernst Ludwig
  Darmstadt, Hessen, 185
  Hessen, 185

Erwig, 85
Este (Ferrara und Modena), 146
Eudo, 119
Eudokia, 78
Eugenius, 70
Eumenes, 60
Eurich, 85
Europa (vgl. Inhaltsverzeichnis), 97
Évreux, Haus (Navarra), 159
Eystein, 201
Ezzonen, Haus (Bayern), 174

F

Fáfila, 156
Falier, 139, 140
Farnese, Haus (Parma), 153
Fāṭimiden, Dynastie (Ägypten), 259
Federico
  Gonzaga, Mantua, 150
  Montefeltro, Urbino, 148
  Ubaldo, 148
Ferdinand
  Aragón
    León und Kastilien, 157
    Sizilien und Neapel, 144
  Bourbon
    Neapel und Sizilien, 145
    Parma, 153
    Spanien, 165
  Habsburg
    Böhmen, 214
    Heiliges Römisches Reich, 171
    Ungarn, 220
  Habsburg-Lothringen
    Florenz, 151, 152
    Österreich, 173
  Hohenzollern-Sigmaringen, Rumänien, 227
  Medici, Florenz, 151
  Navarra
    Kastilien, 161
    León und Kastilien, 157
  Portugal, 167
  Sachsen-Coburg-Gotha, Bulgarien, 227
  Trastámara, Aragón, 163
Ferdinand Albrecht, 182
Ferdinand Maria, 192
Ferdinando, 150
Ferdinando Carlo, 150
Fergal, 108
Fernán González, 161
Ferner Osten (vgl. Inhaltsverzeichnis), 293
Ferrara, 146
Ferrara, Herren/Herzöge (Este), 146
Ferri (Friedrich), 176
Filippo Maria, 149
Finsnechta Fledach, 108
Flabiano, 139
Flaithbertach, 108
Flandern, Grafschaft, 128
Flandern, Haus (Burgund und Niederlande)
  Erstes Haus, Flandern, 128
  Hennegau, 133
  Konstantinopel, 239
Flann Sinna, 109
Flavier, 67
Flavier, Dynastie (Rom), 67
Florenz, 151
Florenz, Herzogtum (Medici), 151
Florestan, 125
Florian, 68
Floris, 130
Fogartach, 108
Foix, Haus (Navarra), 160
Folkunger, Haus (Schweden), 207
Forggus, 108
Fortún Garcés , 159
Foscari, 140
Foscarini, 141
Francesco
  Farnese, Parma, 153
  Gonzaga, Mantua, 150
  Sforza, Mailand, 149
Francesco Maria, 148
Franken, Königreich, 88
Frankfurt, Großherzogtum, 200
Frankreich (vgl. Inhaltsverzeichnis), 111
Frankreich, Haus
  Anjou, 115
  Champagne, 121
  Navarra, 159
  Polen, 217
  Toulouse, 124
  Königreich, 111
Franz
  Angoulême, Frankreich, 112
  Bourbon, Neapel und Sizilien, 145
  Braunschweig-Lüneburg, 181
  Este, Modena, 146
  Habsburg-Lothringen
    Ferrara und Modena, 147
    Heiliges Römisches Reich, 172
    Österreich, 173

Franz (Fortsetzung)
Liechtenstein, 199
Medici, Florenz, 151
Montfort, Bretagne, 120
Vaudémont, Lothringen, 177
Franz Hyazinth , 154
Franz Joseph
Habsburg-Lothringen, Österreich, 173
Liechtenstein, 199
Franz Otto, 181
Franz Phoebus, 160
Fredelon, 124
Fresco, 146
Friedrich
Aragón
Sizilien und Neapel, 144
Sizilien, 144
Baden, Zähringer, 197
Brandenburg, Hohenzollern, 186
Braunschweig-Lüneburg, 181
Châtenois, Lothringen, 176
Deutsche Kaiser, Hohenzollern, 186
Durlach, Zähringer, 198
Ernestiner, Wettiner, 188
Glücksburg, Dänemark, 205
Habsburg
Heiliges Römisches Reich, 171
Österreich, 178
Hessen, Schweden, 208
Hohenstaufen
Heiliges Römisches Reich, 170
Jerusalem, 236
Neapel und Sizilien, 143
Kassel, Hessen, 184
Luxemburg, Niederlothringen, 132
Mosel, Lothringen, 176
Niederbayern-Landshut, Wittelsbacher, 191
Oldenburg, Dänemark, 205
Österreich, 178
Pfalz, Wittelsbacher, 193
Preußen, Hohenzollern, 186
Přemysliden, Böhmen, 213
Sachsen, Wettiner, 188
Simmern, Wittelsbacher, 193
Steiermark, Österreich, 179
Tirol, Österreich, 179
Württemberg, 195, 196
Friedrich August, 188, 189
Friedrich Christian, 188
Friedrich Eugen, 196
Friedrich Heinrich, 136
Friedrich Magnus, 198
Friedrich Ulrich, 181
Friedrich Wilhelm
Bevern, Braunschweig-Lüneburg, 182
Brandenburg, Hohenzollern, 186
Hessen, 185
Preußen, Hohenzollern, 186
Frithuwald, 93
Fruela, 156
Fulco (siehe Fulk)
Fulcoald, 124
Fulk
Anjou
Anjou, 115
Jerusalem, 236
Gâtinais, Anjou, 115
Fünf Dynastien (China), 300
Fünf Gute Kaiser (Rom), 67

G

Gabriel Radomir, 211
Gagik
Bagratuni, Armenien, 80
Kars, Armenien, 80
Gaia, 72
Galba, 67
Galeazzo, 149
Galeazzo Maria, 149
Galerius, 69
Galicien, Königreich, 164
Galla, 139
Gallienus, 68
Gallisches Reich (Rom), 68
García
Jimeno, Navarra, 159
Lara, Kastilien, 161
León und Kastilien, 156
León, Galicien, 164
García Iñiguez, 159
Garibald, 91
Gâtinais, Haus (Frankreich), 115
Gauda, 72
Gauzfred(us), siehe Gottfried
Gedimin(as), 223
Geiserich, 87
Gela, Tyrannen (Syrakus), 53
Gelimer, 87
Gelon, 53
Geoffrey, Geoffroy, siehe Gottfried
Georg
Albertiner, Wettiner, 188

- Georg (Fortsetzung)
  - Baden, Zähringer, 197
  - Branković, Serbien, 222
  - Braunschweig-Lüneburg, 181
  - Dänemark, Griechenland, 226
  - Darmstadt, Hessen, 185
  - Hannover
    - Braunschweig-Lüneburg, 182
    - England, 101
  - Komnenen, Trapezunt, 82
  - Podiebrad, Böhmen, 214
  - Sachsen, Wettiner, 189
  - Sachsen-Coburg-Gotha, England, 101, 102
  - Terter, Bulgarien, 211
- Georg Friedrich, 198
- Georg Ludwig, 182
- Georg Wilhelm
  - Brandenburg, Hohenzollern, 186
  - Braunschweig-Lüneburg, 181
- Gerhard, 176
- Gerulf, 130
- Gesalech, 85
- Geta, 67
- Géza, 219
- Ghalzay, Dynastie (Persien), 278
- **Ghaznaviden (Gasnawiden), Reich**, 271
- Ghaznaviden, Dynastie (Chorasan und Nordindien), 271
- **Ghūriden, Reich**, 273
- Gian Galeazzo
  - Sforza, Mailand, 149
  - Visconti, Mailand, 149
- Gianfrancesco, 150
- Gibichung, Haus (Burgunder), 86
- Gilbert
  - Autun, Burgund, 126
  - Mosel, Luxemburg, 131
- Giovanni
  - Venedig, 139
  - Visconti, Mailand, 149
- Giovanni Gastone, 151
- Giovanni Maria, 149
- Girich, 103
- Giuliano, 151
- Giulio, 151
- Giustinian, 141
- Glappa, 92
- Gleb, 230
- Glücksburg, Linie (Dänemark), 205
- Glycerius, 70
- Godegisel, 86
- Godepert, 91
- Godfredus (siehe auch Gottfried), 119
- Godomar, 86
- Godunow, Haus (Rußland), 231
- **Goldene Horde**, 276
- Gonzaga, Haus (Mantua), 150
- Gonzalo, 162
- Gordian, 68
- Gotarzes, 61
- Gottfried
  - Anjou
    - Anjou, 100, 115
    - Normandie, 122
  - Boulogne
    - Jerusalem, 236
    - Niederlothringen, 132
  - Gâtinais, Anjou, 115
  - Löwen, Brabant, 134
  - Rennes, Bretagne, 119
  - Verdun
    - Lothringen, 176
    - Niederlothringen, 132
- Gozelo
  - Verdun
    - Lothringen, 176
    - Niederlothringen, 132
- Gradenigo, 140
- **Granada, Königreich**, 248
- Gratian, 69
- **Grenzreiche (China),** 300
- Griechenland, Königreich, 226
- **Griechenland, Modernes**, 226
- Grimaldi, Haus (Monaco), 125
- Grimani, 140, 141
- Grimoald, 91
- Gritti, 140
- Großseldschukisches Sultanat (Seldschuken), 272
- Gruffydd, 106
- Guérech, 119
- Guglielmo, 150
- Guidantonio, 148
- Guido
  - Gonzaga, Mantua, 150
  - Montefeltro, Urbino, 148
- Guidubaldo
  - Della Rovere, Urbino, 148
  - Montefeltro, Urbino, 148
- Guillaume, siehe Wilhelm
- Gulussa, 72
- Gundahar, 86
- Gundemar, 85
- Gundiok, 86

Gundobad, 86
Gundomar, 86
Gunthamund, 87
Günther, 171
Gunthram, 88
Gupta, Dynastie (Gupta), 284
Gupta-Reich, 284
Gurgēn, 80
Gustav
  Bernadotte, Schweden, 209
  Holstein-Gottorp, Schweden, 209
  Wasa, Schweden, 208
Guttorm, 202
Guy
  Anjou, Jerusalem, 236
  Dampierre, Flandern, 128
  Italien, 138
  Lusignan, Zypern, 238
Gwriad, 106
Gwynedd, Königreich (Wales), 106

H

Haakon
  Dänemark, Norwegen, 202
  Schweden, Norwegen, 202
  Westfold, Norwegen, 201, 202
Habsburg, Haus
  Böhmen, 214
  Burgund, 127
  Heiliges Römisches Reich, 170, 171
  León und Kastilien, 158
  Luxemburg, 131
  Österreich, 178
  Spanien, 165
  Ungarn, 220
Habsburg-Lothringen, Haus
  Florenz, 151, 152
  Heiliges Römisches Reich, 172
  Österreich, 173
  Parma, 153
  Mexiko, 332
Hadrian, 67
Ḥafṣiden, Dynastie, 255
Ḥafṣidisches Königreich, 255
Haiti, 331
Håkan
  Folkunger, Schweden, 208
  Stenkil, Schweden, 207
Ḫalǧī-Dynastie (Delhi), 286
Halsten, 207
Ḥammūdiden, Dynastie (Cordóba), 246
Han-Dynastie,
  kleine (Drei Königreiche, China), 296
  östliche (China), 295
  westliche (China), 295
  spätere (Fünf Dynastien, China), 300
Hannover, Haus (England), 101
Hannover, Kurfürsten (Braunschweig-Lüneburg), 182
Hannover, Linie (Braunschweig-Lüneburg), 182
Hans Adam, 199
Harald
  Dänemark
    Dänemark, 204
    England, 99
    Norwegen, 202
  Svend Estridsen, Dänemark, 204
  Westfold, Norwegen, 201
Hardeknud
  Dänemark
    Dänemark, 204
    England, 99
Haschemiten (Hāšimiten), Dynastie, 265
Hasmonäer, Dynastie, 63
Hasmonäisches Königreich, 63
Hauteville, Haus
  Antiochia, 235
  Apulien, 143
Hawaii, Königreich, 333
Heaberht, 92
Hebräische Königreiche, 44
Hedschas, Königreich (Haschemiten), 265
Hedwig (Jadwiga), 217
Heian-Periode (Japan), 306
Heiliges Römisches Reich Deutscher Nation, 169
Heinrich
  Albertiner, Wettiner, 188
  Albret, Navarra, 160
  Angoulême, Frankreich, 112
  Anjou, Normandie, 122
  Antiochia-Lusignan, Zypern, 238
  Avis, Portugal, 167
  Babenberger, Österreich, 178
  Blois, Champagne, 121
  Bourbon
    Frankreich, 112
    Navarra, 160
  Braunschweig, 182
  Braunschweig-Lüneburg, 180, 181

Heinrich (Fortsetzung)
  Burgund
    Frankreich, 126
    Portugal, 167
  Champagne, Navarra, 159
  England, 101
  Flandern, Konstantinopel, 239
  Frankreich, Polen, 217
  Gâtinais, Anjou, 115
  Hessen, 184
  Hohenstaufen
    Heiliges Römisches Reich, 170
    Neapel und Sizilien, 143
  Kapetinger, Frankreich, 112
  Kärnten, Böhmen, 214
  Krakau, Polen, 216
  Lancaster, England, 100
  León und Kastilien, 157
  Limburg
    Luxemburg, 131
    Niederlothringen, 132
  Liutpoldinger, Bayern, 174
  Löwen, Brabant, 134
  Lusignan, Zypern, 238
  Luxemburg
    Bayern, 174
    Heiliges Römisches Reich, 170
  Mosel, Luxemburg, 131
  Namur, Luxemburg, 131
  Niederbayern, Wittelsbacher, 190
  Niederbayern-Landshut, Wittelsbacher, 191
  Normandie
    Normandie, 122
    England, 99
  Österreich
    Österreich, 178
    Bayern, 175
  Plantagenet, England, 100
  Sachsen
    Bayern, 174
    Heiliges Römisches Reich, 169
  Salier
    Bayern, 174, 175
    Heiliges Römisches Reich, 169, 170
  Suffolk, England, 100
  Trastámara, León und Kastilien, 157
  Tudor, England, 100
  Vaudémont, Lothringen, 177
  Welfen, Bayern, 175
  Wolfenbüttel, Braunschweig-Lüneburg, 181
  Zypern, Jerusalem, 237
Heinrich Břetislav, 213
Heinrich Raspe, 170
Hellenen, Königreich (Griechenland), 226
Hellenistische Welt (vgl. Inhaltsverzeichnis), 51
Hengest, 92
Hennegau, Grafschaft, 133
Hennegau, Haus
  Flandern, 128
  Holland, 130
Henri, Henry, siehe Heinrich
Herakleianische Dynastie (Byzanz), 76
Herakleios, 76
Herakleopoliten, Dynastie (Altes Ägypten), 21
Heraklonas, 76
Herbert, 121
Hercules, 125
Herennius Etruscus, 68
Hermann
  Baden, Zähringer, 197
  Hessen, 184
  Salier, Heiliges Römisches Reich, 170
Herodeer, Dynastie (Judäa), 73
Herodeische Königreiche, 73
Herodes, 73
Hessen, Haus, 184
  Großherzöge, 185
  Schweden, 208
  Kurfürsten, 185
  Landgrafen, 184
Hesso, 197
Hethiter, Königreich, 42
Hiempsal, 72
Hieron, 53
Hieronymos, 53
Ḥiğāz, Königreich (Haschemiten), 265
Hildeprand, 91
Hilderich, 87
Hildibad, 90
Hipparinos, 53
Hippokrates, 53
Hlothere, 92
Hochburgund, siehe Burgund
Hoël
  Cornouaille, Bretagne, 119
  Nantes, Bretagne, 119
Hof, nördlicher (Japan), 307
Hof, südlicher (Japan), 307
Hohenstaufen, Haus
  Heiliges Römisches Reich, 170
  Jerusalem, 236
  Neapel und Sizilien, 143
Hohenzollern, Haus, 186

Hohenzollern-Sigmaringen, Haus (Rumänien), 227
Holland, Grafschaft, 130
Holland, Haus, 130
Holland, Königreich, 136
Holstein-Gottorp, Haus (Schweden), 209
Holstein-Gottorp-Romanow, Haus (Rußland), 232
Honoré, 125
Honorius, 70
Hostilian, 68
Hōjō-Regentschaft (Japan), 309
Hrebeljanović, Haus (Serbien), 222
Hsin-Dynastie (China), 295
Hugo
  Antiochia-Lusignan, Zypern, 238
  Autun, Burgund, 126
  Blois, Champagne, 121
  Italien, 138
  Kapetinger
    Burgund, 126
    Frankreich, 111
  Lusignan, Zypern, 238
  Zypern, Jerusalem, 237
Humbert
  Savoyen
    Savoyen, 154
    Italien, 155
Humfred, 124
Hunerich, 87
Hunyadi, Haus (Ungarn), 220
Husainidenbeys, Dynastie (Tunesien), 257
Hussa, 93
Hyksos, Dynastie (Altes Ägypten), 23
Hyrkanos, 63
Hywel, 106

I

Iago, 106
Iberische Halbinsel (vgl. Inhaltsverzeichnis), 156
Ida, 92
Idwal, 106
Igor, 229
Ihšididen, Dynastie (Islamisches Ägypten), 259
Ilchane (Persien), 275
Indien (vgl. Inhaltsverzeichnis), 281
Indulf, 103
Ine, 95
Inge
  Stenkil, Schweden, 207
  Westfold, Norwegen, 201, 202
Iñigo Arista, 159
Iñigo, Haus (Navarra), 159
Inka, Reich, 329
Ippolito, 151
Irak und das westliche Persien (Seldschuken), 272
Irak, Königreich (Haschemiten), 265
Iran, 277
Irene
  Isaurier, Byzanz, 77
  Komnenen, Trapezunt, 82
Irland, Hochkönigtum, 108
Isaak
  Angelos, Byzanz, 78
  Makedonier, Byzanz, 78
Isabella
  Anjou, Jerusalem, 236
  Aragón, León und Kastilien, 157
  Bourbon, Spanien, 165
  Brienne, Jerusalem, 236
Isin, Dynastie
  Babylon, 38
  Mesopotamien, 31
Islamische Dynastien (ohne Indien) (vgl. Inhaltsverzeichnis), 241
Islamisches Ägypten, 259
Israel, Königreich (Hebräische Königreiche), 44
Israel, Vereinigte Monarchie (Hebräische Königreiche), 44
Italien (vgl. Inhaltsverzeichnis), 138
Italien, Könige (Savoyen), 155
Italien, mittelalterliches Königreich, 138
Iturbide, Haus (Mexiko), 332
Ivajlo, 211
Ivan
  Asen, Bulgarien, 211
  Makedonisches Reich, Bulgarien, 211
  Romanow, Rußland, 231, 232
  Rurikiden
    Moskau, 231
    Moskau-Vladimir, 231
    Vladimir, 230
  Rußland, 231
  Šišman, Bulgarien, 211
Izjaslav, 229

J

Jacqueline, 130
Jagiełło (Jogaila), 217
Jagiellonen, Haus (Litauen, Polen), 217
Jaime, siehe Jakob
Jakob
- Antiochia-Lusignan, Zypern, 238
- Aragón
  - Mallorca, 164
  - Sizilien, 144
- Baden, Zähringer, 197
- Barcelona, Aragón, 163
- Durlach, Zähringer, 198
- Monaco, 125
- Schottland, 101
- Stewart, Schottland, 104
- Stuart, England, 101
- Suffolk, England, 100

James, siehe Jakob
Janus, 238
Japan, 305
Jaromír, 213
Jaropolk 229
Jaroslav, 230
Jaunutis, 223
Jean, siehe Johann
Jeanne, siehe Johanna
Jemen, Königreich, 266
Jérôme Napoleon (Westphalen), 200
Jerusalem, Königreich, 236
Jimeno, 159
Jimeno, Haus (Navarra), 159
Joachim, 186
Joachim Friedrich, 186
Joachim Napoleon, 145
Jobst, 171
Jogaila (Jagiełło), 217, 223
Johann
- Albret, Navarra, 160
- Anjou, Lothringen, 176
- Antiochia-Lusignan, Zypern, 238
- Aragón, Navarra, 160
- Avesnes. Hennegau, 133
- Avis, Portugal, 167
- Balliol, Schottland, 104
- Barcelona, Aragón, 163
- Bourbon, Bourbonnais, 118
- Braganza, Portugal, 167
- Brandenburg, Hohenzollern, 186
- Braunschweig-Lüneburg, 180
- Brienne, Jerusalem, 236
- Burgund, Brabant, 134
- Châtenois, Lothringen, 176
- Courtenay, Konstantinopel, 239
- Dänemark, Schweden, 208
- Dreux, Bretagne, 119
- Ernestiner, Wettiner, 188
- Frankreich, 115
- Grimaldi, Monaco, 125
- Hennegau, Holland, 130
- Hessen, 184
- Holland, 130
- Kapetinger, Frankreich, 112
- Liechtenstein, 199
- Limburg, Luxemburg, 131
- Litauen, Polen, 217
- Löwen, Brabant, 134
- Luxemburg, Böhmen, 214
- Montfort, Bretagne, 120
- Nassau, Luxemburg, 137
- Niederbayern, Wittelsbacher, 190
- Niederbayern-Straubing, Wittelsbacher, 191
- Oberbayern-München, Wittelsbacher, 191
- Oldenburg, Dänemark, 205
- Plantagenet, England, 100
- Sachsen, Wettiner, 189
- Schweden, Polen, 217
- Sobieski, Polen, 218
- Sverker und Erich, Schweden, 207
- Trastámara
  - Aragón, 163
  - León und Kastilien, 157
- Valois
  - Burgund, 127
  - Frankreich, 112
- Vasa, Schweden, 208
- Zápolyai, Ungarn, 220
- Zypern, Jerusalem, 237

Johann Adam, 199
Johann Albrecht, 182
Johann Cicero, 186
Johann Friedrich
- Braunschweig-Lüneburg, 181
- Ernestiner, Wettiner, 188
- Württemberg, 195

Johann Georg
- Brandenburg, Hohenzollern, 186
- Sachsen, Wettiner, 188

Johann Karl, 199
Johann Sigismund
- Brandenburg, Hohenzollern, 186
- Zápolyai, Ungarn, 220

Johann Wilhelm, 193

Johanna
Anjou, Neapel, 143, 144
Blois, Champagne, 121
Bourbon, Navarra, 160
Évreux, Navarra, 160
Frankreich, Navarra, 159
Habsburg, León und Kastilien, 158
Hennegau, Flandern, 128
Kapetinger
Artois, 135
Provence, 123
Luxemburg, Brabant, 134
Johannes
Angelos, Thessalonike, 81
Bagratuni, Armenien, 80
Dukas, Byzanz, 78
Hasmonäer, 63
Komnenen, Trapezunt, 82
Laskariden, Byzanz, 78
Makedonier, Byzanz, 77
Palaiologen, Byzanz, 78, 79
Westrom, 70
John, siehe Johann
Jonathan, 63
Jordanien, Königreich (Haschemiten), 265
Joscelin, 234
Joseph
Braganza, Portugal, 167
Habsburg, Heiliges Römisches Reich, 171
Habsburg-Lothringen, Heiliges Römisches Reich, 172
Joseph Johann, 199
Joseph Napoleon, 144, 165
Joseph Wenzel, 199
Jovian, 69
Juan Carlos, 166
Juba
Masinissa, Numidien, 72
Mauretania, Numidien, 72
Judäa, Königreich (Hebräische Königreiche), 44
Judas, 63
Jugoslawien, 225
Jugoslawien, Königreich, 225
Jugurtha, 72
Julia Maesa, 68
Juliana, 136
Julianus Apostata, 69
Julisch-Claudische Kaiser (Rom), 67
Julius, 181
Julius Ernst, 182
Julius Nepos, 70
Jurij
Rurikiden
Kiew, 229
Moskau, 231
Vladimir, 230
Justin, 76
Justin, Dynastie (Byzanz), 76
Justinian, 76

K

Kadscharen, Dynastie (Persien), 279
Kairo, Kalifat (Abbasiden), 244
Kalifat, 243
Kallippos, 53
Kalojan, 211
Kamakura-Periode (Japan), 307
Kamakura-Schogunat (Japan), 308
Kambodscha, Königreich, 317
Kambodscha, Modernes, 317
Kapetinger, Haus
Artois, 135
Burgund, 126
Frankreich, 111
Provence, 123
Karadjordjević, Haus (Serbien/Jugoslawien), 225
Kardam, 210
Karl
Angoulême, Frankreich, 112
Anjou
Neapel, 143
Ungarn, 220
Baden, Zähringer, 197
Bernadotte, Schweden, 209
Bevern, Braunschweig-Lüneburg, 182
Bourbon
Bourbonnais, 118
Frankreich, 113
Neapel und Sizilien, 144
Parma, 153
Spanien, 165
Châtenois, Lothringen, 176
Dänemark
Flandern, 128
Schweden, 208
Dreux, Bretagne, 120
Durlach, Zähringer, 198
Évreux, Navarra, 160
Frankreich, Anjou, 115
Grimaldi, Monaco, 125

Karl (Fortsetzung)
  Habsburg
    Burgund, 127
    Heiliges Römisches Reich, 171
    Spanien, 165
  Habsburg-Lothringen, Österreich, 173
  Holstein-Gottorp, Schweden, 209
  Kapetinger
    Frankreich, 112
    Provence, 123
  Karolinger
    Frankreich, 111
    Heiliges Römisches Reich, 169
  Kassel, Hessen, 184
  Limburg, Luxemburg, 131
  Luxemburg
    Böhmen, 214
    Heiliges Römisches Reich, 171
  Montpensier, Bourbonnais, 118
  Nürnberg, Wittelsbacher, 193
  Pfalz, Schweden, 208
  Sachsen-Coburg-Gotha, Portugal, 168
  Savoyen, 154
  Simmern, Wittelsbacher, 193
  Stuart, England, 101
  Sulzbach, Wittelsbacher, 193
  Sverker und Erich, Schweden, 207
  Valois
    Burgund, 127
    Frankreich, 112
    Provence, 123
  Vaudémont, Lothringen, 177
  Wasa, Schweden, 208
  Wittelsbach, Heiliges Römisches Reich, 171
  Württemberg, 196
Karl Albert
  Bayern, Wittelsbacher, 192
  Carignano, Savoyen, 155
Karl Alexander, 196
Karl Emmanuel, 154, 155
Karl Eugen, 196
Karl Felix, 155
Karl Friedrich, 198
Karl Johann Amadeus, 154
Karl Martell, 111
Karl Theodor
  Frankfurt, 200
Karl Theodor
  Sulzbach, Wittelsbacher, 192
Karl Wilhelm, 198
Karl Wilhelm Ferdinand, 182
Karlmann, 111
Kärnten, Haus (Böhmen), 214
Karolinger, Haus
  Frankreich, 111
  Heiliges Römisches Reich, 169
Kars, Königreich (Armenien), 80
Kasimir
  Krakau, Polen, 216
  Litauen, Polen, 217
  Liutauras, Litauen, 223
  Piasten, Polen, 216, 217
  Polen, 214
Kassander, 51
Kassel, Linie (Hessen), 184
Kassiten, Dynastie (Babylon), 37
Kastilien, Grafschaft, 161
Kastilien, Könige, 157
Katharina
  Albret, Navarra, 160
  Antiochia-Lusignan, Zypern, 238
  Holstein-Gottorp-Romanow, Rußland, 232
  Romanow, Rußland, 231
Keistut (Kęstutis), 223
Kenneth, 103
Kent, Königreich, 92
Khmer-Reich (Angkor), 316
Kiew, Fürstentum, 229
Kleander, 53
Kleopatra
  Ptolemäer, Ägypten, 55
  Seleukiden, 57
Kleopatra Thea, 57
Knud
  Dänemark
    Dänemark, 204
    England, 99
  Svend Estridsen, Dänemark, 204
Knut, 207
Koena, Dynastie (Lesotho), 325
Kol, 207
Koloman
  Árpaden, Ungarn, 219
  Asen, Bulgarien, 211
Komnenen, Dynastie
  Byzanz, 78
  Trapezunt, 82
Konbaung-Dynastie (Korea), 313
Konrad
  Anjou, Jerusalem, 236
  Ezzonen, Bayern, 174
  Hohenstaufen
    Heiliges Römisches Reich, 170
    Jerusalem, 236

Konrad (Fortsetzung)
Hohenstaufen
Neapel und Sizilien, 143
Konradiner, Heiliges Römisches Reich, 169
Krakau, Polen, 216
Mosel, Luxemburg, 131
Přemysliden, Böhmen, 213
Salier
Bayern, 175
Heiliges Römisches Reich, 169, 170
Niederlothringen, 132
Welfen, Hochburgund, 173
Konrad Otto, 213
Konradin, 237
Konradiner, Haus (Heiliges Römisches Reich), 169
Konstans, 76
Konstantin
Alpin, Schottland, 103
Dänemark, Griechenland, 226
Dukas, Byzanz, 78
Herakleaner, Byzanz, 76
Isaurier, Byzanz, 77
Makedonier, Byzanz, 77
Palaiologen, Byzanz, 79
Rurikiden, Vladimir, 230
Konstantin, Rom, 69
Konstantin Tich, 211
Konstantin, Dynastie (Rom), 69
Konstantinopel, Lateinisches Kaiserreich, 239
Konstanze, 235
Korea, Königreich, 312
Kormisos, 210
Krakau, Herzöge (Polen), 216
Kreuzfahrerstaaten (vgl. Inhaltsverzeichnis), 234
Krum, 210
Krum, Haus (Bulgarien), 210
Kunipert, 91
Kuwait, Emirat, 269

L

Ladislaus
Albertiner, Österreich, 179
Anjou, Neapel, 144
Árpaden, Ungarn, 219
Habsburg, Ungarn, 220
Ladislaus Postumus, 179, 214, 220
Laelian, 68
Lagaš (Lagasch), Dynastie (Mesopotamien), 30
Lagos, 55
Lambert, 138
Lambert Grimaldi , 125
Lancaster, Haus (England), 100
Lando, 141
Langobardisches Königreich, 91
Laos, Königreich, 315
Lara, Haus (Kastilien), 161
Larsa, Dynastie (Mesopotamien), 31
Laskariden, Dynastie (Byzanz), 78
Lazar
Branković, Serbien, 222
Hrebeljanović, Serbien, 222
Leon
Syrer, Byzanz, 77
Leon, Byzanz, 76
Leon, Dynastie (Byzanz), 76
León, Haus (Galicien), 164
León, Könige (León und Kastilien), 156, 157
León und Kastilien, Königreiche, 156
Leonello, 146
Leontios, 76
Leopold
Babenberger, Österreich, 178
Habsburg
Heiliges Römisches Reich, 171
Österreich, 178
Habsburg-Lothringen
Florenz, 151, 152
Heiliges Römisches Reich, 172
Leopoldiner, Österreich, 179
Österreich, 178
Sachsen-Coburg-Gotha, Belgien, 137
Vaudémont, Lothringen, 177
Leopoldiner, Linie (Österreich), 179
Leovigild, 85
Lesotho, Königreich, 325
Leszczyński, Haus
Polen, 218
Lothringen, 177
Leszek, 216
Liang-Dynastie
Südliche Dynastien, China, 297
spätere (Fünf Dynastien, China), 300
Liao-Dynastie (Grenzreiche, China) 300
Libius Severus, 70
Libyen, Königreich, 258
Licinius, 69
Liechtenstein, Haus, 199
Limburg, Haus
Li Luxemburg, 131

Limburg, Haus (Fortsetzung)
Niederlothringen, 132
Litauen, Großherzogtum, 223
Litauen, Haus (Polen), 217
Liu Sung-Dynastie (Südliche Dynastien, China), 297
Liutauras, Haus (Litauen), 223
Liutgard, 126
Liutpert, 91
Liutpoldinger, Haus (Bayern), 174
Liutprand, 91
Liuva, 85
Llywelyn, 106
Lóegaire, 108
Loingsech, 108
Loṛi, Königreich (Armenien), 80
Loredan, 140
Lorenzo, 151
Lothar
Italien, 138
Karolinger
Frankreich, 111
Heiliges Römisches Reich, 169
Supplinburg, Heiliges Römisches Reich, 170
Lothringen, Haus (Flandern), 128
Lothringen, Herzogtum, 176
Louis, siehe Ludwig
Louise Hippolyte, 125
Löwen, Haus (Brabant), 134
Lōdī-Dynastie (Delhi), 287
Luang Prabang, Königreich (Laos), 315
Luchino, 149
Lucien, 125
Lucius Verus, 67
Ludeca, 94
Ludovico, 150
Ludovico Maria, 149
Ludwig
Anjou
Anjou, 115
Polen, 217
Ungarn, 220
Aragón, Sizilien, 144
Bayern, Wittelsbacher, 190, 191
Böhmen, Polen, 217
Bourbon
Bourbonnais, 118
Florenz, 152
Frankreich, 112, 113
Spanien, 165
Dampierre, Flandern, 128, 129
Darmstadt, Hessen, 185
Frankreich
Frankreich, 118
Champagne, 121
Navarra, 159
Hessen, 184, 185
Italien, 138
Kapetinger, Frankreich, 112
Karolinger
Frankreich, 111
Heiliges Römisches Reich, 169
Monaco, 125
Niederbayern, Wittelsbacher, 190
Niederbayern-Landshut, Wittelsbacher, 191
Oberbayern, Wittelsbacher, 190
Oberbayern-Landshut, Wittelsbacher, 191
Orléans, Frankreich, 112
Pfalz, Wittelsbacher, 193
Polen
Böhmen, 214
Ungarn, 220
Sachsen-Coburg-Gotha, Portugal, 168
Savoyen, 154
Simmern, Wittelsbacher, 193
Ungarn, 220
Urach, Württemberg, 195
Valois
Frankreich, 112
Provence, 123
Wittelsbach, Heiliges Römisches Reich, 171
Württemberg, 195
Zweibrücken/Bayern, Wittelsbacher, 192
Ludwig Eugen, 196
Ludwig Georg, 198
Ludwig Napoleon Bonaparte, 113, 136
Ludwig Philipp, 113
Ludwig Rudolf, 182
Ludwig Wilhelm, 198
Lugaid, 108
Luigi, 150
Luís, siehe Ludwig
Luitpold, 192
Lulach, 103
Lüneburg, alte Linie (Braunschweig-Lüneburg), 180
Lusignan, Haus (Zypern), 238
Luxemburg, Grafschaft/Herzogtum, 131
Luxemburg, Großherzogtum, 137
Luxemburg, Haus
Bayern, 174
Böhmen, 214
Brabant, 134
Heiliges Römisches Reich, 170, 171

Luxemburg, Haus (Fortsetzung)
Niederlothringen, 132
Ungarn, 220
Luxemburg, 131
Luzia, 235
Lydien, Königreich, 46
Lysimachos, 52

M

Macbeth, 103
Macrinus, 67
Madagaskar, Königreich, 323
Máel Cobo, 108
Máel Sechnaill, 109
Magnentius, 69
Magnus
Braunschweig-Lüneburg, 180
Dänemark, 204
Folkunger, Schweden, 207
Schweden, Norwegen, 202
Sverker und Erich, Schweden, 207
Westfold, Norwegen, 201, 202
Mailand, 149
Mailand, Herren/Herzöge (Visconti), 149
Majorian, 70
Makedonien, Königreich, 51
Makedonier, Dynastie (Byzanz), 77
Makedonisches Reich (Bulgarien), 211
Makkabäer, 63
Malamir, 210
Malcolm
Alpin, Schottland, 103
Dunkeld, Schottland, 103
Malipiero, 140
Mallorca, Königreich, 164
Mamelucken (Mamlūken), Dynastie (Islamisches Ägypten), 260, 261
Manfred, 143
Manin, 142
Mantua, 150
Mantua, Generalkapitäne/Herzöge/Markgrafen (Gonzaga), 150
Manuel
Angelos, Thessalonike, 81
Avis, Portugal, 167
Dukas, Byzanz, 78
Komnenen, Trapezunt, 82
Palaiologen, Byzanz, 79
Sachsen-Coburg-Gotha, Portugal, 168
Marcello, 140
Marcianus, 76
Marcus Aurelius , 67
Maredudd, 106
Marīniden, Dynastie, 252
Marīniden, Königreich, 252
Margarete
Dampierre, Flandern, 129
Glücksburg, Dänemark, 205
Hennegau
Flandern, 128
Holland, 130
Kapetinger, Artois, 135
Norwegen
Dänemark, 205
Schottland, 104
Maria
Anjou, Ungarn, 220
Aragón, Sizilien, 144
Braganza, Portugal, 167, 168
Montferrat, Jerusalem, 236
Oranien, England, 101
Stewart, Schottland, 104
Stuart, England, 101
Tudor, England, 100
Valois, Burgund, 127
Marie Adelaide, 137
Marie Anne, 152
Marie Louise, 153
Marius, 68
Marokko, Königreich (ʿAlawiden), 254
Marokko, Sultanat (ʿAlawiden), 253
Martin
Aragón, Sizilien, 144
Barcelona, Aragón, 163
Martinian, 69
Masinissa, 72
Masinissa, Dynastie (Numidien), 72
Massimiliano, 149
Mastanabal, 72
Mastropiero, 140
Mathilde
Anjou, 100
Kapetinger, Artois, 135
Mattathia, 63
Matteo, 149
Matthaios, 79
Matthäus, 176
Matthias, 171
Matthias Corvinus, 220
Mauregato, 156
Mauretania, Königreich (Numidien), 72
Mauricius, 76

Maurizio, 139
Maurja, Dynastie, 283
Maurja-Reich, 283
Maxentius, 69
Maximian, 69
Maximilian
Bayern, Wittelsbacher, 192
Habsburg, Heiliges Römisches Reich, 171
Zweibrücken/Bayern, Wittelsbacher, 192
Maximinus Thrax, 68
Maximinus, 69
Maximus, 70
Mecklenburg, Haus (Schweden), 208
Medici, Haus (Florenz), 151
Meinhard, 190
Meleager, 52
Melisande, 236
Memmo, 141
Memphiten, Dynastie (Altes Ägypten), 19, 20
Mendesier, Dynastie (Altes Ägypten), 27
Menio, 139
Mercien, Königreich (Angelsachsen), 94
Merfyn, 106
Merina, Dynastie (Madagaskar), 323
Mermnaden, Dynastie (Lydien), 46
Merovech, 88
Merowinger, Haus (Franken), 88
Mesopotamien, Altes, 30
Mexiko, 332
Mexiko, Kaiserreich, 332
Michael
Amorier, Byzanz, 77
Asen, Bulgarien, 211
Dukas, Byzanz, 78
Hohenzollern-Sigmaringen, Rumänien, 227
Isaurier, Byzanz, 77
Komnenen, Trapezunt, 82
Makedonier, Byzanz, 77, 78
Montenegro, 224
Obrenović, Serbien, 225
Palaiologen, Byzanz, 78
Romanow, Rußland, 231
Rurikiden, Vladimir, 230
Šišman, Bulgarien, 211
Wiśniowiecki, Polen, 217
Michiel, 139
Micipsa, 72
Mieszko
Krakau, Polen, 216
Piasten, Polen, 216
Přemysliden, Böhmen, 213
Miguel, 168
Milan, 225
Milos, 225
Ming-Dynastie (China), 302
Miró, 161
Mithridates
Arsakiden, Parther, 61
Bithynien und Pontos, 59
Mithridatiden, Dynastie (Bithynien und Pontos), 59
Mocenigo 140, 141
Modena, 146
Modena, Herzöge (Este), 146
Mogul, Dynastie (Mogulreich), 291
Mogulreich, 291
Moldau, 227
Molin, 141
Monaco, Fürsten, 125
Monaco, Fürstentum, 125
Monegario, 139
Monpensier, Linie (Bourbonnais), 118
Montefeltro, Haus (Urbino), 148
Montenegro, Königreich, 224
Montferrat, Haus
Jerusalem, 236
Thessalonike, 81
Montfort, Haus (Bretagne), 120
Moray, Haus (Schottland), 103
Moritz
Kassel, Hessen, 184
Oranien-Nassau, Niederlande, 136
Sachsen, Wettiner, 188
Moro, 140
Morosini, 140, 141
Mosel, Haus
Lothringen, 176
Luxemburg, 131
Moskau, Fürsten (Rußland), 231
Moskau-Vladimir, Großfürsten (Rußland), 231
Mstislav, 229
Muḥammad ʿAlī, Dynastie (Ägypten), 261
Muirchertach, 108, 109
Muʿizzī-Dynastie (Delhi), 286
Muʾminiden, Dynastie (Almohaden), 251
Muromachi-Periode (Japan), 307
Muschel, 80

N

Naǧd, Imamat (Saudi), 268
Namur, Namur (Luxemburg), 131
Naher Osten, siehe Alter Naher Osten

Nantes, Haus (Bretagne), 119
Napoleon Bonaparte, 113, 144, 165
Nara-Periode (Japan), 306
Nassau, Haus
Heiliges Römisches Reich, 170
Luxemburg, 137
Nasriden, Dynastie (Granada), 248
Navarra (Pamplona), Königreich, 159
Navarra, Haus
Aragón, 163
Kastilien, 161
León und Kastilien, 157
Sobrarbe, 162
Neapel und Sizilien, Königreich, 143
Neapel, Könige, 143
Nemanjiden, Haus (Serbien), 222
Neo-Babylonische Dynastie (Babylon), 39
Nepal, Königreich, 292
Nerva, 67
Neue Welt (vgl. Inhaltsverzeichnis), 327
Nevers, Linie (Mantua), 150
Nguyên-Dynastie (Modernes Vietnam), 318
Niall Caille, 109
Niall Frossach, 109
Niall Glúndub, 109
Niall, 108
Niccolò, 146
Nicola, 177
Niederbayern, Linie (Wittelsbacher) 190
Niederbayern-Landshut, Haus (Wittelsbacher), 191
Niederbayern-Straubing, Linie (Wittelsbacher), 191
Niederhessische Linie (Hessen), 184
Niederlande, Heutige, 136
Niederlothringen, Herzogtum, 132
Niels, 204
Nikephoros
Dukas, Byzanz, 78
Isaurier, Byzanz, 77
Nikola, 224
Nikolaus
Anjou, Lothringen, 176
Holstein-Gottorp-Romanow, Rußland, 232
Nikomedes, 59
Nolfo, 148
Nordheim, Haus (Bayern,) 175
Nördliche Dynastien (China), 298
Normandie, Haus
Erstes Haus, 122
Flandern, 128
Normandie, Herzogtum, 122
Northumbrien, Königreich (Angelsachsen), 93
Norwegen, Haus
Dänemark, 205
Schottland, 104
Norwegen, Königreich, 201
Nubier, Dynastie (Altes Ägypten), 26
Numerian, 68
Numidien, Königreich, 72
Nürnberg, Linie (Pfalz, Wittelsbacher), 193
Nysaios, 53

O

Obelerio, 139
Oberbayern, Linie (Wittelsbacher), 190
Oberbayern-Ingolstadt, Haus (Wittelsbacher), 191
Oberbayern-München, Haus (Wittelsbacher), 191
Oberhessische Linie (Hessen), 184
Obizzo, 146
Obrenović, Haus (Serbien), 225
Octa, 92
Octavius, 67
Oddantonio, 148
Oddo, 154
Odo
Blois, Champagne, 121
Kapetinger, Burgund, 126
Poitiers, Aquitanien, 117
Robertiner, Frankreich, 111
Rouergue, Toulouse, 124
Odoardo, 153
Offa, 94
Oisc, 92
Olav (siehe auch Olof, Oluf)
Dänemark, Norwegen, 202
Westfold, Norwegen, 201
Oldenburg, Haus (Dänemark), 205
Oleg, 229
Olof, 207
Oluf
Norwegen, Dänemark, 205
Svend Estridsen, Dänemark, 204
Olybrius, 70
Omayyaden, Dynastie
Cordóba, 246
Kalifat, 243
Omurtag, 210
Oranien, Haus (England), 101
Oranien-Nassau, Haus (Niederlande), 136

Ordoño, 156
Orestes, 51
Orléans, Haus (Frankreich), 112, 113
Orodes, 61
Orseolo, 139
Orso, 139
Osbald, 93
Osbert, 94
Oskar, 209
Osmanen, Dynastie, 263
Osmanisches Reich, 263
Osred, 93
Osrhoes, 61
Osric, 93
Osrich, 93
Österreich, Haus (Bayern), 175
Österreich, Herzöge (Österreich), 178
Österreich, Kaiserreich, 173
Österreich, Mark und Herzogtum, 178
Österreich-Este, Haus (Ferrara und Modena), 147
Osteuropa (vgl. Inhaltsverzeichnis), 210
Ostgotisches Königreich, 90
Oströmisches Reich (Byzanz), 76
Oswald, 93
Oswine, 92, 93
Oswiu, 93
Oswulf, 93
Otho, 67
Ottavio, 153
Otto
- Bayern
  - Griechenland, 226
  - Ungarn, 219
  - Wittelsbacher, 190
- Braunschweig-Lüneburg, 180
- Hessen, 184
- Niederbayern, Wittelsbacher, 190
- Nordheim, Bayern, 175
- Oberbayern, Wittelsbacher, 190
- Robertiner, Burgund, 126
- Sachsen
  - Bayern, 174
  - Heiliges Römisches Reich, 169
- Welfen
  - Braunschweig-Lüneburg, 180
  - Heiliges Römisches Reich, 170
- Zweibrücken/Bayern, Wittelsbacher, 192

Otto Heinrich, 193
Ottomanen, 263
Owain, 106

P

Pagan, 210
Pahlavī, Dynastie (Persien), 279
Palaiologen, Dynastie (Byzanz), 78
Pantares, 53
Parma, 153
Partherreich, 61
Particiaco, 139
Paul
- Dänemark, Griechenland, 226
- Este, Ferrara, 146
- Holstein-Gottorp-Romanow, Rußland, 232

Pausanias, 51
Pedro, siehe Peter
Pelayo (Pelagius), 156
Penda, 94
Perctarit, 91
Perdikkas, 51
Pergamon, 60
Pergamon, Dynasten, 60
Pergamon, Königreich, 60
Perseus, 52
Persien
- Ilchane, 275
- Modernes (Iran), 277
- Perserreich, Achämeniden, 47
- Sassaniden, 74
- Seldschuken, 272
- Timuriden, 276

Persische Könige (Altes Ägypten), 27
Pertinax, 67
Pesaro, 141
Peter
- Antiochia-Lusignan, Zypern, 238
- Aragón, Sizilien, 144
- Árpaden, Ungarn, 219
- Asen, Bulgarien, 211
- Barcelona, Aragón, 163
- Bourbon, Bourbonnais, 118
- Braganza, Portugal, 167, 168
- Courtenay, Konstantinopel, 239
- Dreux, Bretagne, 119
- Holstein-Gottorp-Romanow, Rußland, 232
- Jimeno, Navarra, 159
- Karadjordjevic
  - Jugoslawien, 225
  - Serbien, 225
- Krum, Bulgarien, 210
- León und Kastilien, 157
- Montfort, Bretagne, 120
- Navarra, Aragón, 163

Peter (Fortsetzung)
Petrović-Njegoš, Montenegro, 224
Polignac, 125
Portugal, 167
Romanow, Rußland, 231
Sachsen-Coburg-Gotha, Portugal, 168
Savoyen, 154
Petronilla, 163
Petronius Maximus, 70
Petrović-Njegoš, Haus (Montenegro), 224
Pfalz, Haus
Dänemark, 205
Schweden, 208
Pfalz, Kurfürsten (Wittelsbacher), 193
Pharnakes, 59
Philetairos, 60
Philibert
Baden, Zähringer, 197
Savoyen, 154
Philipp
Antigoniden, Makedonien, 52
Baden, Zähringer, 197
Bourbon
Parma, 153
Spanien, 165
Burgund
Artois, 135
Brabant, 134
Évreux, Navarra, 159
Frankreich
Frankreich, 119
Anjou, 115
Navarra, 159
Habsburg
Burgund, 127
León und Kastilien, 158
Spanien, 165
Herodeer, 73
Hohenstaufen, Heiliges Römisches Reich, 170
Kapetinger
Burgund, 126
Frankreich, 112
Kassander, Makedonien, 51
Lothringen, Flandern, 128
Pfalz, Wittelsbacher, 193
Savoyen, 154
Seleukiden, 57
Stenkil, Schweden, 207
Temeniden, Makedonien, 51
Valois
Burgund, 127
Frankreich, 112
Philipp Wilhelm, 193
Philippikos, 76
Philippus, 68
Philippus Arabs, 68
Phokas, 76
Phraates, 61
Piast, 216
Piasten, Haus (Polen), 216, 217
Pier Luigi , 153
Piero, 151
Pippin, 111
Pisani, 141
Plantagenet, Haus
Bretagne, 119
England, 100
Podiebrad, Haus (Böhmen), 214
Poitiers, Haus
Antiochia, 235
Frankreich, 117
Polani, 140
Polen, Haus
Böhmen, 214
Ungarn, 220
Polen, Herzöge, 216
Polen, Könige, 217
Polen, Königreich, 216
Pommern, Haus (Dänemark), 205
Poniatowski, Haus (Polen), 218
Pons
Rouergue, Toulouse, 124
Toulouse, Tripolis, 237
da Ponte, 141
Pontos (Bthynien und Pontos), 59
Portugal, Könige, 167
Portugal, Königreich, 167
Postumus, 68
Přemysl, 213
Přemysl Ottokar
Böhmen, 214
Přemysliden, Böhmen, 213
Přemysliden, Haus (Böhmen), 213
Presian, 210
Preußen, Herzöge/Könige (Hohenzollern), 186
Priapatios, 61
Priuli, 141
Probus, 68
Provence, Grafschaft, 123
Prusias, 59
Przemysł, 216

Ptolemäer, Dynastie (Ägypten), 55
Ptolemaios
  Altes Ägypten, 55
  Antigoniden, Makedonien, 52
Ptolemaios
  Mauretania, Numidien, 72
  Temeniden, Makedonien, 51
Ptolemäisches Königreich (Ägypten), 55
Pupienus Maximus, 68
Pybba, 94
Pyrrhos, 52

Q

Qāsimī, Dynastie (Jemen), 266
Quintillus, 68

R

Raginpert, 91
Raimund
  Hauteville, Antiochia, 235
  Poitiers, Antiochia, 235
  Rouergue, Toulouse, 124
  Toulouse, Tripolis, 237
Raimund Berengar
  Barcelona, Provence, 123
  Urgell, Barcelona, 161
Raimund Borrell, 161
Rainier, 125
Ramiro
  León und Kastilien, 156
  Navarra, Aragón, 163
Ramón, siehe Raimund
Ranuccio, 153
Ratchis, 91
Razès, Haus (Frankreich), 117
Redwulf, 94
Reginald, 235
ReichInka, 329
Rekkared, 85
Rekkeswinth, 85
René
  Anjou
    Anjou, 115
    Lothringen, 176
    Neapel, 144
  Valois, Provence, 123
  Vaudémont, Lothringen, 176
Renier, 141
Rennes, Haus (Bretagne), 119
Rethel, Haus
  Edessa, 234
  Jerusalem, 236
Rhodri, 106
Richard
  Autun, Burgund, 126
  Normandie, 122
  Plantagenet, England, 100
  York, England, 100
  Hohenstaufen, Heiliges Römisches Reich, 170
Ricsige, 94
Rinaldo, 146
Robert
  Anjou, Neapel, 143
  Bourbon, Parma, 153
  Bruce, Schottland, 104
  Courtenay, Konstantinopel, 239
  Dampierre, Flandern, 128
  Flandern, 128
  Hauteville, Neapel und Sizilien, 143
  Kapetinger
    Artois, 135
    Burgund, 126
    Frankreich, 111
    Provence, 123
  Normandie, 122
  Robertiner, Frankreich, 111
  Stewart, Schottland, 104
  Vermandois, Champagne, 121
Robertiner, Haus
  Burgund, 126
  Frankreich, 111
Roderich, 85
Rodoald, 91
Roger
  Hauteville
    Antiochia, 235
    Neapel und Sizilien, 143
  Neapel und Sizilien, 143
  Sizilien, 143
Rollo, 122
Rom und Byzanz (vgl. Inhaltsverzeichnis), 65
Romanos
  Dukas, Byzanz, 78
  Makedonier, Byzanz, 77
Romanow, Haus (Rußland), 231
Römisches Reich, 67
Romulus Augustus, 70
Rostislav, 229
Rothari, 91

Rouergue, Haus (Toulouse), 124
Ruaidri, 109
Rudolf
Autun, Burgund, 126
Baden, Zähringer, 197
Châtenois, Lothringen, 176
Habsburg
Böhmen, 214
Heiliges Römisches Reich, 170, 171
Österreich, 178
Italien, 138
Pfalz, Wittelsbacher, 193
Robertiner, Frankreich, 111
Welfen, Hochburgund, 173
Rudolf August, 182
Rudolf Hesso, 197
Rumänien, Königreich, 227
Ruprecht
Pfalz, Wittelsbacher, 193
Wittelsbacher, Heiliges Römisches Reich, 171
Rurikiden, Haus
Kiew, 229
Moskau, 231
Vladimir, 230
Rußland (vgl. Inhaltsverzeichnis), 229
Rußland, Zaren, 231
Rußland, Zarentum, 231
Ruzzini, 141

S

Şabin, 210
Sachsen, Haus
Bayern, 174
Heiliges Römisches Reich, 169
Polen, 218
Sachsen, Könige/Kurfürsten (Wettiner), 188
Sachsen-Coburg-Gotha (ab 1917 Windsor), Haus (England), 101
Sachsen-Coburg-Gotha, Haus
Belgien, 137
Bulgarien, 227
Portugal, 168
Şafawiden, Dynastie (Persien), 278, 279
Sagredo, 141
Saïten, Dynastie (Altes Ägypten), 26, 27
Sajjid-Dynastie (Delhi), 286
Salier, Haus
Bayern, 174, 175
Heiliges Römisches Reich, 169
Niederlothringen, 132
Salome, 63
Salomon, 219
Salomonische Dynastie (Äthiopien), 321
Saloninus, 68
Sāluva, Dynastie (Vijayanagar), 289
Sāmāniden, Dynastie, 270
Sāmānidisches Königreich, 270
Samuel, 211
Samuel Aba, 219
Sancho
Aragón, Mallorca, 164
Barcelona, Provence, 123
Jimeno, Navarra, 159
Lara, Kastilien, 161
León und Kastilien, 156
Navarra, León und Kastilien, 157
Portugal, 167
Sancho Ramírez, 163
Sangama-Dynastie (Vijayanagar), 289
Sanūsī, Dynastie (Libyen), 258
Sardinien, 145
Sardinien, KönigeSavoyen, 155
Sassaniden (Sāsāniden), Dynastie, 74
Saudi (Sa'ūdī), Dynastie, 268
Saudi-Arabien, Königreich (Saudi), 268
Sava, 224
Savoyen, Haus
Neapel und Sizilien, 144
Spanien, 165
Savoyen, Grafen, 154
Savoyen, Herzöge, 154
Schah, Dynastie (Nepal), 292
Schottland, Königreich, 103
Schujskij, Haus (Rußland), 231
Schweden, Haus
Norwegen, 202
Polen, 217
Schweden, Königreich, 207
Seaxburh, 95
Sebastian, 167
Sebennyten, Dynastie (Altes Ägypten), 27
Sechnussach, 108
Seelande, Dynastie (Babylon), 38
Seldschuken (Selğuken), 272
Seleukiden, Dynastie, 57
Seleukidisches Königreich, 57
Seleukos, 57
Septimius Severus, 67
Serbien, Kaiserreich, 222
Serbien, Königreich, 225
Serbien, Mittelalterliches, 222

Serbien, Modernes, 225
Sevar, 210
Severer, Dynastie (Rom), 67
Severus Alexander, 68
Severus, 69
Sforza, Haus (Mailand), 149
Sibylle, 236
Siegfried, 131
Sigeberht, 95
Sigered, 92
Sigerich, 85
Sigibert, 88
Sigismund
  Gibichung, Burgunder, 86
  Litauen, Polen, 217
  Liutauras, Litauen, 223
  Luxemburg
    Böhmen, 214
    Heiliges Römisches Reich, 171
    Luxemburg, 131
    Ungarn, 220
  Oberbayern-München, Wittelsbacher, 191
  Schweden, Polen, 217
  Tirol, Österreich, 179
  Wasa, Schweden, 208
Sigurd, 201
Silo, 156
Silvo, 139
Simeon
  Krum, Bulgarien, 210
  Nemanjiden, Serbien, 222
  Rurikiden
    Moskau, 231
    Vladimir, 230
  Sachsen-Coburg-Gotha, Bulgarien, 227
Simmern, Linie (Pfalz, Wittelsbacher), 193
Simon
  Châtenois, Lothringen, 176
  Hasmonäer, 63
  Sizilien, 143
Sinatrukes, 61
Sisebut, 85
Sisenand, 85
Šišman, Haus (Bulgarien), 211
Sizilien, Grafen (Neapel und Sizilien), 143
Sizilien, Könige (Neapel und Sizilien), 144
Skandinavien (vgl. Inhaltsverzeichnis), 201
Smbat, 80
Smilets, 211
Soběslav, 213
Sobieski, Haus (Polen), 218
Sobrarbe, Königreich, 162
Soldatenkaiser (Rom), 68
Sophia, 101
Soranzo, 140
Sosthenes, 52
Soulouque, Haus (Haiti), 331
Spanien, Königreich, 165
Spitihněv, 213
Stanislaus, 177
Stanisław
  Leszczyński, Polen, 218
  Poniatowski, Polen, 218
Staurakios, 77
Stefan, siehe Stephan
Steiermark, Linie (Österreich), 179
Sten Sture, 208
Stenkil, 207
Stenkil, Haus (Schweden), 207
Steno, 140
Stephan
  Árpaden, Ungarn, 219
  Bathory, Polen, 217
  Blois
    Champagne, 121
    England, 100
    Normandie, 122
  Branković, Serbien, 222
  Hrebeljanović, Serbien, 222
  Kaiserreich Serbien, 222
  Nemanjiden, Serbien, 222
  Niederbayern, Wittelsbacher, 190
  Niederbayern-Landshut, Wittelsbacher, 191
  Oberbayern-Landshut, Wittelsbacher, 191
  Vermandois, Champagne, 121
Stewart, Haus (Schottland), 104
Stuart, Haus (England), 101
Stuttgart, Linie (Württemberg), 195
Südliche Dynastien (China), 297
Suffolk, Haus (England), 100
Sui-Dynastie (Nördliche Dynastien, China), 299
Suibne Menn, 108
Suinthila, 85
Sulzbach, Linie
  Bayern, Wittelsbacher, 192
  Pfalz, Wittelsbacher, 193
Sumerer, siehe Mesopotamien, Altes
Suñer, 161
Sung-Dynastie,
  nördliche (Grenzreiche, China), 301
  südliche (Grenzreiche, China), 301
Supplinburg, Haus (Heiliges Römisches Reich), 170

Susanna, 118
Sūrī, Dynastie (Mogulreich), 291
Svante Nilsson, 208
Svatopluk, 213
Svein, 201
Svein Alfivason, 201
Svend
  Dänemark, 204
  Svend Estridsen, Dänemark, 204
Svend Estridsen, Haus (Dänemark), 204
Sverker, 207
Sverker und Erich, Haus (Schweden), 207
Sverre, 201
Švidrigaila, 223
Svjatopolk, 229
Svjatoslav
  Rurikiden
    Kiew, 229
    Vladimir, 230
Swæfhard, 92
Swasiland, Königreich, 324
Syrakus, 53
Syrakus, Königreich, 53
Syrakus, Tyrannen, 53
Syrer, Dynastie (Byzanz), 77

T

T'ang-Dynastie (Nördliche Dynastien, China), 299
T'ang Dynastie, spätere (Fünf Dynastien, China), 300
Tacitus, 68
Tairrdelbach, 109
Taniten, Dynastie (Altes Ägypten), 25, 26
Tankred
  Hauteville, Antiochia, 235
  Neapel und Sizilien, 143
Tāšufīden, Dynastie (Almoraviden), 250
Tedbald [Thibaut] (siehe auch Theobald), 121
Teias, 90
Telerig, 210
Telets, 210
Temeniden, Dynastie (Makedonien), 51
Temenos, 51
Terter, Haus (Bulgarien), 211
Tervel, 210
Tetrarchie (Rom), 69
Tetricus, 69
Thailand, Königreich, 314
Thebaner, Dynastie (Altes Ägypten), 21, 22, 23, 24, 25
Theobald (siehe auch Tedbald)
  Champagne, Navarra, 159
  Châtenois, Lothringen, 176
Theodahad, 90
Theoderich
  Angelsachsen, 93
  Ostgoten, 90
  Visigoten, 85
Theodor
  Angelos, Thessalonike, 81
  Godunow, Rußland, 231
  Laskariden, Byzanz, 78
  Romanow, Rußland, 231
  Rußland, 231
Theodor Svetoslav, 211
Theodora
  Komnenen, Trapezunt, 82
  Makedonierin, Byzanz, 77
Theodosio(u)s
  Herakleaner, Byzanz, 76
  Ostrom, 76
  Rom, 69
Theodosius, Dynastie
  Ostrom, 76
  Rom, 69
Theophilos, 77
Thessalonike, Königreich, 81
Thessalonike, Reich, 81
Theudebald, 88
Theudebert, 88
Theuderich, 88, 89
Theudigisel, 85
Theudis, 85
Thibaut (siehe auch Theobald), 176
Thiniten, Dynastie (Altes Ägypten), 19
Thomas, 154
Thorismund, 85
Thrasamund, 87
Thrasybulos, 53
Tiberio(u)s
  Herakleaner, Byzanz, 76
  Justin, Byzanz, 76
  Rom, 67
Tiepolo, 140
Tigranes, 57
Timoleon, 53
Tīmūriden, Dynastie, 277
Tīmūriden, Reich, 277
Tirolische Linie (Österreich), 179
Titus, 67

Toktu, 210
Tokugawa-Periode (Japan), 308
Tokugawa-Schogunat (Japan), 310
Tonga, Königreich, 333
Toskana, Großherzogtum (Medici), 151
Totila (Baduila), 90
Toulouse, Grafschaft, 124
Toulouse, Haus (Tripolis), 237
Tradonico, 139
Trajan, 67
Transoxanien (Tīmūriden), 276
Trapezunt, Kaiserreich, 82
Trastámara, Haus
  Aragón, 163
  León und Kastilien, 157
Trebonianus Gallus, 68
Trevisan, 141
Tribuno, 139
Tripolis, Grafschaft, 237
Tron, 140
Tryphon, 57
Tschola-Reich, 285
Tuathal Máelgarb, 108
Tudor, Haus (England), 100
Tughluqs, Dynastie (Delhi), 286
Tulga, 85
Ṭūlūniden, Dynastie (Ägypten), 259
Tuluva, Dynastie (Vijayanagar), 289
Tunesien, Beylik, 257
Tupou-Dynastie (Tonga), 333

U

Uí Néill, Haus (Irland), 108
Ukil, Haus (Bulgarien), 210
Ulrica Eleonora, 208
Ulrich
  Přemysliden, Böhmen, 213
  Stuttgart, Württemberg, 195
  Württemberg, 195
Umar, 210
Ungarn, Königreich, 219
Ur, Dynastien (Mesopotamien), 30
Urach, Linie (Württemberg), 195
Urbino, 148
Urbino, Grafen/Herzöge (Montefeltro), 148
Urgell, Haus (Barcelona), 161
Urraca, 157
Uruk, Dynastie (Mesopotamien), 30

V

Vaduz und Schellenberg, Herrschaft (Liechtenstein), 199
Valens, 69
Valentinian, 69, 70
Valentinian, Dynastie (Rom), 69
Valerian, 68
Valerius Valens, 69
Valois, Haus
  Burgund, 127
  Frankreich, 112
  Provence, 123
Vandalen, Königreich, 87
Vardanes, 61
Vasilij
  Rurikiden
    Moskau-Vladimir, 231
    Vladimir, 230
  Schujskij, Rußland, 231
Vasilije, 224
Vaudémont, Haus (Lothringen), 176
Vendramin, 140
Venedig, 139
Venier, 140, 141
Verdun, Haus
  Lothringen, 176
  Niederlothringen, 132
Vermandois, Haus (Champagne), 121
Vermudo, 156
Vespasian, 67
Victor, 70
Victoria, 101
Victorinus, 69
Vietnam, Modernes, 318
Vijāyalaya, Dynastie (Tschola), 285
Vijayanagar-Reich, 289
Viktor Amadeus, 144, 154, 155
Viktor Emmanuel
  Savoyen
    Italien, 155
    Sardinien, 155
Vilcabamba (Inka), 329
Vincenzo, 150
Vinech, 210
Violante, 239
Visconti, Haus (Mailand), 149
Visigoten, Königreich, 85
Vitellius, 67
Vitigis, 90
Vittorio, siehe Viktor
Vjacheslav, 229

Vladimir
Krum, Bulgarien, 210
Rurikiden, Kiew, 229
Vladimir, Großfürstentum, 230
Vladislav, 214
Vladivoj, 213
Vologases, 61
Volusian, 68
Vonones, 61
Vratislav, 213
Vseslav, 229
Vsevolod
Rurikiden
Kiew, 229
Vladimir, 230
Vuk Branković, 222
Vytautas, 223

W

Walachei, 227
Waldemar
Folkunger, Schweden, 207
Svend Estridsen, Dänemark, 204
Wales, Fürstentum, 106
Wallia, 85
Walram, 134
Walter, 104
Wamba, 85
Wasa, Haus (Schweden), 208
Wei-Dynastie (China), 296
Wei-Dynastie
nördliche (Nördliche Dynastien, China), 298
östliche (Nördliche Dynastien, China), 298
westliche (Nördliche Dynastien, China), 299
Welf, 175
Welfen, Haus
Bayern, 175
Braunschweig-Lüneburg, 180
Heiliges Römisches Reich, 170
Hochburgund, 173
Wenzel
Böhmen
Böhmen, 214
Polen, 217
Ungarn, 219
Luxemburg
Luxemburg, 131
Böhmen, 214
Brabant, 134
Heiliges Römisches Reich, 171
Přemysliden, Böhmen, 213
Wessex, Haus (England), 99
Wessex, Königreich (Angelsachsen), 95
Westfold, Haus (Norwegen), 201
Westphalen, Königreich, 200
Weströmische Kaiser (Rom), 70
Wettiner, Haus, 188
Wettiner, Haus (Luxemburg), 132
Wied, Haus (Albanien), 228
Wigeric, 131
Wiglaf, 94
Wihtgils, 92
Wihtred, 92
Wilfred, 161
Wilhelm
Auvergne, Aquitanien, 117
Baden, Zähringer, 198
Bayern
Holland, 130
Wittelsbacher, 191, 192
Braunschweig-Lüneburg, 180, 181
Deutsche Kaiser, Hohenzollern, 186
Dunkeld, Schottland, 104
Hannover, England, 101
Hauteville, Neapel und Sizilien, 143
Hennegau, Holland, 130
Hessen, 184, 185
Hohenstaufen, Heiliges Römisches Reich, 170
Holland, 130
Kassel, Hessen, 184
Leopoldiner, Österreich, 179
Mosel, Luxemburg, 131
Nassau, Luxemburg, 137
Neapel und Sizilien, 143
Niederbayern-Straubing, Wittelsbacher, 191
Normandie
England, 99
Flandern, 128
Normandie, 122
Oberbayern-München, Wittelsbacher, 191
Oranien, England, 101
Oranien-Nassau, Niederlande, 136
Poitiers, Aquitanien, 117
Razès, Aquitanien, 117
Rouergue, Toulouse, 124
Toulouse, Tripolis, 237
Wettiner, Luxemburg, 132
Wied, Albanien, 228
Württemberg, 196
Wilhelm Ludwig, 195
Wilhelmine, 136

Windsor, Haus (England), 101
Wiśniowiecki, Haus (Polen), 217
Witen (Vytenis), 223
Wittelsbacher, Haus (Heiliges Römisches Reich), 171
Wittelsbacher in Bayern, 190
Wittelsbacher in der Pfalz, 193
Witterich, 85
Wittiza, 85
Wladislaw (Polen, Ungarn), 220
Władysław
  Krakau, Polen, 216
  Litauen, Polen, 217
  Piasten, Polen, 216, 217
  Schweden, Polen, 217
Wolfenbüttel, Linie (Braunschweig-Lüneburg), 181
Wu-Dynastie (Drei Königreiche, China), 296
Wulfhere, 94
Württemberg, Grafen/Herzöge, 195
Württemberg, Haus, 195
Württemberg, Könige, 196

X

Xois, Dynastie (Altes Ägypten), 23

Y

Yamato-Periode (Japan), 305
Yffi, 93
Yi-Dynastie (Korea), 312
Yngelinger, Haus (Schweden), 207
York, Haus (England), 100
Yüan-Dynastie (Grenzreiche, China), 302

Z

Zähringer, Haus (Baden), 197
Zápolyai, Haus (Ungarn), 220
Zarentum, russisches, 231
Zeno, 140
Zenon, 76
Zentralafrikanisches Kaiserreich, 325
Ziaelas, 59
Ziani, 140
Zipoites, 59
Zoë, 77
Zog, 228
Zogu, Haus (Albanien), 228
Zorzi, 140
Zulu, Königreich, 324
Zweibrücken, Linie (Wittelsbacher), 192
Zypern, Haus (Jerusalem), 237
Zypern, Königreich, 238